W0360172

GÜTERSLOHER
VERLAGSHAUS

Harald Brand

NOTKER WOLF
LEO G. LINDER

JESUS

Ein Leben

GÜTERSLOHER VERLAGSHAUS

Inhalt

Womit anfangen?

Gibt es überhaupt einen Anfang? Oder gibt es nur günstige Zeitpunkte, in die Geschichte einzusteigen? Welcher käme dann infrage? Seine Taufe im Jordan? Seine Geburt in Betlehem? Oder soll man noch weiter zurückgehen, bis zu dem Erlebnis des Zacharias im Tempel? Ein Anfang ist vielleicht auch das nicht, aber immerhin der äußerste Punkt, zu dem sich die Geschichte im engeren Sinne zurückverfolgen lässt. Eine Vorgeschichte wäre es. Ein Seiteneingang, der uns aus der Verlegenheit helfen würde, etwas erzählen zu müssen, das möglicherweise keinen Anfang hat.

Das Erlebnis des Zacharias im Tempel also ...

Eine Vorgeschichte

Es war zu der Zeit, als sich die Herrschaft des Königs Herodes dem Ende zuneigte. Damals lebte im Bergland von Judäa ein Priester namens Zacharias mit seiner Frau Elisabet. Regelmäßig machte er sich von dort auf den Weg nach Jerusalem, wo er seit Jahr und Tag den Tempeldienst verrichtete. Beide, Zacharias wie Elisabet, waren dafür bekannt, ein gottgefälliges Leben zu führen, und wirklich ließen sie sich weder gegen Gott noch gegen die Menschen etwas zu Schulden kommen. Sie selbst hätten sich wohl glücklich geschätzt, wäre ihnen nicht der Wunsch versagt geblieben, Kinder zu haben. Zwar hatten sie sich irgendwann damit abgefunden, dass Elisabet unfruchtbar war, und jetzt war es ohnehin zu spät, denn beide waren bereits in vorgerücktem Alter, doch ihre Kinderlosigkeit lag ihnen wie ein Schatten auf der Seele.

Eines Morgens trat Zacharias wie gewohnt seinen Dienst im Tempel an. Der Tempel war eine einzige Baustelle, seit Herodes angeordnet hatte, die Tempelanlage zu vergrößern. Ungeheure Mengen Erde waren bereits für die Erweiterung des Sockels aufgeschüttet worden, derzeit waren Hunderte von Arbeitern dabei, den ganzen Bereich mit neuen, massiven Umfassungsmauern zu befestigen, und an einigen Stellen gingen sie jetzt daran, den Mauerkronen Säulengänge aufzusetzen, die das riesige Areal in Zukunft nach allen Seiten hin begrenzen sollten. Als Günstling der Römer dachte Herodes eben in römischen Dimensionen, die Bauarbeiten zogen sich jedenfalls schon fast zwölf Jahre hin und ein Ende war nicht abzusehen, dennoch ging der Tempelbetrieb natürlich weiter, und Zacharias wurde an diesem Morgen für den Räucherdienst ausgelost. Er begab sich daraufhin in den abgeteilten, für Priester reservierten Innenbereich des Tempels, wo er wie üblich für sich war, und bereitete auf dem Altar die Räuchermischung aus Dufthölzern und Weihrauch raußen im Hof betend seine Rück-

; Geschäft vertieft, wobei die lange
Verrichtungen ihm wenig Aufmerk-
r versetzte ihn die Feststellung, dass
der Zeit immer noch mit Hingabe
Anwesenheit des Höchsten ausüb-
nung. Da sah er, als er aufblickte,
alt. Zacharias erschrak und hielt in
chsten Moment öffnete der Fremde
rchte dich nicht, Zacharias. Deine
ine Frau Elisabet wird einen Sohn
in Johannes. Für dich wird es eine
dere aber werden sich mit dir freu-
nes wird schon im Mutterleib vom
und dereinst mit der Kraft eines
r Einsicht bringen und viele Söhne
Israels auf den Weg des Herrn, ihres Gottes, zurückführen.« »Und das soll ich glauben?« entfuhr es Zacharias, mehr aus Verwirrtheit als aus unangebrachter Kühnheit. »Siehst du nicht, dass ich ein alter Mann bin? Und auch meine Frau ist in die Jahre gekommen.« »Ich bin Gabriel, ich stehe vor Gott«, unterbrach der andere ihn, »und ich wurde geschickt, um dir auszurichten, was ich soeben gesagt habe. Weil du meinen Worten keinen Glauben schenkst, wirst du von nun an stumm sein und schweigen müssen bis zu dem Tag, an dem dies alles eintrifft.« Damit verschwand er. Nach einer Weile wandte sich Zacharias wieder dem Räucheropfer zu, und der Raum füllte sich mit wohlriechenden Schwaden.

Unterdessen war das Volk draußen unruhig geworden, weil sich der Priester Zacharias noch nie so viel Zeit fürs Räuchern genommen hatte. Als er aber endlich heraustrat, dämmerte den

Leuten, dass er eine Erscheinung gehabt haben musste, denn er war bleich, brachte kein Wort über die Lippen und verständigte sich mit ihnen durch Zeichen. Zacharias fasste sich indessen bald wieder, das Volk gewöhnte sich an seine Stummheit, und erst, als sein Turnus abgelaufen war, kehrte er nach Hause zurück. Einige Zeit darauf wurde Elisabet schwanger. »Der Herr hat meine Schmach doch noch getilgt«, jubelte sie.

Sechs Monate später wurde Gabriel, der Engel, erneut von Gott ausgesandt, diesmal zu einer Jungfrau namens Maria. Maria lebte in Nazaret, einem unbedeutenden Weiler im Hügelland von Galiläa, und als der Engel eintrat, war sie allein im Zimmer.

Sie blickte auf, und da stand er und sagte: »Sei gegrüßt, du Gesegnete, der Herr ist mit dir.« Sie erschrak nicht, aber es verwirrte sie, in dieser Art angesprochen zu werden, und sie fragte sich, was diese Begrüßung zu bedeuten habe. Der Engel ließ sie nicht lange im Unklaren. »Fürchte dich nicht, Maria«, fuhr er fort, »denn du hast Gnade vor Gott gefunden. Und nun sei darauf gefasst, schwanger zu werden und einen Sohn zu gebären. Gib ihm den Namen Jesus. Dieser Knabe wird der Sohn des Höchsten genannt werden, und Gott wird ihm den Thron Davids geben. Als König wird er für alle Zeit über das Haus Jakob herrschen, und sein Königtum wird kein Ende nehmen.«

Das zu hören verstörte Maria nun doch. Schwanger sollte sie werden? Gewiss, sie war trotz ihrer Jugend bereits verlobt, mit einem Mann namens Josef, einem Bauhandwerker aus Nazaret, doch was bedeutete das? Es bedeutete jedenfalls nicht, dass sie schon mit einem Mann geschlafen hätte oder es in absehbarer Zeit tun würde. Sie zögerte, fasste sich dann ein Herz und sagte langsam: »Wie kann das, was du gesagt hast, eintreten, wenn kein Mann mich je berührt hat?« »Der Heilige Geist wird auf dich herabkommen«, erwiderte der Engel, »und die Kraft des Höchsten wird dich überschatten. So wird es kommen. Darum wird dein Kind auch Sohn Gottes genannt werden. Und noch etwas. Auch deine Verwandte Elisabet trägt einen Sohn in ihrem Leib, obwohl sie eigentlich schon zu alt dafür ist und jeder sie für unfruchtbar gehalten hat. Du siehst, bei Gott ist nichts unmöglich.«

Leicht zu verstehen war das nicht. Seine Worte erschienen Maria immer noch rätselhaft, und unklar blieb ihr, worauf sie sich einlassen sollte. Doch obwohl ihr Schicksal für sie nun im Ungewissen lag, wünschte sie, dass es so käme, und willigte ein. »Ich bin die Magd des Herrn«, sagte sie. »Was du gesagt hast, soll mit mir geschehen.« Und in der Stille, die daraufhin eintrat, entschwand der Engel ihrem Blick.

Maria brauchte eine gute Weile, bevor sie fähig war, einen Entschluss zu fassen. Als aber eine Woche verstrichen war, raffte sie sich auf und lief los, durch die Berge nach Süden. Sie hatte es eilig, sie wollte mit eigenen Augen sehen, was sie durch den Engel über Elisabet erfahren hatte. Am Haus des Zacharias angekommen, trat sie ein, traf Elisabet auch an und begrüßte sie herzlich. In diesem Augenblick kam eine heftige Erregung über ihre Tante, und sie schrie vor Freude auf: »Maria! Du bist gesegnet unter den Frauen! Und gesegnet ist die Frucht deines Leibes! Womit habe ich verdient, dass mich die Mutter meines Herrn besucht?« Und als Maria sie fragend anschaute, nahm Elisabet ihre Nichte in den Arm und sagte: »Stell dir vor! Eben, als du mich begrüßt hast ... Kaum hatte ich deine Stimme gehört, da hüpfte das Kind in meinem Leib vor Freude! Selig bist du, dass du dem Wort des Herrn geglaubt hast!« Worauf Maria in einen Zustand geriet, der dem ihrer Tante sehr ähnlich war, und ihrerseits ausrief: »Meine Seele lobe den Herrn! Mein Geist juble über Gott! Denn ich war ihm nicht zu niedrig! Er hat Großes an mir getan, und mit Israel hat er Erbarmen gehabt!« Beide waren in diesem Augenblick außer sich vor Freude.

Diese Freude wollte auch in den kommenden Wochen nicht von ihnen weichen, und sie wurde von Zacharias, als er eines Tages aus Jerusalem zurückkam, auf seine zurückhaltende und nach wie vor wortlose Art geteilt. Drei Monate blieb Maria bei ihnen, verbrachte viele Stunden mit Elisabet und kehrte dann nach Nazaret zurück.

Bald darauf war die Zeit für Elisabet gekommen, und sie brachte tatsächlich einen Sohn zur Welt. Ihre Nachbarn und Verwandten glaubten an ein Wunder, und das war es ja auch. Als das Haus dann acht Tage später voller Menschen war, weil die Beschneidung des Knaben anstand, gingen alle davon aus, dass er nun den Namen seines Vaters Zacharias erhalten würde. Doch Elisabet wehrte ab – nein, er werde Johannes heißen –, was unter ihren Gästen einen kleinen Tumult auslöste. »Wer, bitte, heißt denn in eurer Verwandtschaft Johannes?«, wollten sie von ihr wissen. »Gibt es da irgendeinen Johannes?« Nein, den gab es nicht, und jetzt musste Zacharias ran, der sich von Anfang an auf diesen Namen versteift hatte. Man reichte ihm ein Täfelchen, Zacharias schrieb etwas und hielt es hoch. ›Johannes soll er heißen‹ war auf der Tafel zu lesen. Im selben Augenblick fand er seine Sprache wieder und übertönte alle. »Gepriesen sei der Gott Israels«, brach es aus ihm heraus, »der sich von seinem Volk nicht abwendet, sondern seinen Knechten Erlösung verschafft, wie er es durch den Mund seiner Propheten verheißen hat! Der uns errettet aus der Hand unserer Feinde und des heiligen Bundes gedenkt, den er mit Abraham geschlossen hat, damit wir ihm allzeit in Heiligkeit und Gerechtigkeit dienen können!« Dann wandte er sich mit seiner wiedergewonnenen Sprachgewalt an das Neugeborene. »Und du, mein Kind, wirst ein Prophet des Höchsten genannt werden und dem Herrn vorangehen und ihm den Weg bereiten, damit denen, die in der Finsternis sitzen und im Schatten des Todes ausharren, das Erbarmen unseres Gottes erscheint und ein jeder seinen Fuß auf den Weg des Friedens lenkt.«

Die Frage der Namensgebung war damit geklärt. Im Übrigen kam es so, wie Zacharias vorhergesagt hatte: Mit zunehmendem Alter machte sich der Geist Gottes bei dem Kind immer stärker bemerkbar, und als junger Mann zog sich Johannes in die Einsamkeit der Wüste zurück, die er erst wieder verließ, als ihm sein Auftrag klar geworden war.

Inzwischen war Maria von einer großen Sorge befreit worden. Bei aller Freude konnte sie sich nicht verhehlen, dass sie mit ihrer Schwangerschaft einige in Verlegenheit stürzen würde, allen voran ihren Verlobten Josef, und ihr Ausflug zu Elisabet hatte ihr zweifellos auch Zeit verschaffen sollen. Aber nun, nach ihrer Rückkehr, ließ es sich nicht mehr umgehen, und sie vertraute sich ihrem Verlobten an, ohne jedoch die Hintergründe aufzudecken. Josef war hochherzig genug, ihr jeden Vorwurf zu ersparen, erwog aber dennoch, die Verlobung in aller Stille zu lösen. In dieser Zeit hatte er des Nachts einen Traum. Ihm träumte, ein Engel des Herrn fordere ihn auf, Maria umgehend zu heiraten, da kein Grund vorliege, Marias Ehrbarkeit zu bezweifeln; ihre Schwangerschaft sei das Werk des Heiligen Geistes. Josef tat, wie ihm befohlen, nachdem Maria unter der Bedingung eingewilligt hatte, die Ehe einstweilen nicht zu vollziehen. Die Hochzeit wurde nicht groß gefeiert, es schöpfte auch niemand Verdacht – noch waren es ja vier Monate bis zur Niederkunft –, und da Josef seine Begierde zügelte, sah es so aus, als würde allen Beteiligten Unannehmlichkeiten erspart bleiben. Bis Quirinius, der römische Prokurator für die Provinz Syrien, bekannt machen ließ, dass der Kaiser Augustus in Rom eine Volkszählung angeordnet habe.

Das traf sich schlecht. Zur festgesetzten Zeit wäre Maria hochschwanger, wahrscheinlich kurz vor der Niederkunft, und ausgerechnet dann wären sie unterwegs, denn Josef müsste nach Betlehem reisen, um sich in der Stadt seiner Väter in die Steuerlisten einzutragen, und Maria in Nazaret zurückzulassen kam für ihn nicht infrage. Ein Ausweg bot sich indessen nicht. Das ganze Herrschaftsgebiet des Herodes war seit Jahrzehnten römisches Protektorat, ein wenn auch winziger Bestandteil des weltweiten römischen Imperiums, und somit verpflichtet, seinen Beitrag zur Wohlfahrt des Reiches zu leisten. Die Sache schuf allenthalben Verdruss, dergleichen hatte es in den jüdischen Landen noch nie gegeben, aber es half nichts, es gab kein Mittel gegen römische Beschlüsse. Als es so weit war, brachen Josef und Maria wie alle anderen auf und reisten über Jerusalem nach Betlehem, auf der Straße, die Maria knapp neun Monate zuvor schon einmal genommen hatte.

Als sie Betlehem erreichten, herrschte ein ziemliches Gedränge von Menschen, Packeseln und Reitkamelen in den Gassen. Und als sie sich schließlich zur Karawanserei durchgefragt hatten, wurde ihnen beschieden, dass alle Gasträume bis in den letzten Winkel belegt seien – mehr Reisende könne man beim besten Willen nicht aufnehmen. Josef machte den Knecht, der mit ihm redete, auf den Zustand seiner Frau aufmerksam. Der hatte daraufhin ein Einsehen und schlug den beiden vor, die Nacht im Anbau mit den Ställen zu verbringen. Irgendwo zwischen den Tieren werde sich wohl noch ein freies Plätzchen finden lassen, und für Stroh als Schlafunterlage sei dort auf alle Fälle gesorgt.

Dieser Anbau schloss sich gleich an die Gast- und Speiseräume an, und auch dort herrschte Hochbetrieb: Reit- und

Packpferde, Esel und Kamele, aber auch Reisende, die nach ihren Tieren schauten, und Knechte, die Heu und Wasser herbeischafften. Immerhin, hier hatte man ein Dach über dem Kopf, eine Lage Stroh unter den Füßen, und in einer Ecke fand sich tatsächlich ein freies Plätzchen. Kaum hatte Josef ein provisorisches Lager hergerichtet, verspürte Maria die ersten Wehen. Und am selben Abend gebar sie ihren Sohn, unbemerkt zwischen den Tieren, wickelte ihn in die mitgebrachten Windeln und legte ihn in die nächste Futterkrippe.

Darüber war es Nacht geworden. Und wie in jeder Nacht saßen draußen vor der Stadt, auf freiem Feld, die Hirten an ihren Lagerfeuern und bewachten ihre Herden. Mit einem Mal leuchtete die Dunkelheit auf, und ein Engel des Herrn trat vor sie hin. Taghell war es ringsum, und als der Engel sah, dass die Hirten vor Furcht erstarrten, sagte er: »Fürchtet euch nicht! Ich verkündige euch große Freude, denn euch ist heute der Retter geboren. Überzeugt euch, wenn ihr wollt, mit eigenen Augen davon; haltet nur nach einem Neugeborenen in einer Krippe Ausschau, und ihr werdet ihn finden.« Im nächsten Moment enthüllte sich dem Blick der Hirten die ganze Menge des himmlischen Heers, und Lobgesang brandete auf: »Ehre sei Gott in der Höhe und Friede auf Erden den Menschen seines Wohlgefallens.« Dann überzog sich der Himmel erneut mit Finsternis und Sternen, und als einer der Hirten vorschlug, nun wirklich nach Betlehem hinüberzugehen und nachzuschauen, was dran sei an den Worten des Engels, da sprangen alle auf und liefen los.

Tatsächlich verhielt es sich, wie der Engel gesagt hatte. Als sie ins Stallgebäude der Karawanserei einfielen, entdeckten sie im hinteren Teil die erschöpften Eltern und das Neugeborene in der Futterkrippe, und wer auch immer sich jetzt im Stall blicken ließ, Knecht oder Reisender, der bekam von den aufgeregten Hirten zu hören, dass mit dem Kind in der Krippe dort der lang ersehnte Retter auf die Welt gekommen sei. Ja, sie drangen sogar ins Hauptgebäude ein, wo nach wie vor Leben herrschte, auch wenn manche schon zwischen Taschen, Beuteln und Warenballen schliefen, und erzählten auch dort ihre Geschichte vom Engel auf dem Feld und dem Retter in der Krippe. Dann zogen sie wieder ab, auch im Stall kehrte allmählich Ruhe ein, und nur Maria lag noch lange wach und rief sich jede Einzelheit dieses Tages und jedes Wort, das ihrem Kind gegolten hatte, in Erinnerung.

Später, als ihr Sohn heranwuchs, erzählte Maria ihm abends gern folgende Geschichte: Ihres geschwächten Zustands wegen hätten sie damals noch einige Zeit in Betlehem bleiben müssen, und eines Tages seien drei fremdartige Reiter bei ihnen aufgetaucht, drei Magier oder Sterndeuter aus Ländern weit im Osten, vornehme und gebildete Leute jedenfalls. Sie hätten von einem Stern gesprochen, dem sie gefolgt seien und der sie nach Betlehem geführt habe. Und diese Männer seien vor ihm, dem Winzling, auf die Knie gefallen und hätten ihm nicht nur gehuldigt, was schon verblüffend genug gewesen sei, sondern sogar wertvolle Geschenke für ihn ausgepackt, nämlich ein paar Goldstücke, ein Säckchen besten Weihrauchs, wie er nur im tiefen Süden Arabiens hergestellt wird, und ein Kästchen mit duftender Myrrhe. Dann seien die drei, überglücklich, auf ihren Kamelen wieder davongezogen.

1. Am Jordan

Auf Kaiser Augustus war Tiberius gefolgt, der das Reich nun schon im fünfzehnten Jahr regierte, und von der Hafenstadt Caesarea aus kontrollierte der römische Statthalter Pontius Pilatus einen Großteil des jüdischen Landes. Auch König Herodes war vor langer Zeit schon auf einer edelsteinbesetzten Bahre zu Grabe getragen worden. Die Nachfolge hatten zunächst drei seiner Söhne angetreten – Judäa mit der Hauptstadt Jerusalem war an Archelaos gefallen, Galiläa an Antipas und die nordöstlichen Landesteile an Philippus –, aber Archelaos hatte seinen Vater an grausamer Willkür noch übertroffen und einen Aufstand im Volk ausgelöst. Daraufhin waren die Römer eingeschritten und hatten Archelaos in die Verbannung geschickt. Seither verwaltete Rom die Unruheprovinz Judäa mit eigenem Personal, was die gereizte Stimmung im Land allerdings nur weiter schürte.

Eine fiebrige Erregung bemächtigte sich großer Teile des Volkes. Viele versprachen sich eine Befreiung von der demütigenden Fremdherrschaft nur noch von einem radikalen Eingreifen Gottes. In diesen Tagen machte ein gewisser Johannes von sich reden, der an den Ufern des unteren Jordan umherzog, den Leuten mit unerhörter Dringlichkeit die Notwendigkeit eines grundlegenden Gesinnungswandels vor Augen führte und alle, die zur Umkehr bereit waren, als Zeichen der Vergebung ihrer Sünden im Jordan taufte. So kam er zu seinem Namen Johannes der Täufer. Und die Menschen strömten ihm zu. Nicht nur aus dem nahe gelegenen Jericho, auch aus Jerusalem und den Dörfern und Städten Galiläas kamen sie, um sich von ihm aufrütteln und bis zur Bußfertigkeit erschüttern und sodann taufen zu lassen. Einige waren von der Aufbruchstimmung, die dort am Jordan herrschte, so berauscht, dass sie ihr bisheriges Leben aufgaben und nicht mehr von der Seite des Johannes wichen, sodass sich in kurzer Zeit ein Kreis von Schülern und Vertrauten um ihn bildete.

Dieser Johannes war kein anderer als der Sohn des Zacharias und der Elisabet, der die menschliche Gesellschaft lange gemieden hatte und dem in der Einsamkeit allmählich alle Milde verdächtig und alle Furcht fremd geworden war. Schon äußerlich gab er sich als einer zu erkennen, der in der Wüste Menschenferne und Gottesnähe geatmet hatte, denn er lief barfuß und zottelhaarig umher, nur mit einem Kamelfell bekleidet, das er mit einer Lederschnur über den Hüften zusammenband, und ernährte sich von gerösteten Heuschrecken und dem Honig wilder Bienen. Es kam vor, dass er in seinen Reden die Mächtigen angriff und selbst den Herodessohn Antipas mit beißender Schärfe kritisierte, womit er vielen aus der Seele sprach. Vor allem aber ging er den Menschen mit seiner Bußpredigt unter die Haut, wenn er ihnen, an seinem üblichen Platz bei der Jordanfurt stehend, Sätze wie diese entgegenschleuderte: »Ihr Schlangenbrut! Warum solltet ausgerechnet *ihr* dem bevorstehenden Zorngericht entgehen? Ändert euch! Und beweist durch eure Taten, dass ihr euch geändert habt! Dass ihr von Abraham abstammt, wird euch nichts, aber auch gar nichts nützen, wenn das Gottesreich anbricht. Ich sage euch: Gott kann dem Abraham aus diesen Steinen hier Kinder erwecken! Wiegt euch also nicht in Sicherheit! Schon ist die Axt an die Wurzel der Bäume gelegt, und jeder Baum, der keine guten Früchte bringt, wird gefällt und ins Feuer geworfen werden!«

So einer war nicht allen geheuer, und unter seine Zuhörer mischten sich immer häufiger Pharisäer und Sadduzäer aus Jerusalem. Die einen wie die anderen fanden ihre Befürchtungen bestätigt. Den frommen Pharisäern war der Glaube dieses Sonderlings zu ungestüm, sie vermissten in seinen Reden jeden Hinweis auf das Gesetz, die Tora mit ihren Regeln, Vorschriften und Geboten. Und den vornehmen Sadduzäern war er zu rebellisch. Jemandem wie ihm, der kein Blatt vor den Mund nahm, trauten sie zu, das Volk gegen alle Autoritäten aufzuhetzen, am Ende auch gegen die Römer. Bevor man jedoch irgendetwas gegen ihn unternahm, schien es ratsam, Genaueres über ihn in Erfahrung zu bringen – nicht, dass er gegen alle Wahrscheinlichkeit doch im Namen des Höchsten wirkte. Deshalb wollten sie von ihm vor allem eins wissen:

»Wer bist du? Der Prophet Elija? Oder der Prophet Jesaja? Oder etwa der erhoffte Messias, der von Gott gesandte Retter selbst?«

»Ich bin ein Rufer in der Wüste«, antwortete Johannes knapp.

Sie aber bohrten nach: »Wenn du weder Elija noch Jesaja noch der Messias bist, für wen hältst du dich dann? Wer gibt dir das Recht, zu taufen?«

Worauf Johannes ihnen entgegnete, und zwar so laut, dass alle es hören konnten: »Ich taufe nur mit Wasser. Aber nach mir wird einer kommen, der wird mit Heiligem Geist und Feuer taufen. Gegen ihn bin ich ein Niemand. Ich bin es nicht einmal wert, mich vor ihm in den Staub zu werfen und die Riemen seiner Sandalen zu lösen.«

Einstweilen ließen sie ihn gewähren.

Und hier, am Jordan, trafen sie sich, der Sohn des Zacharias und der Sohn der Maria aus Nazaret. Eines Tages befand sich Jesus unter den Leuten, die von Johannes getauft werden wollten. »Das ist er«, sagte Johannes an seine Schüler gewandt, als er Jesus in der Menge entdeckte. »Das ist der Mann, von dem ich gesprochen habe, der Mann, der vor mir war und nach mir kommen wird, das Lamm Gottes.« Als Jesus dann vor ihm stand, sagte er zu ihm: »Eigentlich müsstest *du mich* taufen.« Aber Jesus bat darum, keine Ausnahme zu machen, und so stieg Johannes mit ihm wie mit allen anderen zuvor ins Wasser. Kaum aber war Jesus aus den Jordanfluten wieder aufgetaucht, war ihm, als sei eine Verwandlung mit ihm geschehen, und als er zum Himmel aufblickte, sah er den Geist Gottes in Gestalt einer Taube auf sich herabschweben. Im selben Augenblick hörte er eine Stimme sagen: »Du bist mein geliebter Sohn, an dem ich Wohlgefallen habe.«

Da hielt Jesus es nicht länger im Getümmel am Flussufer aus; er zog sich in die felsige Einöde auf der anderen Jordanseite zurück. Vierzig Tage verbrachte er dort in völliger Abgeschiedenheit, fastend und ins Gebet vertieft, und als der Hunger übermächtig wurde, trat der Versucher an ihn heran. »Wenn du der Sohn Gottes bist«, sagte er, »warum verwandelst du diese Steine nicht in Brot? Ein Wort von dir würde genügen.« Jesus antwortete ihm: »Weil in den Schriften steht: Der Mensch lebt nicht vom Brot allein, sondern von jedem Wort, das aus dem Mund Gottes kommt.« Da entführte ihn der Versucher nach Jerusalem, stellte ihn oben auf die Umfassungsmauer des Tempels und sagte: »Wenn du der Sohn Gottes bist, dann spring – was soll dir schon passieren? Steht nicht in den Schriften: Seinen Engeln wird er gebieten, dich auf Händen zu tragen, damit du nicht stolperst und stürzt?« Aber Jesus hielt ihm entgegen: »Es steht dort auch: Du sollst den Herrn, deinen Gott, nicht versuchen.« Und noch einmal entführte ihn der Versucher, diesmal auf einen sehr hohen Berg, und ließ ihn alle Reiche dieser Erde und alle Pracht ihrer Städte und Paläste auf einmal sehen. Dann sagte er: »Dies alles gebe ich dir, wenn du vor mir niederfällst.« Aber Jesus fuhr ihn an: »Fort mit dir, Satan! Denn es steht geschrieben: Du sollst dem Herrn, deinem Gott, huldigen und ihm allein dienen.« Da ließ der Versucher von ihm ab, und Jesus beendete sein Fasten, stieg aus den Bergen herab und kehrte an den Jordan zurück. Er suchte jetzt die Nähe des Johannes. Wer sonst in Judäa wagte, so offen über das kommende Gottesreich zu sprechen wie er? Wer sonst brachte es fertig, den Leuten so eindringlich ins Gewissen zu reden? Wer sonst stellte sich dem Machtanspruch der Pharisäer und Sadduzäer so unerschrocken entgegen?

In der Aufbruchstimmung, die in der Umgebung des Täufers herrschte, erging es Jesus wie einem Menschen, der endlich am Ziel einer langen Suche angekommen ist und nun in eine geistige Welt eintaucht, die seine Heimat werden könnte. Gleich am ersten Tag freundete er sich mit einigen Männern an, die zum engeren Kreis des Johannes gehörten, und in der folgenden Zeit kam es zu nächtelangen Debatten an dem geschützten Platz am Jordanufer, der Jesus als Nachtlager diente.

Wie die Johannesschüler bald herausfanden, drehte sich Jesu Denken um dasselbe Thema wie das ihres Lehrers. Auch er war erfüllt von der Gewissheit, das Gottesreich stehe unmittelbar bevor, nur sprach Jesus davon in anderen Worten und auf andere Art als Johannes, nämlich ohne drohende Töne anzuschlagen, sodass sich einige von ihnen bald mehr zu Jesus als zu Johannes hingezogen fühlten. Unter ihnen war Natanael aus Kana in Galiläa, einer Ortschaft nicht allzu weit von Nazaret entfernt. Natanael hatte sich zunächst nicht von der Begeisterung der anderen für Jesus anstecken lassen wollen. »Was?«, hatte er seinem Freund Philippus höhnisch entgegengehalten, »aus Nazaret kommt er? Was kann aus einem Kaff wie Nazaret schon Gutes kommen?« Doch auch er erlag der Wirkung dieses Menschen, und eines Tages lud er ihn und die anderen zu einer Hochzeit in seinem Heimatort ein. Jesus hatte nichts dagegen einzuwenden, und anderntags brachen sie auf.

Für ein Dorf wie Kana war es ein rauschendes Fest. Die großen Zelte, die man hinter dem Haus des Bräutigams aufgeschlagen hatte, fassten die Gäste kaum, und Jesus ging von einem zum anderen, umarmte Bekannte, trank mit jedem einen Schluck und fischte sich hier und da ein Stück Fleisch aus den Schüsseln. Das ausgelassene, unbekümmerte Beisammensein auf solchen Hochzeiten hatte ihm seit jeher gefallen. Für Stunden oder Tage war diese furchtbare Kluft zwischen Arm und Reich, zwischen Tagelöhnern und Großgrundbesitzern aufgehoben, und alle waren gleich, solange sie im Festzelt aßen und tanzten. Zu seiner Überraschung entdeckte er seine Mutter Maria unter den Gästen. Er begrüßte sie, zog sich aber bald mit seinen Freunden in ein anderes Zelt zurück und lachte und feierte mit ihnen den ganzen Abend, bis seine Mutter plötzlich wieder vor ihm stand.

»Der Wein droht auszugehen«, flüsterte sie ihm zu.

Jesus wurde unwillig. »Was geht mich das an?«, fertigte er sie ab. »Meine Stunde ist noch nicht gekommen.«

Worauf Maria sich den Dienern zuwandte und ihnen die Anweisung gab, allen Anordnungen ihres Sohns Folge zu leisten.

Jesus erhob sich und ging mit den Dienern ins Haus. Dort standen sechs große Steinkrüge mit Wasser, das zum Händewaschen vor den Mahlzeiten diente. Sauber war es nicht. Trotzdem forderte Jesus sie auf, alle Krüge bis zum Rand mit Wasser aufzufüllen und den für die Bewirtung Zuständigen dann einen Becher davon kosten zu lassen. Die Diener taten, wie ihnen geheißen, und als einer von ihnen dem ahnungslosen Tafelmeister den Becher reichte, fand der den Wein ausgezeichnet. Er rief den Bräutigam. »Was soll das?«, fragte er ihn. »Alle Welt schenkt den guten Wein zuerst aus, und wenn jeder betrunken ist, kommt der billige dran. Nur bei dir gibt es den besten Wein zum Schluss.«

Außer den Dienern hatten nur Jesu Begleiter mitbekommen, was geschehen war. Das Lamm Gottes verwandelt Waschwasser in Wein, sprachen sie auf dem Rückweg untereinander.

Und als Jesus sich Tage später von Johannes dem Täufer verabschiedete und das Jordantal hinaufwanderte, befanden sich in seiner Gesellschaft etliche Johannesschüler; auch Natanael aus Kana hatte sich ihm angeschlossen. Von diesem Tag an ging Jesus eigene Wege, folgte aber noch eine Weile dem Vorbild des Täufers und predigte am Mittellauf des Jordan einer beständig wachsenden Menschenmenge vom Gottesreich, während seine neuen Schüler die Bußfertigen tauften.

Das kam Johannes zu Ohren. »Stell dir vor«, berichteten ihm seine Schüler, »der, den du das Lamm Gottes genannt hast, lässt jetzt ebenfalls taufen und hat mittlerweile mehr Zulauf als du.«

So, wie sie es sagten, schwang gekränkte Eitelkeit mit, und Johannes wies sie zurecht. »Ihr habt doch aus meinem eigenen Mund gehört, dass ich nicht der Messias bin«, sagte er. »Es ist wie auf einer Hochzeit. Der Bräutigam ist der Glückliche, weil er die Braut nach Hause führt, aber der Freund des Bräutigams freut sich mit ihm. So ergeht es mir jetzt. Merkt euch also: Jener muss wachsen, ich aber muss weniger werden.«

Nur Wochen später erreichte Jesus die Nachricht, dass Johannes verhaftet worden sei. Soldaten des Antipas, des Landesherrn von Galiläa, hätten ihn als Gefangenen auf die Herodesfestung Machaerus am Toten Meer verschleppt. Offenkundig wollte Antipas den Täufer allerdings lediglich mundtot machen, nicht beseitigen, denn es war ihm erlaubt, weiterhin Kontakt zu seinen Schülern zu halten. Jesus beschloss daraufhin, sich in seine galiläische Heimat zurückzuziehen. Sei es, dass er befürchtete, als Täufer bei Antipas ebenfalls in den Ruf eines Unruhestifters zu geraten, sei es, dass er eine Konfrontation mit den Pharisäern und Sadduzäern vermeiden wollte, die inzwischen auch auf ihn aufmerksam geworden waren – im Jordantal jedenfalls hielt es ihn nicht länger.

2. Ich will, werde gesund

Die hügelreiche Landschaft Samarias erstreckte sich zwischen Judäa im Süden und Galiläa im Norden. Nach der Babylonischen Gefangenschaft war dieses Gebiet von den rückkehrenden Juden gemieden worden, und die Bewohner Samarias mussten sich gefallen lassen, wie Heiden behandelt zu werden – ein Jude, der etwas auf sich hielt, beschränkte den Verkehr mit ihnen jedenfalls auf das Unumgängliche. Seine Begleiter waren deshalb davon ausgegangen, dass Jesus Samaria zügig durchwandern würde, wenn dieser Landstrich auf dem Weg nach Galiläa schon nicht zu umgehen war. Sie hatten sich getäuscht. Jesus nahm sich Zeit und legte zur Mittagsstunde Rast an einem Brunnen am Stadtrand von Sychar ein. Und während er selbst ein wenig ausruhte, gingen seine Schüler in den Ort, um Proviant zu kaufen.

Da näherte sich dem Brunnen eine Frau mit einem Wasserkrug. Als sie herangekommen war, sprach Jesus sie an – er habe Durst, ob sie ihm wohl einen Schluck Wasser zu trinken gebe. Die Frau stutzte.

»Seit wann nehmen Juden von unsereins etwas an?«, sagte sie amüsiert und setzte ihren Krug ab.

»Wenn du wüsstest, wer ich bin, hättest *du mich* um Wasser gebeten«, entgegnete Jesus.

»Du hast ja nicht mal ein Schöpfgefäß dabei«, sagte sie lachend.

Jesus blieb ernst. »Ich spreche auch nicht vom Wasser dieses Brunnens, das den Durst nur vorübergehend löscht«, antwortete er. »Das Wasser, das ich meine, stillt deinen Durst für ewig, es verwandelt sich in dir zu einer Quelle, die nie versiegt.«

»Dann gibt mir dieses Wasser«, sagte sie, »und ich kann mir in Zukunft die lästigen Gänge zum Brunnen sparen.«

Jesus betrachtete sie eine Weile und forderte sie dann auf, ihren Mann zu holen.

»Ich habe keinen Mann«, entgegnete sie mit einem Seufzer.

»Wohl wahr«, sagte Jesus. »Von den fünf Männern, die du hattest, ist keiner mehr da, und der, mit dem du jetzt zusammenlebst, ist nicht dein Mann.« Er sagte es ohne die Spur eines Vorwurfs in der Stimme.

Die Frau stützte sich auf den Brunnenrand und starrte ihn an. »Ich sehe, du bist ein Prophet«, sagte sie schließlich. Und die Gelegenheit nutzend, fuhr sie fort: »Dann kannst du mir wohl auch folgende Frage beantworten: Unsere Vorfahren haben Gott auf dem Berg dort angebetet, ihr Juden aber verehrt Gott in Jerusalem. Wer hat nun Recht?« Worauf Jesus nach einem Augenblick des Nachdenkens antwortete: »Glaube mir: Es kommt die Stunde, und sie ist schon angebrochen, in der unser aller Vater weder auf eurem Berg angebetet wird noch in Jerusalem. Weißt du, warum? Weil es auf den Ort nicht ankommt. Denn Gott ist Geist, und wer ihn anbetet, der muss ihn in seinem Geist anbeten. Das wäre das wahre Gebet, und so zu beten ist allerorten möglich.«

Unterdessen waren seine Schüler aus der Stadt zurückgekehrt und staunten, Jesus im Gespräch mit einer Frau vorzufinden. Einer Samariterin, obendrein unbegleitet – und kein Mensch weit und breit, der eine derart verfängliche Situation entschärft hätte! Sie verloren aber kein Wort darüber, zumal die Frau jetzt ihren Krug einfach am Brunnen stehen ließ und Richtung Stadt davonlief. Etwas später kam sie zurück – und mit ihr eine Abordnung von Bürgern, deren Sprecher Jesus einlud, bei ihnen in Sychar zu bleiben. Der willigte ein, und als würde ihn nichts an diesen Menschen stören, blieb er zwei volle Tage dort, nahm Einladungen in ihre Häuser an und redete mit allen, die ihn sprechen wollten. Am dritten Tag brachen sie auf und setzten ihren Weg fort, und in Sychar hieß es, dieser Jesus könnte der Messias sein.

Als sie Galiläa erreicht hatten, nahm Jesus seine unterbrochene Predigttätigkeit wieder auf, sprach am Sabbat auch als Gastredner in den Synagogen und wiederholte überall, was schon Johannes gesagt hatte: Die Zeit drängt! Die Entscheidung naht! Das Reich Gottes ist bereits angebrochen! Aber er sagte es mit anderen Worten und auf andere Art als Johannes. So durchzogen sie Galiläa, kamen auch durch Kana und sahen schließlich die weite, blassblaue Fläche des Sees Gennesaret vor sich, eingerahmt von schroff abfallenden Höhenzügen. Einen Ort hatten sie auf ihrer Wanderung ausgelassen: Nazaret, wo seine Familie nach wie vor lebte.

Im Norden, wo die Hügel sanfter waren und das Ufer flacher, lag die Stadt Kafarnaum. Dort bogen sie von der Via maris ab, der Verbindungsroute zwischen Damaskus und dem Nildelta, auf der sie sich in der letzten Stunde unter ägyptischen Karawanen, syrischen Händlern, römischen Soldaten und galiläischen Wanderarbeitern bewegt hatten, schlugen den Weg zum Wasser ein und liefen den See entlang. In langer Reihe lagen da die Segelboote der Fischer am Ufer, und überall waren Männer bei der Arbeit; manche flickten ihre Netze, andere besserten ihre Kähne aus, und zwei von ihnen standen im seichten Wasser und warfen ihre Wurfnetze aus. Jesus erkannte in ihnen Simon und seinen Bruder Andreas; beide hatten, wie er sich erinnerte, zeitweilig dem Kreis um Johannes den Täufer angehört. Er blieb stehen und rief sie. Und als sie herankamen, halb nackt, sagte er nur: »Folgt mir nach. Ich werde euch zu Menschenfischern machen« – da warfen sie ihre Netze in ein Boot und gingen mit ihm. Ein Stück weiter entdeckte Jesus mehrere Fischer, die dabei waren, das Schleppnetz für die nächste Ausfahrt vorzubereiten. Zwei von ihnen, nämlich die Brüder Jakobus und Johannes, wurden ihm von Simon als gute Freunde vorgestellt, und als Jesus diese beiden ebenfalls aufforderte, mitzukommen, ließen auch sie alles stehen und liegen und folgten ihm, ungeachtet der Proteste ihres Vaters Zebedäus.

Jesus beschloss, in Kafarnaum zu bleiben. Seine Mitstreiter quartierten sich im Fischerviertel gleich am Seeufer ein, soweit sie nicht ohnehin dort wohnten, und Jesus selbst bezog ein Zimmer in dem Haus, das Simon zusammen mit seiner jungen Frau, seiner Schwiegermutter und seinem Bruder Andreas bewohnte. Von nun an trat er an jedem Sabbat in der Synagoge von Kafarnaum auf und predigte, und zwar in einer Weise, die seine Zuhörer sprachlos machte. Wie er die altbekannten Torastellen auslegte, die Prophetenworte, die Psalmen, die Gesetzestexte, das klang bei ihm kühner, gewagter und radikaler als bei jedem anderen und gleichzeitig milder, menschenfreundlicher und versöhnlicher. Er verstand es, das in der Vergangenheit Gesagte und das für die Zukunft Verheißene in einem Punkt zusammenzuziehen und auf die Gegenwart zuzuspitzen, als ob sich all dies in dieser Stunde erfüllen würde, als ob jeden Moment mit dem Anbruch des Gottesreiches zu rechnen wäre, als ob alle Anwesenden gerade jetzt den entscheidenden Augenblick erleben würden. Und gleichzeitig durchschauerte jeden die Ahnung, dass es auf ihn selbst ankomme, dass es von seiner Entscheidung abhänge, ob die Welt in diesen Tagen eine Wendung zum Guten oder zum Verhängnisvollen nehme. Als ließe sich das Zeitalter des Friedens und der Gerechtigkeit, das für Jesus offenbar zum Greifen nah war, von jedem Beliebigen verwirklichen. Und fragte sich einer, ob seine Kräfte dazu wohl reichen würden, bekam er zu hören, dass es allein auf den Glauben ankomme, der Glaube versetze nämlich Berge.

Kurz, seine Predigten waren so eindringlich, dass die Menschen anschließend aufgewühlt nach Hause gingen und in der

Synagoge von Kafarnaum bald ein Gedränge herrschte wie seinerzeit bei seinen Predigten am Jordan. Mit der üblichen frommen Langeweile war es jedenfalls vorbei, und bald sprach es sich auch in anderen Orten am See herum, dass dieser Jesus den alten Texten Wahrheiten abzugewinnen vermochte, die keinem gewöhnlichen Schriftgelehrten je in den Sinn gekommen wären. Dann kam es zum ersten Zwischenfall.

Eines Tages war unter seinen Zuhörern ein Besessener, der plötzlich aufsprang und seine Predigt mit dem Schrei unterbrach: »Was willst du von uns, Jesus von Nazaret? Bist du gekommen, uns zu vernichten? Ich kenne dich, du bist der Heilige Gottes!« Augenblicklich fuhr Jesus den Mann in gleicher Lautstärke an: »Verstumme, Dämon! Komm heraus!« Da schüttelte es den Mann. Er stieß einen markerschütternden Schrei aus, beruhigte sich dann aber, und außer, dass ihm Verlegenheit anzumerken war, wirkte er nun so normal wie alle anderen. Die Verblüffung der Anwesenden entlud sich in einem Tumult. Wer ist dieser Jesus?, fragte einer den anderen. Nicht nur, dass er Dinge von sich gibt, die wir noch nie gehört haben; er scheint auch Macht über die Dämonen zu besitzen!

Als sie an jenem Tag ins Haus des Simon zurückkehrten, lag dessen Schwiegermutter mit Fieber im Bett. Simon redete mit Jesus. Der zögerte nicht lange, ging gleich zu ihr und ergriff ihre Hand, worauf das Fieber nachließ und die Frau sich nach einer Stunde wieder stark genug fühlte, aufzustehen und für alle zu kochen. Noch am selben Abend, kurz nach Sonnenuntergang, wurden auf der Gasse vor ihrem Haus Stimmen laut. Es hörte sich nach einem Menschenauflauf an. Als Jesus heraustrat, bestürmte ihn ein gutes Dutzend Leute. Die einen hatten Kranke dabei, die anderen Besessene, und alle drängten sich vor der Tür in der Erwartung, Jesus könne auch ihnen helfen. Er brachte es nicht über sich, sie fortzuschicken. Er wollte sie nicht enttäuschen. Also berührte er die Kranken der Reihe nach, herrschte die Dämonen an, befahl ihnen, auszufahren, und machte auf diese Weise tatsächlich viele gesund.

Am nächsten Morgen, noch vor Tagesanbruch, stand Jesus auf, verließ unbemerkt das Haus und ging, bis er die Stadt hinter sich gelassen und die Anhöhe erreicht hatte, von der aus man den nächtlichen See überblickte. Dort warf er sich zu Boden und betete. Eine Entscheidung war zu treffen. Sollte er in Kafarnaum bleiben und warten, dass die Leute zu ihm kämen? Sollte er sich niederlassen – und mit dem Ruf eines Wunderheilers zufriedengeben? Oder sollte er aufbrechen, weiterziehen, wieder das unstete Leben eines Wanderpredigers führen? Würden seine Schüler mitmachen? Sie müssten dafür ihre Berufe aufgeben und ihre Familien verlassen. Er betete lange. Bis seine Schüler ihn weit nach Tagesanbruch da oben fanden und ihm mitteilten, dass wieder Leute eingetroffen seien, die nach ihm fragten. Da fasste Jesus den Simon bei der Schulter und sagte: »Gehen wir fort von hier. Ziehen wir eine Weile umher. Ich muss meine Botschaft auch anderswo verkündigen, wenn ich meinen Auftrag erfüllen will.«

Anderntags verließen sie Kafarnaum, und weder Simon noch Andreas, weder Johannes noch Jakobus blieben zurück. Und wohin sie auch kamen, überall erlebten sie das Gleiche wie in Kafarnaum: Mit jeder Predigt erregte Jesus Aufsehen in den Synagogen, und auf die erste Heilung folgte regelmäßig ein Ansturm von Krüppeln und Kranken. Besessene, Mondsüchtige und Gelähmte wurden von ihren ratlosen Angehörigen zu ihm gebracht, und immer häufiger kam heraus, wenn sie mit den Leuten redeten, dass jemand von weither gekommen war – nicht nur aus anderen Teilen Galiläas, auch aus Judäa und Jerusalem und selbst aus der Dekapolis, dem Gebiet des hellenistischen Städtebunds, das von Heiden bewohnt war. Denn oft genug lief es so wie mit dem Leprakranken, der sich eines Tages vor ihm auf die Knie warf. »Wenn du willst, kannst du mich von meinem Aussatz reinigen«, sagte er bloß. Und Jesus, ganz ergriffen vom Unglück des Mannes, fasste ihn bei seiner verstümmelten Hand und sagte: »Ich will. Werde gesund.« Da war seine Krankheit wie weggeblasen, Jesus aber scheuchte ihn davon, erwehrte sich geradezu erbost der Dankesbezeugungen des Mannes und forderte ihn auf, sich schleunigst davonzumachen und ein Dankopfer zu bringen, über die Umstände seiner Genesung aber kein Wort zu verlieren. Der jedoch lief los und erzählte gleich in allen Wirtshäusern, was er erlebt hatte.

Offenkundig wollte Jesus Aufsehen vermeiden. Da es nun aber die meisten Geheilten so machten wie dieser Aussätzige, brauchte er bald nur eine Ortschaft zu betreten, schon liefen die Leute zusammen. Manche wichen ihm gar nicht mehr von der Seite, sodass er sich ohne größeres Gefolge kaum noch bewegen konnte. Nur in Nazaret kam es anders.

In der Vergangenheit hatte es so ausgesehen, als würde Jesus einer Begegnung mit seiner Verwandtschaft und seinen ehemaligen Nachbarn ausweichen. Nun waren sie auf ihrer Wanderung seinem Heimatort nahe gekommen, und Jesus hatte, ohne ein Wort zu verlieren, den Weg nach Nazaret eingeschlagen. Sollte er je Befürchtungen gehegt haben, wurden sie durch den Empfang, der ihm bereitet wurde, zerstreut. Die Begrüßung war herzlich – allenfalls seiner Familie war ein gewisses Befremden anzumerken, vor allem seinen Brüdern, die sich wohl insgeheim fragten, was er da unten am See treibe und in welche Gesellschaft er sich begeben habe. Doch niemand hinderte ihn am Reden, als er sich am Sabbat in der kleinen Synagoge von Nazaret die Schriftrolle reichen ließ. Und auch hier versetzte er seine Zuhörer in Erstaunen. So eindringlich und machtvoll wie er hatte auch in Nazaret noch nie jemand gesprochen. Ihr Erstaunen schlug jedoch, je länger er redete, in Unbehagen, ja in Widerwillen um. »Was redet er so klug?«, fragten sie sich. »Woher ist ihm plötzlich diese Weisheit zugewachsen? Ist er nicht der Sohn der Maria? Der Bruder von Jakobus und Josef und Judas und Simon? Leben nicht alle seine Schwestern unter uns? Hat er nicht bis gestern auf Baustellen geschuftet?« Und es ärgerte sie, dass er sich anmaßte, ihnen mit neuen, nie gehörten Lehren zu kommen.

Es war also doch ein Fehler gewesen. Nach dieser Erfahrung war Jesus so niedergeschlagen, dass ihn vorübergehend die Heilkraft verließ. »Ein Prophet gilt nichts in seiner Vaterstadt«, sagte er zu seinen Schülern. Und als er Nazaret den Rücken kehrte, fasste er zwei Entschlüsse: seinen Heimatort künftig zu meiden, und zunächst nach Kafarnaum zurückzukehren.

3. Junger Wein in neue Schläuche

Kurz nach ihrer Rückkehr wollte Jesus mit seinen Schülern einen Ausflug nach Betsaida unternehmen, einem Dorf östlich von Kafarnaum, schon jenseits der Stelle, wo der Jordan in den See fließt. In Betsaida waren fast alle Einwohner Fischer. Sowohl Simon als auch Johannes hatten dort Verwandtschaft – ihre Familien stammten aus Betsaida –, und vielleicht ließe sich der eine oder andere von ihnen dafür gewinnen, das Vorhaben Jesu zu unterstützen. Es musste ja unterwegs zumindest für das Notwendige gesorgt sein, zumal mancher Denar als Almosen an die Bedauernswertesten unter denen ging, mit denen man tagtäglich zu tun hatte.

Es kam anders.

Auf halbem Weg mussten sie eine Zollstelle passieren, da hier die Grenze zwischen dem Herrschaftsgebiet des Antipas und dem Territorium seines Bruders Philippus verlief. Der Zollpächter dort war seit Jahren derselbe, ein Mann namens Levi-Matthäus, der wie alle Zollpächter gut von den Zollgebühren lebte, die er mehr oder weniger nach Gutdünken erhob. Entsprechend unbeliebt war er – ein Halsabschneider, könnte man sagen. Ausgerechnet diesen Levi verwickelte Jesus in ein Gespräch über Selbstlosigkeit und Nächstenliebe und die Ungerechtigkeit der herrschenden Verhältnisse – ob er sich nicht eine Welt vorstellen könne, in der alle Menschen, auch die ärmsten, wie die Gäste bei einem Hochzeitsmahl gleichermaßen satt würden? Wenn ja, solle er seine Stellung als Zollpächter aufgeben und sich ihm anschließen und mitkommen.

Jeder rechnete damit, dass Levi ihn auslachen würde, aber der unwahrscheinlichste Fall trat ein. »Ich bin dabei!«, sagte er, als hätte er auf diese Gelegenheit nur gewartet. Und er ging noch weiter. Er lud Jesus und seine Begleiter für den nächsten Tag zu einem Fest in seine Villa ein, wo Jesus Gelegenheit finden würde, seine Ideen einem größeren und durchaus einflussreichen Kreis zugänglich zu machen. Jesus überlegte nicht lange und sagte zu.

An der langen Tafel im luxuriösen Anwesen des Levi fand sich am folgenden Abend eine Gesellschaft zusammen, die einen Juden in Verlegenheit bringen musste. Alles Leute in höherer Stellung, alles Leute, die mit der verhassten Besatzungsmacht zusammenarbeiteten, alles Leute, die sich wenig um die komplizierten Reinheitsvorschriften der Juden scherten. Ziemlich unheilige Gestalten also, obendrein war das Essen nicht koscher. Jesus aber machte sich nichts daraus, langte beherzt zu, leerte manchen Becher und ging auf alle ihre Fragen ein.

Seine Schüler hatten sich mittlerweile daran gewöhnt, dass ihr Herr keinerlei Berührungsangst kannte; einige von ihnen hatten mit seiner Unbefangenheit ja schon im samaritischen Sychar Bekanntschaft gemacht. Wer hingegen Anstoß nahm, das waren die Pharisäer, die Gesetzestreuen, die Frömmsten der Frommen. Jesu Teilnahme am Gelage in Levis Villa sprach sich nämlich in Windeseile herum, und auf der Straße wurden seine Schüler von aufgebrachten Pharisäern angehalten und gefragt, was in ihren Herrn gefahren sei und wie er mit Zöllnern und Sündern an einem Tisch aus einer Schüssel essen könne. Wann immer Jesus das mitbekam, ging er dazwischen und sagte: »Die Gesunden brauchen keinen Arzt, sondern die Kranken. Ich bin nicht gekommen, Gerechte zu rufen, sondern Sünder.«

Levi-Matthäus aber hielt Wort und schloss sich ihnen tatsächlich an. Damit waren sie auch die drückendsten Geldsorgen los. Der Ärger mit den Pharisäern indessen riss nicht ab.

Eines Tages wollten sie von Jesus wissen, warum seine Schüler nicht die vorgeschriebenen Fastenzeiten einhielten. Jesus antwortete ihnen: »Fasten etwa die Freunde des Bräutigams, solange die Hochzeit dauert? Nein, das tun sie nicht. Es wird aber der Tag kommen, an dem meinen Schülern der Bräutigam entrissen wird, dann ist die Zeit zum Fasten für sie gekommen.« Er wollte schon gehen, wandte sich aber noch einmal zu ihnen um. »Was glaubt ihr?«, fragte er sie. »Wäre es nicht ein Fehler, ein altes Gewand mit einem Tuch aus neuem Stoff zu flicken? Gewiss wäre das ein Fehler, denn dieser Flicken würde abreißen und das Loch im Gewand nur vergrößern. Genauso, wie es ein Fehler wäre, jungen Wein in alte Lederschläuche zu füllen; dann platzen nämlich die Schläuche und der Wein läuft aus. Nein, junger Wein gehört in neue Schläuche.«

Ein anderes Mal beschwerten sich Pharisäer bei ihm darüber, dass seine Schüler am Sabbat Ähren aus einem Kornfeld gerupft und die Körner gegessen hätten – das sei verboten. Jesus fertigte sie diesmal kurz ab. »Der Sabbat wurde für den Menschen geschaffen und nicht der Mensch für den Sabbat«, sagte er. »Also ist der Menschensohn auch Herr des Sabbats.« Neuerdings bezeichnete sich Jesus als Menschensohn, wenn er von sich sprach, und als sie unter sich waren, erklärte er seinen Schülern: »Ich muss bei diesen Leuten immer an Kinder denken, an beleidigte Kinder, die auf dem Marktplatz sitzen und anderen Kindern hinterherrufen: ›Ihr Spielverderber! Wenn wir euch etwas Lustiges vorflöten, weigert ihr euch, nach unserer Flöte zu tanzen! Und wenn wir euch ein Klagelied vorsingen, weigert ihr euch, eine traurige Miene aufzusetzen!‹ Man kann es ihnen nie recht machen. Erst kam Johannes der Täufer, rührte keinen Alkohol an und hielt sich streng an die Fastenzeiten – prompt hieß es: Er ist nicht bei Sinnen. Jetzt machen wir es anders, essen und trinken munter, und schon heißt es: Schaut sie euch an, diese Fresser und Säufer, die sich mit Zöllnern und Sündern herumtreiben!«

Von nun an hatten sie jedenfalls ein scharfes Auge auf ihn, die Pharisäer, und Jesus reagierte zusehends gereizt auf ihre Kritik. Dabei waren sie ihm eigentlich nicht unsympathisch. Im Gegensatz zu den Sadduzäern, die die Tempelaristokratie bildeten und sich in der Regel von machtpolitischen Erwägungen leiten ließen, waren die Pharisäer ernsthaft fromm. Allerdings verlangten sie von ihren Mitmenschen, den Willen Gottes so wie sie bis ins kleinste Detail zu erfüllen – oder das, was sie für den Willen Gottes hielten. Alles musste bei ihnen nach Vorschrift gehen. In Jesu Augen lief ihr Eifer oft auf fruchtlose Paragrafenreiterei hinaus, und ihre religiöse Pedanterie war ihm zutiefst fremd. Ernstzunehmen waren sie dennoch, denn als Meinungsführer und Sittenwächter hatten es die Pharisäer zu einigem Ansehen im Volk gebracht.

Als er wieder einmal am Sabbat in der Synagoge von Kafarnaum predigte, entdeckte er unter den Zuhörern einen Mann mit einer verkrüppelten Hand. Sollte er ihn heilen? Selbst Heilungen waren am Sabbat verboten, und auch hier stand er unter Beobachtung. »Komm, stell dich in die Mitte«, sagte er zu dem Mann, wandte sich dann an die Pharisäer im Raum und fragte sie: »Seht ihn euch an. Was meint ihr? Lässt es sich mit dem Sabbat eher vereinbaren, diesem Mann zu helfen – oder nichts zu unternehmen und ihn weiter leiden zu lassen? Erlaubt uns das Sabbatgebot, Gutes zu tun? Oder zwingt es uns, Schlechtes in Kauf zu nehmen?« Er blickte in verschlossene Gesichter und erhielt keine Antwort. Da sagte er zu dem Mann: »Streck deine Hand aus.« Der gehorchte, hielt Jesus seine verkrüppelte Hand hin, und im nächsten Augenblick konnte er sie bewegen. Der übliche Protest blieb aus. Aber noch beim Hinausgehen verabredeten einige Pharisäer, mit den Zuständigen am Hof des Antipas Kontakt aufzunehmen, um Jesus aus dem Weg zu räumen.

Ihre Gegnerschaft tat seinem Erfolg bei den Leuten jedoch keinen Abbruch. In den Straßen von Kafarnaum kam eines Tages sogar der Zenturio der kleinen römischen Heereseinheit, die in der Nähe lag, auf ihn zu, begrüßte ihn mit unüblicher Ehrerbietung und rückte dann zögernd damit heraus, einer seiner besten Männer liege wie erstarrt danieder und stöhne vor Schmerz – er befürchte das Schlimmste.

»Gut, ich komme mit«, sagte Jesus.

Da geriet der Römer in Verlegenheit und sagte: »Herr, ich kann dir nicht zumuten, unter mein Dach zu kommen. Aber spricht nur ein Wort, hier und jetzt, und der Mann wird gesund werden. Das ist bei dir doch nicht anders als bei mir. Auch ich habe Befehlsgewalt, auch ich brauche zu einem Soldaten nur zu sagen: Komm! – dann kommt er, Geh! – dann geht er, oder Tu dies! – dann tut er's.«

Diesmal war es an Jesus, zu staunen. »Wahrhaftig«, sagte er zu seinen Begleitern, »solchen Glauben habe ich in Israel noch nicht gefunden.« Und an den Zenturio gewandt: »Geh beruhigt heim. Es wird so geschehen, wie du geglaubt hast.« Und zur selben Stunde wurde der Soldat gesund.

So ging es ununterbrochen. In den folgenden Wochen fielen sie regelrecht über ihn her, brachten ihm ihre Kranken, ihre Besessenen und liefen ihm überallhin nach, sodass er sich eines Tages nicht anders zu helfen wusste, als die Flucht über den See anzutreten. Er bat Simon, ein Fischerboot fertig zu machen und das Segel zu setzen. Derweil wählte er unter denen, die sich ihm im Lauf der Zeit als Schüler und Mitstreiter angeschlossen hatten, zwölf aus. Die zuverlässigsten und unerschrockensten von allen. Natürlich gehörte Simon dazu, der Wortführer unter seinen Schülern. Auch sein Bruder Andreas war dabei sowie die beiden anderen Fischer Jakobus und Johannes, denen Jesus wegen ihres hitzigen Temperaments vor Zeiten schon den Beinamen Donnersöhne gegeben hatte. Dann Judas Iskariot, der sich als Schatzmeister bewährt hatte, und Levi-Matthäus, der ehemalige Zollpächter. Die Namen der anderen waren: Philippus, Bartholomäus, Thomas, Thaddäus, Simon der Zelot und Jakobus Alphäus. Diese zwölf nahm er mit an Bord und ließ sich von Simon, der das Steuerruder übernahm, auf den See hinausfahren. Als das Segel sich blähte und das Boot Fahrt aufnahm, atmete er auf. Die Arbeit drohte ihm über den Kopf zu wachsen. Und die Zeit drängte.

Linkerhand zog, auf der Höhe gelegen, Hippos vorüber, eine Stadt der Dekapolis, wo in griechischen Tempeln griechische – und alle möglichen anderen – Götter verehrt wurden. Rechterhand, genau gegenüber, zeichnete sich Tiberias auf der Höhe des Wasserspiegels ab, eine Neugründung, mittlerweile Regierungssitz des Antipas. Beide Städte kamen als Ziel ihrer Reise nicht infrage. Das heidnische Hippos wurde von Juden grundsätzlich gemieden; Tiberias wiederum schied aus, weil Jesus dem Mann, der Johannes den Täufer immer noch gefangen hielt, nicht unter die Augen kommen wollte. Erst ein ganzes Stück hinter Tiberias legten sie an und erstiegen eine Anhöhe, wo Jesus die zwölf aufforderte, sich niederzusetzen.

An diesem Tag schloss er mit ihnen eine Art Bund. Er vergewisserte sich zunächst, dass sie bei ihm bleiben wollten, und übertrug ihnen dann die Macht, Krankheiten zu heilen und Dämonen auszutreiben, damit sie künftig selbstständig handeln könnten. Dann wandte er sich Simon zu, der neben ihm saß, und sagte: »Von heute an sollst du den Namen Petrus tragen« – was so viel wie Stein oder Fels heißt und von allen als Zeichen dafür verstanden wurde, dass der selbstbewusste, bisweilen etwas großspurige Simon das besondere Vertrauen ihres Meisters genoss. Diese zwölf Schüler bildeten fortan den harten Kern, den festen Stamm seiner Mitarbeiter.

Nicht, dass Jesus auf seinen Wanderungen keinen anderen mehr in seiner Gesellschaft geduldet hätte. Meist war es ein deutlich größerer und ziemlich buntscheckiger Haufen, der mit ihm über Land zog – solche wie Natanael, der weiterhin dazugehörte, andere, die sich ihm nur zeitweilig anschlossen, und dann, nicht zu vergessen, die Frauen. Alleinstehende Frauen vor allem, bitterarme Witwen ohne Verwandtschaft, die sich sonst nur als Prostituierte hätten über Wasser halten können und in ihren Dörfern bis dahin das Leben von Ausgestoßenen geführt hatten, aber auch Frauen, die durch ihn geheilt worden waren, wie Maria aus Magdala am See. Und im Hintergrund, unsichtbar, aber deshalb nicht weniger wertvoll, gab es auch begüterte und ehrbare Frauen, die sein Unternehmen aus der Distanz mit Wohlwollen begleiteten, Frauen wie Johanna, verheiratet mit einem hohen Beamten am Hof des Antipas. Sie ließen Jesus einen Teil ihres Vermögens zukommen oder stellten ihm ihre Häuser als Anlaufstellen zur Verfügung.

Die Zwölf aber waren allezeit um ihn, fast bis zu seinem Tod.

4. Die Bergpredigt

Eines Tages riss der Strom der Menschen, die ihn sehen und hören wollten, nicht mehr ab. Seine Schüler dirigierten alle auf die Anhöhe hinter Kafarnaum und ließen sie, über den Hang verteilt, in Gruppen lagern. Dann setzte sich Jesus auf einen Stein, die Weite des Sees vor sich, die Jünger neben sich, und hielt eine lange Rede. Die längste, die er je hielt.

»Selig sind die Armen«, hob er an, »denn sie werden das Reich Gottes bewohnen. Selig sind die Trauernden, denn frischer Mut wird sie beflügeln. Selig sind die Sanftmütigen, denn ihnen wird die Erde gehören. Selig sind die, die nach Gerechtigkeit lechzen, denn ihr Verlangen wird gestillt werden. Selig sind die Barmherzigen, denn sie werden an sich selbst Barmherzigkeit erfahren. Selig sind die Gutmütigen, denn sie werden Gott sehen. Selig sind die Friedfertigen, denn sie werden mit den Engeln auf einer Stufe stehen. Wehe aber euch Reichen! Euer Schwelgen wird ein jähes Ende nehmen. Wehe euch Satten! Ihr werdet lernen, was es heißt, Hunger zu leiden. Wehe euch, die ihr für das Elend der Welt nur Gelächter übrig habt! Euch wird das Lachen vergehen.

Ihr aber«, rief er und ließ seinen Blick über die Menge wandern, »ihr seid das Salz der Erde! Euch muss man jederzeit und überall erkennen, wie man das Salz in einer Speise herausschmeckt! Wenn aber nicht mal das Salz zum Würzen taugt, wofür ist es dann noch gut? Doch bloß dazu, weggeworfen und von den Leuten zertreten zu werden.

Ihr seid das Licht der Welt! Eine Stadt auf einem Berg kann nicht verborgen bleiben. Man zündet auch keine Kerze an und stülpt einen Eimer darüber; man stellt sie auf einen Leuchter, damit sie das ganze Zimmer erhellt. So soll euer Licht vor aller Welt leuchten, damit die Menschen sehen, dass die Rechtschaffenen auf Erden nicht ausgestorben sind, und Gott dafür loben.«

»Was erwartest du von uns? Was sollen wir tun?« rief einer dazwischen.

Jesus erwiderte: »Ihr wisst, dass in den Geboten steht: Du sollst keinen Mord begehen! Wer einen Mord begeht, muss mit dem härtesten Urteil rechnen. Ich aber sage euch: Jeder, der mit seinem Nächsten Streit anfängt, muss mit dem härtesten Urteil rechnen. Schon, wer seinen Bruder als Idioten beschimpft, hat die Höchststrafe verdient. Wenn du also im Tempel ein Opfer darbringen willst, und im letzten Moment fällt dir jemand ein, den du verärgert hast, lege dein Opfer vor dem Altar ab und versöhne dich erst mit ihm, dann komme wieder und opfere. Und wenn jemand mit dir im Streit liegt, komme ihm entgegen, und zwar schnell, solange ihr beiden noch auf dem Weg zum Richter seid, damit nicht das Urteil über dich gefällt und du ins Gefängnis geworfen wirst. Denn einmal verurteilt, wirst du nicht freikommen, bis du deine Schuld vollständig abgebüßt hast.

Ihr wisst, dass es in den Geboten weiter heißt: Du sollst nicht ehebrechen! Ich aber sage euch: Jeder, der eine Frau mit lüsternem Blick ansieht, hat die Ehe in seiner Vorstellung schon gebrochen. Beißt euch lieber die Zunge ab, als ein anzügliches Wort fallen zu lassen! Reißt euch lieber ein Auge aus, als eine Frau mit geilen Blicken zu verfolgen! Hackt euch lieber die Hand ab, als sie nach ihr auszustrecken! Denn es ist besser, ein Glied zu opfern, als unversehrt die gerechte Strafe zu erleiden.

Ihr wisst, dass in den Schriften steht: Brecht keinen Eid! Wenn ihr schwört, dann erfüllt euren Schwur! Ich aber sage euch: Schwört überhaupt nicht! Denn wenn ihr beim Himmel schwört, beleidigt ihr die Majestät Gottes, und wenn ihr bei eurem eigenen Leben schwört, redet ihr von etwas, das gar nicht in eurer Macht liegt. Sagt ja, wenn ihr ja meint, und nein, wenn ihr nein meint; alles andere ist Geschwätz.

Ihr wisst, dass euren Vorfahren gesagt wurde: Ein ausgeschlagenes Auge muss mit einem Auge, ein ausgeschlagener Zahn mit einem Zahn bezahlt werden. Ich aber sage euch: Verlangt überhaupt keine Genugtuung! Vielmehr: Wenn dich einer auf die rechte Wange schlägt, halte ihm auch die linke hin. Und wenn einer sich anmaßt, dir dein Untergewand wegzunehmen, dann überlasse ihm auch noch dein Obergewand. Und wenn dich einer zwingt, sein Gepäck eine Meile weit zu tragen, dann trage es ihm freiwillig zwei Meilen weit. Durchbrecht den Teufelskreis der Gewalt. Nehmt dem Hass den Wind aus den Segeln. Lasst die Bosheit ins Leere laufen. Wer dich um etwas bittet, dem gib es einfach, und wer von dir etwas ausleihen möchte, den weise nicht zurück.

Ihr habt gehört, dass zu euren Vätern gesagt wurde: Liebe deinen Nächsten. Ich aber sage euch: Liebt eure Feinde! Segnet die, die euch verfluchen! Betet für die, die euch hassen! So werdet ihr eurem Vater im Himmel ähnlich, denn auch der lässt seine Sonne über Bösen und Guten aufgehen, auch der lässt es über Gerechten und Ungerechten regnen. Nur die zu lieben, die auch euch ins Herz geschlossen haben, ist keine Kunst; das tun die Zöllner auch. Nur die mit offenen Armen aufzunehmen, mit denen ihr befreundet seid, ist keine Leistung; das tun die Heiden auch. Seid barmherzig, wie auch euer Vater im Himmel barmherzig ist.

Wenn es euch allerdings darum geht, gesehen zu werden, dann spart euch eure guten Werke. Sie sind zwecklos. Wer die Anerkennung der Menschen sucht, verspielt sein Ansehen bei Gott. Trompetet eure Wohltätigkeit nicht in den Synagogen und auf den Straßen hinaus, wie es die Heuchler tun, um Bewunderung zu ernten. Wenn du Gutes tust, soll deine linke Hand nicht wissen, was deine rechte tut.

Und wenn ihr fastet, schaut nicht grämlich drein wie die

Heuchler, die ein gequältes Gesicht aufsetzen, damit jeder sieht, dass sie fasten. Das ist fromme Schauspielerei. Wenn du fastest, dann öle dir das Haar und wasche dein Gesicht, damit dein Fasten eine Sache zwischen dir und dem Vater bleibt. Und dein Vater, der ins Verborgene sieht, wird es dir vergelten.«

»Hoffnungslos!«, unterbrach ihn ein Zwischenrufer. »Die Welt wimmelt von Heuchlern! Gier und Bosheit nehmen täglich zu!«

»Wie die Welt euch erscheint, ist eine Frage des Blicks«, entgegnete Jesus. »Euer Blick entscheidet darüber, wie es in euch aussieht. Wenn dein Blick rein und lauter ist, wird es auch in dir hell sein. Wenn dein Blick jedoch von Habgier und Missgunst getrübt ist, wird auch in dir Finsternis herrschen. Das Auge ist die Leuchte des Leibes. Wenn aber dein Auge nur noch Dunkelheit wahrnimmt, wie dunkel muss es in dir selbst aussehen!

Spielt euch nicht als Richter über andere auf! Verurteilt keinen, damit ihr nicht selbst verurteilt werdet! Denn der Maßstab, den ihr an andere anlegt, wird auch an euch angelegt werden. Den Splitter im Auge eures Bruders seht ihr – und bemerkt nicht, dass ein Balken in eurem eigenen Auge steckt? Zu eurem Bruder sagt ihr: Halte still, ich will dir den Splitter aus deinem Auge ziehen – aber den Balken in eurem eigenen Auge lasst ihr stecken? Macht euch nichts vor! Ein jeder sehe zu, dass er erst den Balken aus seinem eigenen Auge entfernt, bevor er sich um den Splitter im Auge seines Bruders kümmert.«

»Und das Gesetz?«, ließ sich einer vernehmen, vermutlich ein Pharisäer. »Für mich hört es sich an, als würdest du das Gesetz für null und nichtig erklären!«

»Irrtum!«, antwortete ihm Jesus. »Ich bin nicht gekommen, das Gesetz aufzulösen. Und was die Propheten gesagt haben, wird in Ewigkeit wahr und gültig bleiben. Mein Auftrag ist nicht, aufzulösen, sondern zu erfüllen. Denn der Grund des Gesetzes ist die Liebe. Nicht durch Buchstabengehorsam also erfüllt man das Gesetz, sondern durch Taten der Liebe. Deshalb sage ich euch: Ins Reich Gottes gehen nur solche ein, die sich mit heißerem Herzen für Frieden und Gerechtigkeit einsetzen als die Pharisäer. Grundsätzlich aber gilt: Gebt das Heilige nicht den Hunden, und werft eure Perlen nicht den Säuen vor, damit sie nicht darauf herumtrampeln und sich umwenden und euch zerreißen.

Folgt nicht dem Beispiel der Masse. Geht durch die niedrige Pforte, auch wenn ihr euch ducken und hindurchzwängen müsst! Hütet euch vor dem weit geöffneten Tor und der breiten Straße, denn sie führen ins Verderben. Schmal aber ist der Pfad und eng die Pforte, die zum Leben führen, und wenige sind es, die diesen Weg beschreiten.

Vor allem: Träumt nicht davon, irdischen Reichtum anzuhäufen! Beneidet nicht die, die sich den Geldbeutel voller und voller stopfen! Motten und Würmer werden sich darüber hermachen, und Diebe werden sich den Rest holen. Sammelt euch Schätze im Himmel, wo sie weder von Motten und Würmern zerfressen noch von Dieben gestohlen werden. Denn wo euer Reichtum ist, da wird euer Herz sein.«

Es war spät geworden. Jesus erhob sich.

»Ihr habt gehört, was ich zu euch gesagt habe«, beschloss er seine Rede. »Wer nun meine Worte befolgt, der handelt wie ein kluger Mensch, der sein Haus auf einen Felsen baut, wo weder Unwetter noch Sturzfluten noch Stürme ihm etwas anhaben können, weil es auf einem festen Fundament ruht. Wer aber meine Worte in den Wind schlägt, der handelt wie ein Dummkopf, der sein Haus auf Sandboden setzt – wenn das Unwetter aufzieht und die Stürme toben und die Sturzfluten von allen Seiten hereinbrechen, wird es fortgerissen und bricht krachend zusammen.«

Die Verwunderung nach dieser Rede war allgemein. So hatte noch keiner gesprochen, solche Worte hatte man noch nie vernommen. Und es waren ja nicht wenige, die wie Jesus durch die Lande zogen und predigten. Aber die Armen hatte noch keiner selig gepriesen. Und noch keiner hatte sie aufgerufen, ihre Feinde zu lieben. Ganz zu schweigen von der Forderung, die andere Wange hinzuhalten. War das weltfremder Unsinn? Oder waren es erleuchtete, inspirierte, göttliche Worte? Das war einstweilen schwer zu entscheiden, aber auch die Gebildeten fingen nun an, sich für den Mann und seine Lehre zu interessieren, auch in den besseren Kreisen war Jesus nun Gesprächsthema, und irgendwann, als er in eine fremde Stadt kam, wurde er von einem Pharisäer namens Simon zum Mittagessen eingeladen.

Als Simon, Jesus und etliche andere Gäste nach römischer Sitte zu Tisch lagen, speisten und mit der üblichen Lust am Streitgespräch debattierten, kam von der Straße her eine Frau herein, schön, mit langem Haar, schritt wortlos auf Jesus zu, ging vor seiner Liege auf die Knie, nahm seine nackten Füße in ihre Hände und begann, sie mit ihren Tränen zu benetzen. Die Unterhaltung erstarb, offenkundig war man durch ihre Anwesenheit unangenehm berührt, die Frau aber ließ sich nicht beirren, trocknete Jesu Füße mit ihren Haaren und küsste sie, bevor sie ein Alabasterfläschchen aus ihrem Gewand zog und seine Füße ohne Hast mit Duftöl salbte. Da Jesus sich alles stumm gefallen ließ, schritt niemand ein, aber der Gastgeber schüttelte doch den Kopf und dachte: Ein Prophet ist er nicht. Sonst wüsste er, was für eine Person ihn sich für derlei unangebrachte Liebesdienste ausgesucht hat.

Da blickte Jesus auf und sagte: »Simon, ich habe dir etwas zu sagen.«

»Sprich, Meister«, antwortete der.

Und Jesus sagte: »Ein Geldverleiher hat zwei Schuldner. Der eine schuldet ihm 500 Denare, der andere 50. Da beide ihre Schulden nicht zurückbezahlen können, schenkt der Geldverleiher ihnen das Geld. Wer von beiden wird den Geldverleiher dafür mehr lieben?«

»Nun, vermutlich der, dem die größere Summe erlassen wurde«, antwortete Simon.

»Natürlich«, sagte Jesus und wandte sich, wobei er das Gespräch mit ihm fortsetzte, zu der Frau um, die der Unterhaltung schweigend gefolgt war. »Siehst du diese Frau? Sie kam einfach hier herein. Und während du mir kein Wasser für die Füße hingestellt hast, hat sie meine Füße nicht nur mit ihren Tränen gewaschen, sondern auch mit ihrem Haar getrocknet. Während du mir den Willkommenskuss verweigert hast, konnte sie nicht aufhören, meine Füße zu küssen. Und während du mir kein Duftöl angeboten hast, hat sie meine Füße mit teurem Öl gesalbt. Und jetzt sage ich dir etwas: Dieser Frau sind viele Sünden vergeben, weil sie viel liebte. Wem aber wenige Sünden vergeben wurden, weil er nur wenig gesündigt hat, der liebt auch wenig.« Dann wandte sich Jesus direkt an sie und sagte: »Deine Sünden sind dir vergeben.«

Die Gäste ließen sich nichts anmerken, aber das zu hören, empörte sie nun doch. Noch nie hatten sie einen Menschen erlebt, der sich anmaßte, Sünden vergeben zu können, und fanden kein anderes Wort dafür als Gotteslästerung. Jesus aber sah über ihre versteinerten Mienen hinweg und richtete noch ein Abschiedswort an die Frau. »Dein Glaube hat dich gerettet«, sagte er. »Friede sei mit dir.«

Seit Jesus seine Wanderungen durch Galiläa aufgenommen hatte, war er durch viele Städte und Dörfer gekommen, nie aber hatte er seinen Fuß bisher in das Gebiet der Dekapolis gesetzt. Natürlich fragte sich, was er dort sollte. Hatte er den Heiden überhaupt etwas zu sagen? Würden sie seine Rede vom Gottesreich denn verstehen? So skeptisch Jesus anfangs gewesen war, fühlte er sich mittlerweile durch sein Erlebnis mit dem römischen Zenturio ermutigt und bat seine Schüler, ein Boot klarzumachen.

Es war bereits später Nachmittag, als sie ablegten, er und die Zwölf, und wie immer frischte der Wind um diese Tageszeit auf. Vom üblichen Andrang der Menschen erschöpft, machte Jesus es sich im Heck bequem und war bald eingeschlafen, sodass er nichts davon mitbekam, als plötzlich starke Böen das Wasser aufpeitschten, ein regelrechter Sturm aufkam und die Wellen ins Boot schlugen. Der Wind trieb sie vor sich her weiter auf den brodelnden See hinaus, Jesus aber schlief immer noch im Heck, und da es nun selbst die erfahrenen Fischer mit der Angst bekamen, weckten sie ihn. »Ist dir egal, dass wir untergehen?«, brüllte ihm Simon Petrus zu. Da richtete sich Jesus in dem schwankenden Boot auf, fuhr das Unwetter lautstark an und setzte sich wieder. Der Sturm ließ nach, die schwarze Wolkendecke riss auf und ein Sonnenstrahl traf die wogende Wasserfläche.

Seine Schüler starrten ihn an. »Ihr Feiglinge«, sagte er. »Mit eurem Glauben scheint es nicht weit her zu sein.« Fast klang es, als ob er sich über sie lustig machte. Bald darauf erreichten sie das Ufer von Hippos, und da es spät geworden war, verbrachten sie dort die Nacht.

Am Morgen erstiegen sie den Berg, auf dessen Höhe die weißen Mauern von Hippos zu erkennen waren. Auf halbem Weg kamen sie durch ein Gräberfeld. Da hörten sie einen Schrei, mehr der eines Tiers als eines Menschen, und im nächsten Moment trat aus einer der Grabhöhlen ein Mann, völlig nackt, mit den blutigen Spuren von Eisenfesseln an Hand- und Fußgelenken und übersät mit Verletzungen, der rannte auf sie zu, warf sich vor Jesus auf die Erde und schrie: »Was willst du hier, Jesus, Sohn Gottes? Ich beschwöre dich, quäle mich nicht!« Allem Anschein nach ein Besessener, der in den Gräbern hauste. »Wie heißt du?« fragte Jesus ihn. »Legion heiße ich, denn wir sind viele!«, schrie der Mann, begann plötzlich zu weinen und wimmerte: »Schick mich nicht fort! Erlaube mir, in die Schweine dort zu fahren.« Tatsächlich weidete in einiger Entfernung eine große Schweineherde, und kaum hatte Jesus den Dämonen erlaubt, in die Tiere zu fahren, setzte sich die ganze Herde in Bewegung, raste den Abhang hinunter, stürzte sich in den See und ersoff.

Die Schweinehirten meldeten das Vorkommnis in der Stadt, und Jesus brauchte nicht lange zu warten, da kamen sie mit den Besitzern der Schweine zurück. Was sollten die Geschädigten machen? Der Besessene saß zwischen den Schülern, bekleidet und allem Anschein nach bei Verstand, und die Schweine waren unwiederbringlich verloren; offenkundig handelte es sich hier um ein Ereignis, das nicht ohne Weiteres zu verstehen war, und so beschränkten sie sich darauf, Jesus eindringlich zu bitten, ihr Gebiet zu verlassen. Als sie an Bord gingen, kam der Mann aus den Gräbern angelaufen und wollte mitfahren. Jesus schickte ihn zurück. Dieses eine Mal erlegte er einem Geheilten kein Stillschweigen auf. Diesmal sagte er: »Geh nach Hause und erzähle allen, was du erlebt hast und wie Gott sich deiner erbarmt hat.« Vielleicht würde sein Bericht einige hellhörig machen, dort, im Land der Heiden.

5. Wer nicht gegen uns ist, der ist für uns

Mit der leichten Brise, die zur Mittagszeit wie gewöhnlich wehte, segelten sie gemächlich nach Kafarnaum zurück. Das Gespräch an Bord drehte sich um Besessenheit. Es sei nicht damit getan, warnte Jesus seine Schüler, dass der Geist des Bösen ausgetrieben werde. Der Raum, den die Besessenheit eingenommen habe, müsse durch den Geist der Liebe gefüllt werden, sonst bestehe die Gefahr des Rückfalls. »Wenn ein unreiner Geist aus einem Menschen ausfährt«, sagte er, »durchstreift er rastlos kahle, unwirtliche Gegenden; nirgends kommt er zur Ruhe, nirgends kann er sich niederlassen, und seine Heimatlosigkeit bereitet ihm großes Unbehagen. Also beschließt er, in seine alte Behausung zurückzukehren, ergreift von dem Menschen erneut Besitz und findet seine alte Wohnstätte leer, sauber ausgefegt und geschmückt vor. Muss er sich da nicht eingeladen fühlen? Gewiss doch; und jetzt ruft er noch sieben andere Geister, böser als er selbst, die nun ebenfalls dort einziehen – und um den betreffenden Menschen steht es übler als zuvor.«

In Kafarnaum wurden sie bereits erwartet. Schon am Ufer standen Menschen und umringten ihr Boot; in die Stadt zu gehen erwies sich bei dem Gedränge als schier unmöglich. Da erblickte Jesus einen, der sich durch die Menge wühlte. Es war der Synagogenvorsteher Jairus. Kaum hatte er Jesus erreicht, fiel er vor ihm auf die Knie und bat ihn inständig, mitzukommen, sein Töchterchen liege im Sterben. »Berühre du sie«, flehte er ihn an, »sonst ist sie verloren.« Jesus richtete ihn auf und zwängte sich mit ihm durch die Menge, die sich nun ebenfalls in Bewegung setzte.

Mittendrin lief eine Frau, die seit zwölf Jahren an Blutungen litt. Sie hatte es schon mit einer Reihe von Ärzten versucht und im Lauf der Zeit viel Geld für Arzneien und Behandlungen ausgegeben, geholfen aber hatte nichts. Dieser Frau gelang es, sich bis zu Jesus vorzuarbeiten, doch dann verließ sie der Mut, und statt ihn anzusprechen, fasste sie von hinten nur kurz nach seinem Gewand. Im selben Augenblick blieb Jesus stehen und schaute sich suchend um.

»Wer hat mich berührt?« fragte er.

Worauf Simon nur die Entgegnung einfiel: »Meister, hier herrscht ein solches Gedränge, dass man unablässig angestoßen wird. Und du willst wissen, wer dich berührt hat?«

»Wer war's?«, wiederholte Jesus und sah forschend in die Gesichter der Umstehenden. Da gab sich die Frau zu erkennen und fiel vor ihm nieder. Jesus schaute sie an. Es war keine unbeabsichtigte Berührung gewesen; wie einen kurzen Schwächeanfall hatte er es empfunden, dass jemand seine Kraft auf sich gezogen hatte. »Meine Tochter«, sagte er, »dein Glaube hat dich gerettet. Sei gesund und geh in Frieden!« In diesem Moment riefen Leute dem Jairus über die Köpfe der Menge hin zu: »Dein Töchterchen ist gestorben. Der Meister braucht sich nicht mehr zu bemühen!« Jesus aber winkte ab. »Beachte sie nicht«, sagte er zu Jairus. »Hab keine Angst. Glaube nur.«

Am Haus des Jairus angekommen, hieß er alle außer Simon, Jakobus und Johannes warten und trat ein. Zetern und Wehgeschrei empfing sie, denn die Klageweiber waren schon eingetroffen, und herzzerreißendes Weinen erfüllte das Haus. »Was lärmt ihr so?«, fuhr er die Klageweiber an. »Warum weint ihr?«, versuchte er die anderen zu beruhigen. »Sie ist nicht tot. Sie schläft nur.« Dann ging er ins Zimmer des Mädchens, schickte alle bis auf die Eltern und seine drei Schüler hinaus, trat ans Bett, nahm die Hand des Mädchens und sagte zu ihr: »Talita kumi – Ich sage dir, stehe auf.« Und die Kleine richtete sich in ihrem Bett auf.

Jesus wartete die Dankesbezeugungen der Eltern nicht ab.

»Gebt ihr etwas zu essen«, sagte er, bevor er das Haus verließ. »Und behaltet das, was ihr gerade erlebt habt, für euch.«

Natürlich sprach es sich herum. Alles sprach sich herum, und zwar bis Nazaret. Nur klang es hier anders als anderswo. In Nazaret hieß es nämlich, ihr ehemaliger Mitbürger, der Bauhandwerker Jesus, Sohn ehrbarer Eltern, sei zur Anlaufstelle für allerhand Gesindel geworden, spiele sich als Wundertäter auf und umgebe sich mit zwielichtigen Gestalten, keineswegs nur mit harmlosen Fischern. Simon der Zelot zum Beispiel – gehörte der nicht zu den zornigen jungen Männern aus den Bergdörfern, denen das Messer locker saß? Und waren da nicht noch ein paar andere Draufgänger unter seinen Schülern, die man womöglich dem Widerstand zurechnen musste? Und er selbst? Gottes Sohn? Ja, vielleicht, aber das hatte man sich anders vorgestellt, und nicht nur für seine Brüder, für die ganze verzweigte Sippe, ja selbst für seine Mutter Maria stand fest: Er ist nicht mehr bei Verstand. Man muss ihn aus dieser Gesellschaft herausholen. Zu seinem eigenen Besten. Ganz abgesehen davon, dass die Familienehre auf dem Spiel steht.

Eines Tages tauchten sie auf. Jesus war gerade bei Leuten zu Gast, die ihn als Redner eingeladen hatten, in einem Dorf unweit von Nazaret. Da wurde ihm gemeldet, seine Mutter und seine vier Brüder würden draußen auf ihn warten, sie hätten mit ihm zu reden. Stille trat ein, und in diese Stille sagte Jesus: »Wer bitte? Welche Mutter? Welche Brüder?« Dann zeigte er mit ausgestrecktem Arm auf seine Zuhörer, die im Kreis um ihn herumsaßen. »Hier, da sitzen sie, meine Mutter und meine Brüder«, sagte er. »Denn wer immer den Willen meines Vaters im Himmel tut, der ist meine Mutter, der ist meine Schwester, der ist mein Bruder.« Und bevor er weitersprach, gab er Anweisung, sie nicht hereinzulassen.

Wie hätte er sich sonst ihrem Versuch, ihn der Familiendisziplin zu unterwerfen, entziehen sollen? Der Aufbruch, den er bewirken wollte, war ohne Ausbruch aus herkömmlichen Bindungen nicht denkbar, und die Engstirnigkeit von Menschen, die ihre alten, eingefahrenen Wege nicht verlassen wollten, konnte ihn zum Zorn reizen. Einmal hatte er einen jungen Mann aufgefordert, sich ihm anzuschließen, der aber hatte sich ein paar Tage Zeit ausbedungen, um zuvor seinen verstorbenen Vater zu beerdigen. Jesus hatte ihm mit einer gewissen Schärfe geantwortet: »Lass die Toten ihre Toten begraben!« Den Vorfall mit seiner Familie vergaß er dann auch bald; aber etwas anderes beschäftigte ihn, beunruhigte ihn sogar. Wie stand es denn um den Aufbruch, auf den er hinarbeitete? Wie weit war es damit her? Erreichte er die Menschen mit seiner Botschaft überhaupt?

Er fragte sich das immer häufiger. Sicher, viele waren ihm dankbar, viele verehrten ihn, manch einer hatte sich ihm angeschlossen. Das einfache Volk war schon deshalb auf seiner Seite, weil er Dinge vollbrachte, die es für unmöglich gehalten hätte, Wunderdinge. Aber – fielen seine Worte in ihren Herzen tatsächlich auf fruchtbaren Boden? Glaubten sie ihm? Andere wiederum, und dazu zählten hauptsächlich die Pharisäer, leugneten seine außergewöhnlichen Kräfte zwar nicht, bestritten aber, dass sie ihm von Gott verliehen worden seien. »Mithilfe des Herrschers der Dämonen wirft er die Dämonen hinaus«, sagten sie, und: »Er ist mit Beelzebub, dem Fürsten der unreinen Geister, im Bunde«, oder, kurz und knapp: »Er ist selbst verrückt.«

Wiederholt wies Jesus seine Gegner auf die Absurdität ihres Vorwurfs hin. »Jeder Staat zerfällt, wenn es zu einem Krieg seiner Bürger untereinander kommt«, hielt er ihnen entgegen. »Jede Familie löst sich auf, wenn ihre Mitglieder sich gegenseitig bekämpfen. Und im Reich des Satans soll es anders sein? Beelzebub müsste sein eigenes Verderben wollen, wenn er mit meiner Hilfe gegen sich selbst vorgehen würde. Es ist doch ganz einfach: Ein guter Baum wird niemals ungenießbare Früchte tragen, und ein schlechter Baum niemals essbare. An den Früchten erkennt man den Baum. Hütet also eure Zunge. Denn alles kann einem Menschen vergeben werden, jede Sünde, jede Lästerung – wer aber den Heiligen Geist lästert und behauptet, Gottes Wirken sei in Wirklichkeit auf die Machenschaften des Satans zurückzuführen, der ist nicht zu retten. Dem wird in alle Ewigkeit nicht verziehen werden.«

Doch was er auch sagte, seine Gegner blieben bei ihren Vorwürfen, und irgendwann musste er sich eingestehen, dass ein Großteil der Gebildeten und Traditionshüter für ihn unerreichbar blieb. Wenn sie überhaupt noch mit ihm redeten, dann in der Absicht, ihn mit Fangfragen in die Enge zu treiben. Zeichnete sich ein Scheitern ab? Oder sollte es so sein? War das der Wille Gottes? Jesus schien sich mit diesem Misserfolg abzufinden, er dankte sogar Gott dafür und betete: »Ich preise dich, Vater, Herr des Himmels und der Erde, dass du deine Wahrheit nicht den Klugen und Verständigen, sondern den Einfältigen und Ungebildeten offenbarst! Ja, Vater, so hat es dir gefallen.«

Umso entschiedener wandte er sich jetzt denen zu, die nichts mehr zu verlieren hatten, den Wanderarbeitern, den Tagelöhnern, den armen Witwen, all jenen, für die der Kampf ums tägliche Brot jeden Morgen aufs Neue begann. »Sie erinnern mich an Schafe, die keinen Hirten haben und ziellos umherirren«, sagte er und umwarb sie in beschwörenden Worten: »Ich bin der gute Hirte. Der gute Hirte gibt sein Leben für seine Schafe. Ein Knecht, der für das Schafehüten bezahlt wird, sieht den

Wolf kommen und ergreift die Flucht, weil ihm nichts an den Schafen liegt. Ich aber kenne meine Schafe, und meine Schafe kennen mich, und ich würde mein Leben für sie geben.« Und oftmals beschloss er seine Reden mit der Einladung: »Kommt her zu mir, die ihr nichts als Plage und Mühsal kennt – ich will euch erquicken. Nehmt mein Joch auf euch und lernt von mir, denn ich bin sanftmütig und von Herzen demütig; mein Joch ist leicht, und was ich euch auferlege, drückt euch nicht nieder. So werdet ihr Ruhe für eure Seelen finden.«

Aber er konnte nicht allen helfen. Es ging über seine Kräfte. Und die Zeit drängte. Er brauchte Helfer. Eines Tages rief er die Zwölf zusammen. »Die Ernte ist groß, aber es fehlt an Arbeitern«, sagte er ihnen. »Deshalb sende ich euch heute aus.« Und da sie, die seine beherrschende Gegenwart gewöhnt waren, nun zum ersten Mal auf sich allein gestellt losziehen sollten, gab er ihnen genaue Anweisungen. »Macht euch jeweils zu zweit auf den Weg. Zieht umher, heilt und verkündet, dass das Reich Gottes vor der Tür steht. Nehmt nichts mit als einen Wanderstab, weder Proviant noch Geld noch Kleidung zum Wechseln. Und verlangt auch keinen Lohn! Umsonst habt ihr die Kraft empfangen, umsonst sollt ihr sie weitergeben. Lädt euch jemand ein, nehmt die Einladung an. Gesegnet sei sein Haus, denn wer euch aufnimmt, der nimmt mich auf, und wer mich aufnimmt, der nimmt den auf, der mich gesandt hat. Wo man euch aber nicht haben will, da drängt euch nicht auf – verlasst den Ort und schüttelt den Staub von euren Sandalen. Und jetzt geht. Ich schicke euch wie Schafe unter die Wölfe – seid also klug wie die Schlangen und arglos wie die Tauben!« Als sie aufgebrochen waren, machte auch er sich auf den Weg. An Weggefährten mangelte es nicht.

Unterwegs traf er auf Männer, die sich als Schüler des Johannes vorstellten – Leute, die dem Täufer weiterhin die Treue hielten. Sie waren auf der Suche nach ihm. Johannes werde immer noch auf der Festung Machaerus festgehalten, berichteten sie. Es fehle ihm dort zwar an nichts, aber er halte die erzwungene Untätigkeit kaum noch aus, verfalle zunehmend ins Grübeln und frage sich plötzlich, ob er, Jesus, wirklich der verheißene Retter sei, oder ob er seine Hoffnung auf einen anderen setzen solle? »Erzählt ihm, was ihr hier hört und seht«, antwortete Jesus ihnen. »Blinde erhalten ihr Augenlicht zurück, Aussätzige werden geheilt, Lahme können wieder gehen, selbst Tote werden zum Leben erweckt, und den Armen wird das Gottesreich verkündigt. Und als persönliche Botschaft von mir richtet ihm aus: Selig ist, wer nicht an mir zweifelt.«

Johannes der Täufer – sein Schicksal ging ihm nahe. Mit ihm verband sich die Erinnerung an aufwühlende Tage, an Tage der Entscheidung; Jesus musste jetzt seinen Gefühlen Luft machen und mit den Leuten über Johannes reden.

»Was hat euch eigentlich damals zu ihm ins Jordantal getrieben?«, fragte er sie. »Wolltet ihr sehen, wie sich das Schilfrohr am Ufer im Wind wiegt? Habt ihr erwartet, in der Einöde dort draußen auf einen Menschen in prächtigen Kleidern zu treffen? Oder hat es euch nicht mehr in euren Häusern gehalten, weil ihr einmal im Leben einen Propheten erleben wolltet? *Das* war es doch wohl. Wurdet ihr enttäuscht? Ich sage euch: Johannes ist mehr als ein Prophet. Nie hat es einen Größeren als ihn gegeben. Auf ihn trifft das Schriftwort zu: Ich schicke meinen Boten vor dir her, damit er dir den Weg ebnet. Glaubt mir, Johannes ist niemand anderer als der Prophet Elija, dessen Wiederkehr uns verheißen wurde.« Er schwieg für einen Augenblick und fuhr dann fort: »Doch seither ist viel Wasser den Jordan hinuntergeflossen. Johannes ist verstummt, und damit ist auch die Zeit der Strafandrohungen vorbei. Heute wird euch das Reich Gottes verkündigt, und der Geringste von euch, der Eingang ins Reich Gottes findet, wird Johannes an Größe übertreffen. Nehmt euch aber vor denen in Acht, die das Reich Gottes als ihren Privatbesitz betrachten! Sie versuchen, an sich zu reißen, was euch allen gehört!« Dann ging er fort, um allein zu sein. Beim Gedanken an Johannes überkam ihn jedes Mal große Traurigkeit.

Er war bereits seit Tagen wieder in Kafarnaum, als seine Schüler zurückkehrten. Sie brannten darauf, von ihren Erfolgen zu berichten, doch Jesus wollte nichts davon wissen. Er hatte weder Zeit noch Lust, sich ihre Heldentaten anzuhören, und schickte sie fort. »Erholt euch von eurer Reise«, sagte er, »ihr habt etwas Ruhe verdient.« Nur Johannes, einer der beiden Donnersöhne, musste seine Geschichte sofort loswerden. »Meister«, sagte er, »wir sind einem begegnet, der in deinem Namen Dämonen austrieb. Wir haben es ihm nicht durchgehen lassen, weil er nicht zu uns gehört.« »Tut das nie wieder«, entgegnete Jesus. »Keiner, der in meinem Namen solche Taten vollbringt, wäre fähig, gegen mich Partei zu ergreifen. Wer nicht gegen uns ist, der ist für uns.«

6. Die Gleichnisse

Er überraschte sie immer wieder. Diesmal setzte er sich in ein Boot und ließ sich ein kleines Stück in die Bucht hinausrudern, um von dort aus zu den Leuten zu sprechen. Dies war indes nur eine praktische Maßnahme, weil er sich am Ufer kein Gehör verschaffen konnte. Wirklich verblüfft waren seine Schüler von dem, *was* er sagte, oder vielmehr, *wie* er es sagte, denn er fing an, Geschichten zu erzählen. Selbsterfundene Geschichten. Das war neu. Geschichten, die auf den ersten Blick – und wie seine Schüler fanden, auch auf den zweiten Blick – nichts mit dem Gottesreich zu tun hatten, das er bislang verkündet und angekündigt hatte.

So sagte er an diesem Tag zum Beispiel: »Hört zu! Ein Bauer ging im Frühjahr hinaus aufs Feld, um zu säen. Und wie er säte, fiel etwas von dem Samen auf den Weg; da kamen die Vögel und fraßen es. Ein anderer Teil fiel auf steinigen Boden; der ging bald auf, doch weil die Pflanzen keine Wurzeln schlagen konnten, verdorrten sie in der Sonne. Ein weiterer Teil fiel unter Dornengestrüpp; der ging ebenfalls auf, wurde aber von den Dornen überwuchert und verkümmerte. Dort aber, wo der Samen in gute Erde fiel, wuchsen die Halme und strotzten bald vor Frucht; einige trugen dem Bauern das Dreißigfache, andere das Sechzigfache, andere sogar das Hundertfache ein. Wer Ohren hat, zu hören, der höre!«

Als sie abends in einer größeren Gruppe am Ufer beisammensaßen und Fische brieten, gestand einer, nichts verstanden zu haben, und da zeigte sich, dass es allen so gegangen war. Jesus reagierte verstimmt. »Es waren Gleichnisse«, sagte er und blickte tadelnd in die Runde. »Ihr werdet euch daran gewöhnen müssen, es werden nicht die letzten gewesen sein. Das Geheime und Verborgene lässt sich nun einmal nur durch Gleichnisse verständlich machen. Wenn allerdings nicht einmal ihr hinter ihren Sinn gekommen seid ... Alle schwiegen, und schließlich fand sich Jesus doch zu einer Erklärung bereit: »Der Same ist das Wort Gottes, das in die Seelen der Menschen gesät wird«, sagte er. »Wo der Same auf den Weg fällt, da hört der Mensch erst gar nicht zu; sogleich kommt der Satan und nimmt es fort. Wo er auf steinigen Boden fällt, da nimmt der Mensch das Wort in der ersten Begeisterung freudig auf, doch es schlägt keine Wurzeln in ihm, und bei der ersten Bewährungsprobe versagt er. Wo es unter die Dornen fällt, da nimmt sich der Mensch das Wort zu Herzen, dann jedoch stellen sich die Sorgen des Alltags ein, oder die Geldgier, die Sehnsucht nach einem kleinen, banalen Glück, und überwuchern es. Wo aber der Same auf gute Erde fällt, da beherzigt der Mensch, was er gehört hat, da ändert er sein Leben, da trägt das Wort Gottes reiche Frucht.«

Völlig überzeugt waren seine Schüler danach immer noch nicht, doch Jesus blieb dabei, ließ sich laufend neue Gleichnisse einfallen und bediente sich dieser Redeweise nun auch in der Auseinandersetzung mit Pharisäern. Als einige ihn fragten, wann denn nun das Reich Gottes komme und welche Anzeichen es dafür gebe, da antwortete er ihnen: »Erstens ist es mitten unter euch. Und zweitens entzieht es sich eurem Blick. Man kann nicht darauf zeigen und sagen: Schau her, da ist es. Denn mit dem Reich Gottes verhält es sich wie mit dem Samen, den ein Mensch ausstreut und anschließend sich selbst überlässt – der Mensch führt sein gewohntes Leben weiter, steht morgens auf und geht abends wieder zu Bett, und ohne sein Zutun keimt unterdessen der Same und wird zur Ähre.« Ein anderes Mal sagte er: »Das Reich Gottes ist wie ein Senfkorn. Es liegt als winzig kleiner Same in der Hand, wenn es aber in die Erde fällt, wächst es zu einem großen Baum mit mächtigem Geäst heran, in dessen Schatten die Vögel des Himmels nisten.«

Es lässt sich nicht erzwingen, verstanden seine Schüler. Es wächst wie von selbst, aus unscheinbaren Anfängen. Allmählich begriffen sie. Einmal war das Gottesreich etwas Keimendes, Sprießendes, neuem Leben vergleichbar und unkontrollierbar wie alles, was aus Liebe entsteht, ein andermal etwas Unsichtbares, das gleichwohl alles durchdringt und alles verändert, so wie im Gleichnis vom Sauerteig, den eine Frau in eine große Menge Mehl hineinknetet, bis das Mehl ganz durchsäuert ist. Und dann wieder erschien es als etwas Konkretes und Kostbares, wenn er zum Beispiel sagte: »Das Reich Gottes ist wie eine Schatztruhe, auf die ein Mensch zufällig beim Graben stößt und die ihn so glücklich macht, dass er seinen gesamten Besitz verkauft und das Gelände erwirbt, auf dem der Schatz liegt. Oder wie eine Perle, die ein Perlenhändler entdeckt und die ihm so unvergleichlich schön und wertvoll erscheint, dass er all sein Hab und Gut hergibt, um diese eine Perle zu kaufen.«

Niemand musste sich durch diese Gleichnisse angesprochen fühlen, doch wer darüber nachdachte, der merkte, dass sie ihn angingen. So ließen sich die Leute auch manches sagen, was sie nicht gern hörten. Ein Gleichnis etwa richtete sich an diejenigen, denen es mit dem Gottesreich nicht schnell genug gehen konnte, die es am liebsten mit dem Schwert in der Hand erkämpft hätten. »Ein Mann«, sagte er, »säte Weizensamen auf seinem Acker aus. In der Nacht aber, während er schlief, kam sein Feind und streute auf demselben Acker Unkrautsamen aus. Als nun der Weizen wuchs und die Ähren sich füllten, spross dazwischen auch das Unkraut in die Höhe. Da kamen die Feldsklaven des Mannes und fragten ihn: ›Sollen wir hingehen und das Unkraut jäten?‹ ›Lasst es stehen‹, antwortete ihnen der Mann, ›damit nicht der Weizen aus Versehen zusammen mit dem Unkraut ausgerissen wird. Beides soll bis zur Ernte nebeneinander wachsen, erst dann werde ich den

Befehl erteilen, das Unkraut auszujäten und zu verbrennen, den Weizen aber in meine Scheune zu bringen.‹« So klärte sich manches. So nahm das Gottesreich für Jesu Zuhörer allmählich den Charakter eines geistigen Reiches an, das durch Liebe, Hingabe und Geduld in den Herzen der Menschen heranwächst, unsichtbar bleibt und dennoch spürbar präsent ist und auf keinen Fall herbeigezwungen werden kann, nicht durch politische Mittel und nicht durch religiöse Rituale.

Von Politikern oder politischen Systemen erwartete sich Jesus ohnehin nichts. Er setzte auf eine Erneuerung von unten und von innen und erwehrte sich der Politik, so gut es ging, konnte indessen nicht verhindern, doch hineingezogen zu werden. Eines Tages, als er in Kafarnaum weilte, erreichte ihn die Nachricht, dass Johannes der Täufer enthauptet worden war.

Genaueres wusste man nicht, aber auf der Straße und in den Schenken erzählten die Leute sich, er sei der Rache einer Frau zum Opfer gefallen. Johannes hatte nämlich seinerzeit am Jordan, als er noch öffentlich unangenehme Wahrheiten aussprechen konnte, den Antipas wegen dessen Liebesaffäre und Heirat mit Herodias, der Frau seines Bruders Philippus, scharf angegriffen; seither, hieß es, habe Herodias ihm nach dem Leben getrachtet. Antipas wiederum empfand, bei aller Verärgerung, so etwas wie eine heilige Scheu vor seinem Gefangenen und behandelte ihn nicht schlecht. Nun hatte er anlässlich seines Geburtstags ein großes Fest auf Machaerus gegeben, in dessen Verlauf die bezaubernde Tochter der Herodias als Tänzerin aufgetreten war, und Antipas hatte sich von seiner Begeisterung zu dem Versprechen hinreißen lassen, ihr einen Wunsch zu erfüllen. Die aber erbat sich, nachdem sie sich mit ihrer Mutter abgesprochen hatte, den Kopf Johannes' des Täufers. Antipas war entsetzt, konnte aber nicht mehr zurück, und am selben Abend noch überreichte der Henker dem Mädchen eine silberne Schale mit dem abgeschlagenen Kopf des Johannes. Soweit das, was über den Vorfall nach außen drang. Den Schülern des Johannes wurde jedenfalls erlaubt, seinen Leichnam zu bestatten. Einige von ihnen benachrichtigten anschließend Jesus.

Der war erschüttert. Vorerst mochte er keinen Menschen mehr sehen, einstweilen wollte er mit seinem Schmerz allein sein, doch in Kafarnaum herrschte das übliche Kommen und Gehen, und selbst im Haus gab es keinen Rückzugsort für ihn. Also nahm er ein Boot und ließ sich von seinen Schülern ein paar Meilen weiter an einem unbewohnten Uferstreifen absetzen. So leicht jedoch waren die Leute nicht abzuschütteln. Sie folgten ihm auf dem Landweg, und kaum hatte er seinen Fuß ans Ufer gesetzt, sah er die ersten kommen. Er hätte weiterfahren können, doch sie taten ihm leid, und deshalb blieb er, auch als es mehr und mehr wurden, ging von Gruppe zu Gruppe, redete mit ihnen, redete ihnen zu, heilte ihre Kranken, und die Zeit verging. Als die Sonne schon tief stand, fassten sich seine Schüler ein Herz und unterbrachen ihn. »Herr«, sagte Philippus zu ihm, »es ist spät geworden. Schick die Leute in die umliegenden Gehöfte und Dörfer, damit sie sich etwas zu essen kaufen.« Auch seine Begleiter verspürten Hunger, man war ja schon in Kafarnaum nicht zum Essen gekommen, es lag also im Interesse aller, die Versammlung aufzulösen.

Doch Jesus dachte gar nicht daran, seine Zuhörer zu entlassen. Stattdessen verwirrte er seine Schüler mit der Aufforderung: »Gebt ihr ihnen doch zu essen.« Wie war diese Antwort zu verstehen? Sollten sie loslaufen und Brot kaufen? Für so viele Menschen würde das ein kleines Vermögen kosten, bestimmt 200 Denare, und damit wäre es nicht getan – für Hunderte von Broten würde man auch einen Wagen und ein Zugtier benötigen. Aber Jesus wollte von zeitraubenden Einkäufen nichts wissen, er fand völlig ausreichend, was seine Schüler an Ort und Stelle aufgetrieben hatten, nämlich fünf Gerstenbrote und zwei getrocknete Fische. Er sprach ein Dankgebet, zerteilte das bisschen in noch kleinere Teile, alle lagerten sich ins Gras, alle aßen, und alle wurden satt. Schätzungsweise fünftausend Menschen.

Inzwischen war es Nacht geworden. Lagerfeuer wurden entzündet. Jesus drängte seine Schüler, das Boot zu nehmen und vorauszufahren, er brauche jetzt seine Ruhe. Simon und die anderen gingen also an Bord und fuhren hinaus in die Dunkelheit; seine Zuhörer jedoch machten keinerlei Anstalten, aufzubrechen. Sie wollten ihn auch nicht gehen lassen. Sie hielten ihn fest. Jesus sah sich plötzlich von einer Menschenmenge umringt, die ihn bestürmte, erregt auf ihn einredete, und da verstand er, dass sie ihn als Anführer wollten, dass sie ihm nach diesem großartigen Tag zutrauten, die Aufständischen in Galiläa zum Sieg zu führen. So hatten sie sich den Messias vorgestellt! Mit so einem hätte alle Not ein Ende, niemand bräuchte mehr um sein tägliches Brot zu bangen! Irgendwie gelang es Jesus, im Schutz der Dunkelheit zu entkommen, und die nächsten Stunden verbrachte er ins Gebet vertieft, unauffindbar auf einem Hügel im Hinterland.

Unterdessen mühten sich seine Schüler an den Rudern ab, denn sie fuhren gegen den Wind, das Segel war nutzlos, und weit waren sie noch nicht gekommen. Da sahen sie mit einem Mal Jesus übers Wasser laufen, als helle Gestalt im Dunkel der Nacht. Sie glaubten an ein Gespenst, schrien vor Entsetzen und beruhigten sich kaum, als Jesus ihnen zurief: »Ich bin es. Fürchtet euch nicht!« Nur Simon erfasste die Situation und rief ihm zu: »Herr, soll ich zu dir kommen?« »Komm!«, schallte die Antwort übers Wasser, und Simon schwang sich über Bord, machte ein paar Schritte auf Jesus zu, fand, dass das Wasser ihn trug, blickte dann aber um sich, sah die Wellen, spürte das Wogen, verlor den Mut, verlor den Halt, sank ein – und wurde im letzten Moment von Jesus aus den schwarzen Fluten herausgezogen. Der lächelte, nannte ihn einen Kleingläubigen und nahm ihn mit zum Boot, das kurz darauf mit einem Knirschen aufsetzte. Sie hatten das Ufer erreicht.

7. Am Wendepunkt

Wenn sich Spitzel des Antipas unter die Fünftausend gemischt hatten, waren sie auch Zeugen der revolutionären Aufwallung am Ende dieses Tages geworden. Sicher konnte sich Jesus natürlich nicht sein, aber was ihm von Antipas berichtet wurde, klang beunruhigend: Er glaube, hieß es, der rebellische Geist des toten Täufers sei in Jesus gefahren, ja, der Mann aus Nazaret verschmelze in seiner Vorstellung mit Johannes dem Täufer zu einer Person. Jesus war gewarnt. Wie leicht konnte Antipas in diesem Fall Sympathiekundgebungen für ihn als Vorbereitung zum Aufruhr deuten. Künftig musste er auf der Hut sein, zumal Tiberias in Sichtweite von Kafarnaum lag, nur eine halbe Tagesreise entfernt. Und ob es nun einen Zusammenhang gab oder nicht – ausgerechnet in diesen Tagen trafen Pharisäer aus Jerusalem ein. Sie tauchten überall dort auf, wo Jesus sich gerade aufhielt, und es dauerte nicht lange, da kam es zum Eklat.

Es ging um das Übliche. Warum seine Schüler sich über die Gebote hinwegsetzen und ihr Brot mit ungewaschenen Händen essen würden, wollten sie von Jesus wissen. In unfreundlichem Ton, gewiss, aber die Schärfe, mit der Jesus ihnen antwortete, hatte doch keiner erwartet. »Ihr Heuchler!«, fuhr er sie an. »Ausgerechnet ihr wollt mich belehren? Ihr seid es doch, die von Menschen erfundene Regeln ernster nehmen als göttliche Gebote! Aber natürlich, ihr profitiert davon. Verlangt Mose nicht, Vater und Mutter zu ehren? Ihr aber geht her und erlaubt einem Menschen, dem Tempel das zu stiften, was seine Eltern zu ihrer Versorgung bitter nötig hätten. So setzt ihr Gottes Gebote – eines nach dem anderen – außer Kraft. Die Tempelspende ist ja beileibe kein Einzelfall.« Damit brach er das Gespräch ab und wandte sich den Umstehenden zu. »Nichts, was von außen durch den Mund in den Menschen hineingeht, kann ihn unrein machen«, sagte er, nun schon in ruhigerem Ton. »Verunreinigen kann sich der Mensch nur durch das, was aus seinem Mund herauskommt. Denn was in einen Menschen hineingeht, das nimmt den Weg in seinen Bauch und wird bald wieder ausgeschieden. Womit sich der Mensch aber beschmutzt, das sind die bösen Gedanken und verwerflichen Absichten, die in seinem Herzen nisten, wie Unzucht, Diebstahl, Ehebruch, Habgier, Lügen, Mordlust, Missgunst und Überheblichkeit. Was sind dagegen ungewaschene Hände!« Und mit einem letzten Blick auf die Pharisäer: »Lasst sie. Sie sind blinde Blindenführer. Und wenn ein Blinder den anderen führt, fallen beide in den Graben.«

Jesus ließ sie stehen, fand aber keine Ruhe mehr vor ihnen. Wenig später begannen sie auf offener Straße ein Streitgespräch und verlangten von ihm ein Zeichen. Ein Zeichen, das sie davon überzeugen könnte, einen Bevollmächtigten Gottes vor sich zu haben. Fast verzweifelt gab Jesus ihnen zur Antwort: »Schaut euch um! Es herrscht hier wirklich kein Mangel an Zeichen. Ihr könnt sie nur nicht deuten. Ja, wenn es ums Wetter geht, dann seid ihr gut im Zeichendeuten. Dann wisst ihr, dass der nächste Tag heiter werden wird, wenn sich der Himmel am Vorabend rötet. Dann wisst ihr, dass anderntags Sturm aufziehen wird, wenn sich der Himmel des Abends eintrübt. Aber die Zeichen der Zeit erkennt ihr nicht. Darum werde ich euch auch keins geben.«

Diesmal aber wollte er es nicht bei einer Abfuhr belassen und ließ ein Gleichnis folgen:

»Da war ein Reicher, der seine Tage damit zubrachte, Feste zu feiern. Und da war ein Armer namens Lazarus, der am Tor vor dem Haus des Reichen lag und sich von dessen Abfällen ernährte. Das Einzige, was ihm an Wohltat widerfuhr, waren die Hunde, die vorbeikamen und seine Geschwüre leckten. Nun starb der Arme und wurde von den Engeln in den Schoß

Abrahams getragen. Der Reiche aber fand sich nach seinem Tod im Hades wieder, wo er Qualen litt. Da sah er in der Ferne Lazarus im Schoße Abrahams sitzen und schrie: ›Vater Abraham, erbarme dich meiner, schicke mir Lazarus! Er soll seine Fingerspitze in Wasser tauchen und meine Zunge damit kühlen, denn ich leide in den Flammen!‹ Abraham aber antwortete: ›Mein Sohn, du hast in deinem Leben nur Gutes empfangen, Lazarus aber nur Schlimmes. Jetzt wird er getröstet, und du musst leiden.‹ ›Dann schick ihn wenigstens zu meinen fünf Brüdern, um sie zu warnen‹, rief der Reiche, ›damit ihnen das Schicksal, das ich erleide, erspart bleibt. Denn einem Gestorbenen, der aus dem Totenreich zurückkehrt, werden sie Glauben schenken.‹ Doch Abraham entgegnete ihm: ›Wenn sie nicht auf Mose und die Propheten hören, dann werden sie sich auch nichts von einem Toten sagen lassen, der plötzlich vor ihnen steht.‹« Jesus sah seine Zuhörer an. »Nein«, sagte er. »Wer dem Wort Gottes nicht glaubt, der wird sich auch durch Zeichen nicht beeindrucken lassen.«

Seine Schüler merkten Jesus jetzt eine ungewohnte innere Spannung an. Gründe dafür gab es genug. Nach dem Vorfall am See bei der Speisung der Fünftausend drohte ihm womöglich die Verhaftung. Außerdem mehrten sich die Anzeichen dafür, dass auch die einfachen Leute nicht mehr voll und ganz auf seiner Seite standen; jedenfalls wurde in den Gassen, in den Schenken neuerdings gestritten. »Einen Dämon hat er. Verrückt ist er. Was hört ihr auf ihn?«, schimpften die einen. »So wie er redet kein Besessener. Kann ein Dämon etwa Blinden die Augen öffnen und Lahme gehend machen?«, verteidigten ihn die anderen. »Er verführt die Leute«, warnten die einen. »Nein, er ist durch und durch gut«, versicherten die anderen. »Wenn der Messias käme, würde er nicht mehr Beweise göttlicher Kraft liefern als dieser Jesus.« In jedem Fall sah Jesus sich Missverständnissen ausgesetzt, die er nicht ausräumen konnte, und ob er nun einer Verhaftung zuvorkommen oder bloß dem öffentlichen Streit um seine Person aus dem Weg gehen wollte – er beschloss, Galiläa fürs Erste zu verlassen.

Er brach mit seinen Schülern auf, nach Nordwesten, in Richtung der phönizischen Hafenstadt Tyros. Lange folgten sie einem ausgetrockneten Flussbett, liefen dann am Fuß einer steil abfallenden Felswand entlang, wo Geier über ihnen kreisten, und hier, in der Einsamkeit, fanden seine Schüler Zeit, mit Jesus Dinge zu bereden, die ihnen seit Langem durch den Kopf gingen. Wie oft hatten sie beispielsweise erlebt, dass er sich zum Beten zurückzog, nur kurz beiseiteging und sein Gebet sprach, ohne dass sie verstanden hätten, was genau sich da zwischen ihm und Gott abspielte. »Lehre uns beten«, baten sie ihn, »so wie Johannes der Täufer seine Schüler beten gelehrt hat.«

Jesus wartete die nächste Rast ab, und als sich alle auf einer Wiese gelagert hatten, sagte er: »Vor allem – macht nicht viele Worte, wenn ihr betet. Sagt einfach: Unser Vater im Himmel, dein Name werde geheiligt, dein Reich komme, dein Wille geschehe, bei uns auf Erden genauso wie im Himmel. Unser tägliches Brot gib uns heute, und vergib uns unsere Schuld, so wie wir denen vergeben, die an uns schuldig geworden sind. Und führe uns nicht in Versuchung, sondern bewahre uns vor dem Bösen.« Entscheidender als bestimmte Worte aber sei der Glaube, fuhr er fort. Hartnäckigkeit und Zuversicht müssten im Glauben eines Menschen, der Gott als Beter gegenübertritt, miteinander verschmelzen – so wie bei einem Mann, der nach Mitternacht bei seinem Freund gegen die Tür hämmert und lautstark um drei Brote bittet, weil zu so später Stunde noch ein Bekannter bei ihm eingetroffen ist und er nichts im Haus hat, das er ihm vorsetzen könnte. »Mag sein, dass sein Freund dann protestiert und ihm von innen zuruft: ›Was fällt dir ein! Die Tür ist schon verriegelt, außerdem liegen meine Kinder bei mir im Bett, ich kann dir unmöglich was geben!‹ Ich sage euch: Wenn der Mann jetzt nicht aufgibt, wird sein Freund ihm trotzdem seine Bitte erfüllen. Vielleicht nicht um ihrer Freundschaft willen. Aber seiner unverschämten Hartnäckigkeit wegen.«

Sie aßen etwas, während Jesus weitersprach: »Verlasst euch darauf: Wer bittet, dem wird gegeben; wer sucht, der findet; wer anklopft, dem wird geöffnet. Welcher Vater gibt seinem Sohn einen Stein, wenn er ihn um ein Stück Brot bittet, oder eine Schlange, wenn er ihn nach einem Fisch fragt? Wenn aber ihr, die ihr unvollkommen seid, schon alles daransetzt, euren Kindern Gutes zu tun, wie viel mehr wird der Vater im Himmel denen Gutes tun, die ihn mit demütiger Unverschämtheit darum bitten? Deshalb sage ich euch: Wenn zwei sich im Gebet zusammentun, wird mein Vater ihre Bitte erfüllen. Denn wo zwei oder drei in meinem Namen versammelt sind, da bin ich mitten unter ihnen.«

Sie machten sich wieder auf den Weg und überschritten am selben Abend die phönizische Grenze. Erstmals verließ Jesus nun jüdischen Boden, um sich tief in heidnisches Gebiet zurückzuziehen. Dass ihn dort niemand kannte, war ihm im Augenblick nur recht, er wollte zur Ruhe kommen und wies seine Schüler deshalb an, unterwegs keine Geschichten über ihn zu verbreiten; die beiden Donnersöhne Jakobus und Johannes waren in dieser Hinsicht besonders anfällig. Es zeigte sich aber, dass man auch hier schon von ihm gehört hatte, denn am nächsten Abend tauchte eine Frau in ihrer Herberge auf, eine Phönizierin, und warf sich vor Jesus nieder. Ihre Tochter sei krank, sagte sie und bat ihn, mitzukommen. Der weigerte sich, aber so einfach war die Frau nicht zu vertreiben, und als Jesus ihr sagte: »Weißt du, zuerst müssen die Kinder satt werden. Es gehört sich nicht, den Kindern das Brot wegzunehmen und die Hündchen damit zu füttern«, da entgegnete sie: »Ja, Herr, aber essen die Hündchen nicht die Krümel, die die Kinder unter den Tisch fallen lassen?« Ihre Schlagfertigkeit brachte Jesus zum Lachen. »Gut geantwortet«, sagte er. »Jetzt geh, deine Tochter ist auf dem Weg der Besserung.« Und so war es. Als die Frau in ihr Haus kam, lag ihre Tochter erschöpft, aber genesen im Bett.

Lange hielt es Jesus in Phönizien jedoch nicht. Hier begriff niemand, was er wollte, hier kannte man ihn nicht, und nach wenigen Wochen zog es ihn wieder nach Galiläa. Auf Abstand zu Tiberias bedacht, nahmen sie diesmal den Weg über die Dekapolis und näherten sich dem See Gennesaret von Osten.

Die erste Stadt am See war, aus dieser Richtung kommend, der Fischerort Betsaida, die alte Heimat von Simon und Johannes. Seine Ankunft sprach sich sofort herum, und sie brachten einen Blinden zu ihm. Jesus verbot den Leuten, ihm zu folgen – mehr denn je war Vorsicht geboten – und ging mit dem Mann vor die Stadt. Dort spuckte er ihm in die Augen und legte ihm die Hand auf.

»Siehst du etwas?« fragte er ihn.

»Undeutlich«, sagte der Mann. »Was ich sehe, könnten Bäume sein, die sich bewegen.«

Noch einmal legte Jesus ihm die Hände auf und bedeckte seine Augen; als er sie wieder fortnahm, erkannte der Mann alles klar und deutlich. Bevor er ihn entließ, gebot ihm Jesus Stillschweigen.

Am selben Tag noch kehrten sie nach Kafarnaum zurück, und am folgenden Sabbat sprach Jesus in der Synagoge. Er sah hier etliche, die an der Speisung am See teilgenommen hatten, und gedachte, ihnen ein für allemal die Illusion zu nehmen, der Menschensohn würde sich für politische Zwecke einspannen lassen. Fragte sich bloß, auf wessen Seite das Missverständnis lag. Reichte es ihnen vielleicht, einfach nur satt zu werden? Liefen sie vielleicht jedem hinterher, der ihnen einen vollen Magen versprach? War es womöglich so, dass er ihnen das Reich Gottes verkündete, sie aufrief, ihre Feinde zu lieben, sie zu Versöhnlichkeit und Barmherzigkeit ermahnte, während seine Zuhörer sich schon im Paradies wähnten, wenn jemand ihnen ein Stück Brot schenkte? Der volle Magen war ihnen gegönnt, aber der aufkeimende Verdacht, er könnte seine Zuhörer mit seiner Botschaft überfordern, beängstigte Jesus. Er war entschlossen, Klarheit zu schaffen.

»Ich bin das Brot des Lebens«, begann er seine Rede in der Synagoge von Kafarnaum. »Ich bin das Brot, das zu euch herabgestiegen ist. Wer von diesem Brot isst, der wird das wahre Leben haben. Und das Brot, das ich ihm gebe, ist mein Fleisch.« Als er so weit gekommen war, entstand die erste Unruhe. »Was sagst du? Dein Fleisch sollen wir essen?«, rief einer. »Du hast mich richtig verstanden«, entgegnete Jesus. »Wenn ihr nicht das Fleisch des Menschensohns esst und sein Blut trinkt, verharrt ihr im Zustand innerer Leblosigkeit. Wer aber mein Fleisch isst und mein Blut trinkt, der wird ewig leben. Denn die wahre Speise, das ist mein Fleisch, und der wahre Trank, das ist mein Blut. Wer mich verzehrt, wird durch mich leben, so wie ich durch meinen Vater lebe. Wer also dieses Brot isst, über den hat der Tod keine Macht mehr.«

Die Unruhe schlug in offene Empörung um. Sein Fleisch essen? Sein Blut trinken? Wollte er aus ihnen Menschenfresser machen? Es nützte nichts, dass Jesus hinzufügte: »Auf den Geist kommt es beim wahren Leben an, nicht auf den Leib.

Meine Worte sind Geist und Leben.« Menschen, die er bis dahin als seine Anhänger betrachtet hatte, wandten sich danach von ihm ab, und selbst von jenen, die ihn auf seinen Wanderungen oft begleitet hatten, die zu seinem engeren Kreis zählten, kehrte mancher nach Hause zurück und ließ sich nicht mehr sehen. Als Jesus klar wurde, dass er nun einsamer denn je war, fragte er die Zwölf: »Wollt ihr mich nicht auch verlassen?« Da antwortete Simon für alle: »Herr, wohin sollen wir gehen? Nur du hast Worte des ewigen Lebens.«

Anderntags brachen sie erneut auf, Jesus und die Zwölf, und durchwanderten das obere Jordantal. Ihr Ziel war die Gegend von Caesarea Philippi, der Hauptstadt des dritten Herodessohns Philippus am Fuß des Hermongebirges. Was genau Jesus dort wollte, war nicht klar, er war ungewöhnlich schweigsam. Ging es ihm nur darum, sich dem Zugriff des Antipas zu entziehen? Einmal, gleich zu Beginn ihrer Wanderung, gesellte sich ihnen ein junger Mann zu. »Ich werde dir folgen, wo immer du hingehst«, sagte er zu Jesus. Der lehnte nicht rundheraus ab, zögerte aber und gab ihm dann zu bedenken: »Die Füchse haben Höhlen und die Vögel unter dem Himmel haben Nester, aber der Menschensohn hat nichts, wohin er seinen Kopf legen könnte.« Dem jungen Mann war die Enttäuschung anzusehen. Eben noch Feuer und Flamme, wandte er sich ab und ging weg.

Dass sie sich an einem Wendepunkt befanden, wurde seinen Schülern bewusst, als sie kurz vor Caesarea Philippi am Rand eines Dorfes Rast machten. Plötzlich gab Jesus seine Schweigsamkeit auf und fragte in die Runde: »Für wen halten mich die Leute eigentlich?« Seine Schüler schauten sich an und wiederholten dann, was einem überall zu Ohren kam: »Einige, so wie Antipas, für Johannes den Täufer, andere für den Propheten Elija, wieder andere für irgendeinen Propheten der alten Zeit, der aus dem Totenreich zurückgekehrt ist.« Eine Pause trat ein. Dann hakte Jesus nach: »Und ihr? Für wen haltet ihr mich?«

Die Frage ließ seinen Schülern das Blut in den Adern gefrieren. Das war keine Prüfungsfrage, merkten sie. Das war völlig ernst gemeint. Verzweifelt ernst. Einer von ihnen musste jetzt Farbe bekennen und aussprechen, was sie bislang mehr als Hoffnung denn als Gewissheit zusammengehalten hatte. Alles, was noch vor ihnen lag, würde dadurch eine unermessliche Bedeutung erhalten. Da brach Simon das Schweigen und sagte: »Du bist der Messias.«

Jesus reagierte, als wäre ein Bann gebrochen. So enthusiastisch, als hätte er durch den Mund des Simon die Antwort Gottes erfahren. »Selig bist du, Simon, Sohn des Jona!«, rief er aus und umarmte ihn. »Woher wüsstest du das, wenn es mein Vater im Himmel dir nicht eingegeben hätte! Du bist wahrhaftig Petrus, du bist der Felsen, auf dem ich meine Gemeinde errichten werde. Dir werde ich die Schlüssel des Gottesreichs geben. Was du auf Erden binden wirst, das wird im Himmel gebunden sein, und was du auf Erden lösen wirst, das wird im Himmel gelöst sein.« Und er beschwor sie, ihr Wissen vorläufig für sich zu behalten.

Was dann folgte, war für die Zwölf unbegreiflich. Unfassbar. Jesus begann nämlich kurz darauf, von Todesahnungen zu sprechen. Es führe kein Weg daran vorbei, sagte er, er müsse sterben, hingerichtet werden, und zwar in Jerusalem. Müsse leiden und getötet werden und am dritten Tag wieder auferstehen. Sie trauten ihren Ohren nicht. Gerade hatten sie sich an den Gedanken gewöhnt, unzweifelhaft auf der Seite des Messias, des Retters, des Siegers zu stehen, und jetzt verhängte Jesus das Schicksal des Verlierers über sie? Petrus verlor die

Beherrschung. Er sprang auf, stellte sich vor Jesus hin, fasste ihn am Gewand, wurde laut, wollte ihm diesen Unsinn ausreden, worauf Jesus sich zornentbrannt abwandte und Petrus ihm wütend nachsetzte und ihn festhielt. Jesus aber riss sich los, fuhr herum und schleuderte ihm die furchtbare Schmähung ins Gesicht: »Fort mit dir, Satan! Du willst mich zu Fall bringen!«

Petrus hielt entsetzt inne, erstarrte und wurde von den anderen weggeführt. Nach einer Weile setzte sich Jesus zu ihm. »Was du im Sinn hast, Petrus«, sagte er, »das ist menschlich und verständlich. Göttlich aber ist es diesmal nicht.«

8. Wer sein Leben retten will, der wird es verlieren

Wieder brachen sie auf, kehrten Caesarea Philippi den Rücken und wanderten jordanabwärts, nach Kafarnaum vielleicht, nach Jerusalem womöglich. Seine Begleiter waren nun die Schweigsamen, während Jesus ihnen Dinge sagte, die sie gleichzeitig ermutigten und verstörten, rätselhafte, erschreckende und doch wieder tröstliche Dinge.

»Wer mir nachfolgen will«, begann er, »muss sich selbst verleugnen. Denn wer sein Leben retten will, der wird es verlieren; wer aber nichts auf sein Leben gibt, der wird das wahre Leben finden. Was würde es also einem Menschen nützen, die ganze Welt zu gewinnen, wenn er dabei sein Leben verspielte? Wer immer sich für mich und meine Worte schämt, für den wird sich auch der Menschensohn schämen, wenn er dereinst in der Herrlichkeit seines Vaters kommt.« Und nach einer Weile fuhr er fort: »Um meinetwillen werdet ihr Fürsten und Richtern vorgeführt werden. Zerbrecht euch dann nicht den Kopf darüber, was ihr sagen sollt. Sagt, was euch in dieser Stunde eingegeben wird, denn nicht ihr werdet reden, sondern der Heilige Geist. Macht euch aber darauf gefasst, um meinetwillen gehasst und verfolgt zu werden. Wohl dem, der bis zum Ende durchhält. Er wird gerettet werden.

Fürchtet sie also nicht, die über euch zu Gericht sitzen. Jedes Geheimnis wird offenbar werden, alles Verborgene wird ans Licht kommen. Was ich euch im Dunkel der Nacht anvertraue, das verkündet im hellen Tageslicht; was ich euch ins Ohr flüstere, das ruft von den Dächern! Macht euch nichts aus denen, die nur den Leib töten können; fürchtet den, der die Seele zu vernichten vermag! Bedenkt: Wie billig sind auf dem Markt zwei Täubchen zu haben; dennoch stürzt keines tot zu Boden, ohne dass euer Vater es will. Um wie viel wertvoller seid ihr als alle Tauben dieser Welt. Fürchtet euch also nicht!«

Sechs Tage lang zog Jesus mit ihnen von Dorf zu Dorf, ohne dass sie in die Nähe des Sees gekommen wären. Fortwährend kreisten seine Gedanken um das Thema der Nachfolge, und bisweilen nahmen seine Worte eine beängstigend düstere Färbung an. »Glaubt nicht, dass ich gekommen bin, um Frieden zu bringen«, sagte er einmal. »Vielmehr bin ich gekommen, um Zwietracht zu säen. Söhne werden sich mit ihren Vätern, Töchter mit ihren Müttern überwerfen, und meinetwegen werden Familien zerbrechen. Doch wer Vater und Mutter mehr liebt als mich, der ist meiner nicht wert; wer Sohn oder Tochter mehr liebt als mich, der ist meiner nicht wert. Noch einmal sage ich euch: Wer sein Leben zu erhalten versucht, der wird es verlieren. Wer aber nichts auf sein Leben gibt, der wird es finden.«

Am sechsten Tag erreichten sie eine kleine Stadt. Jesus hieß seine Schüler dort warten, nahm nur Petrus, Jakobus und Johannes mit und bestieg mit ihnen einen nahen Berg. Oben angekommen, bemerkten seine Begleiter plötzlich eine Verwandlung an ihm. Als träfe ihn ein Lichtstrahl, leuchtete sein Gesicht auf, und sein Gewand wurde blendend weiß. Im nächsten Augenblick standen Mose und Elija bei ihm, und Jesus redete mit ihnen. Das war ein Bild nach dem Herzen des Petrus! »Sollen wir drei Hütten bauen?«, rief er Jesus in höchster Erregung zu. »Eine für dich, eine für Elija und eine für Mose?« Ihn verlangte nur noch, hier oben zu bleiben, so lange wie möglich, in der Gesellschaft dieser drei. Kaum aber waren seine Worte verklungen, schob sich eine Wolke vor die Sonne, der ganze Berggipfel lag plötzlich im Schatten, und eine Stimme sprach: »Dies ist mein geliebter Sohn, hört auf ihn!« Dann zerfloss das Bild auch schon vor ihren Augen, und sie waren mit Jesus auf der windigen Anhöhe wieder allein.

Beim Abstieg schärfte er ihnen ein, von diesem Erlebnis niemandem zu erzählen, bevor er von den Toten auferstanden sei.

Von den Toten auferstanden? Bis sie unten angelangt waren, überlegten die drei, was Jesus damit gemeint haben könnte.

Als sie die Stadt erreichten, wurden sie Zeugen eines Tumults. An einer Straßenecke hatte sich ein Menschenauflauf gebildet, seine Schüler mittendrin und so heftig mit einigen Gesetzeslehrern diskutierend, dass sie Jesus gar nicht kommen sahen. Der näherte sich, wurde jetzt doch bemerkt, und das Stimmengewirr erstarb. In die erwartungsvolle Stille hinein erkundigte sich Jesus nach dem Grund der Aufregung. Da trat ein einfacher Mann vor, den Kopf demütig gesenkt, und sagte:

»Rabbi, ich wollte dir meinen Sohn bringen. Er wird von einem stummen Geist geplagt, und wann immer der ihn befällt, tritt ihm Schaum aus dem Mund. Er knirscht mit den Zähnen und schlägt hin und liegt starr da, unfähig, ein Glied zu rühren. Weil ich dich nirgends fand, habe ich deine Schüler gebeten, diesen Geist auszutreiben, aber sie schaffen es nicht.«

Da fuhr Jesus seine Schüler vor den Umstehenden an: »Ihr Bande von Ungläubigen! Wie lange soll das noch so weitergehen? Wie lange muss ich euch noch ertragen? Bringt mir den jungen Mann!«

Seine Schüler gehorchten, und kaum stand der Knabe vor ihm, warfen ihn Krämpfe zu Boden, und er wälzte sich mit Schaum vor dem Mund im Straßenstaub. Jesus wandte sich an den Vater:

»Wie lange hat er das schon?«

»Von Kindheit an«, antwortete der, erging sich dann in einer umständlichen Schilderung der Krankheitsgeschichte und stammelte zum Schluss: »Wenn du etwas dagegen vermagst, so erbarme dich und hilf uns.«

»Was soll das heißen: Wenn du etwas dagegen vermagst?«, entgegnete Jesus, immer noch mit einer Spur Verärgerung in der Stimme. »Jeder vermag alles, wenn er nur glaubt!«

Dann brüllte er den Krankheitsdämon an, befahl ihm, den Körper des Jungen zu verlassen, und da warf er sich schreiend hin und her, wälzte sich am Boden und erstarrte plötzlich, sodass die Umstehenden sagten: »Jetzt ist er tot.« Doch mit kräftigem Griff fasste Jesus nach der Hand des Leblosen und half ihm auf die Beine. Später, in der Herberge, fragten ihn seine Schüler: »Warum waren wir gegen diesen Dämon machtlos?« »Euer Glaube ist immer noch zu schwach«, antwortete Jesus. »Wenn euer Glaube unerschütterlich wäre, dann könntet ihr zu jenem Berg dort drüben sagen: ›Flieg davon und lass dich ins Meer fallen‹ – und es würde geschehen.«

Am nächsten Tag überschritten sie endlich die Grenze nach Galiläa, aber nichts war wie früher. Jesus wollte unentdeckt bleiben, wich allen größeren Ortschaften aus, zog sich zurück, sobald ihn jemand erkannte, und ihre Route ließ keinen Plan erkennen. Seine Schüler wagten nicht, ihn nach seinen Absichten zu befragen; seit dem Vorfall bei Caesarea Philippi neigte Jesus zu einer Schroffheit, die sie nicht an ihm kannten. Und dann erwähnte er erneut seinen Tod. Sie wollten davon nichts hören, ließen seine schauerlichen Vorhersagen aber schweigend über sich ergehen und fragten nicht nach, als er sagte: »Man wird den Menschensohn verhaften, man wird ihn vor Gericht stellen, man wird ihn töten. Und am dritten Tag wird er auferstehen.«

Schließlich fanden sie doch noch nach Kafarnaum. Als sich die Wiedersehensfreude im Haus des Petrus gelegt hatte, nahm Jesus die Zwölf beiseite. »Worüber habt ihr heute unterwegs gestritten?«, wollte er wissen und erntete betretenes Schweigen. »Ging es bei euren Gesprächen nicht darum, wer von euch mehr als die anderen zu sagen hat? Wollte nicht jeder von euch der Größte sein? Ich sage euch: Wenn einer von euch unbedingt der Größte sein will, soll er sich kleinmachen, kleiner als alle anderen, und seinen Gefährten dienen.« Dann rief er eins der Kinder, die im Haus umherliefen, stellte es in ihre Mitte und sagte: »Wenn ihr nicht wie dieses Kind hier werdet, wird euch das Gottesreich verschlossen bleiben. Wer sich aber keine Bedeutung anmaßt, wer einfach nur der sein will, der er ist, der wird im Gottesreich einen großen Namen haben. Im Übrigen«, fuhr er fort, »erwartet keine Anerkennung für das Selbstverständliche. Sagt etwa ein Herr zu seinem Sklaven, wenn er nach getaner Arbeit heimkehrt: ›Komm, leiste mir beim Abendessen Gesellschaft‹? Sagt er zu seinem Sklaven nicht vielmehr: ›Koch mir etwas und bedien mich – essen kannst du hinterher‹? Und wenn der Sklave dann den Anweisungen Folge leistet – überschüttet der Hausherr ihn hinterher dafür mit Dank? Wohl kaum. Dasselbe trifft auf euch zu. Wenn ihr tut, was von euch verlangt wird, dann bildet euch nichts darauf ein. Sagt bloß: ›Wir haben unsere Schuldigkeit getan.‹«

Am nächsten Morgen wurde Petrus an die Tür gerufen. Draußen erwarteten ihn zwei Männer, die von Haus zu Haus gingen und die Tempelsteuer einsammelten, eine Doppeldrachme pro Person. »Was ist mit eurem Lehrer?«, fragten sie ihn. »Zahlt der auch?« Da trat Jesus hinzu.

»Simon«, unterbrach er das Gespräch, »wem erlegen die Könige dieser Erde Steuern auf? Ihren Söhnen, den Landeskindern – oder fremden Völkern?«

»Den Fremden«, antwortete Petrus.

»Also sind die Söhne von der Steuer befreit«, sagte Jesus mit einem Lächeln. »Aber gut, wir wollen niemanden verärgern. Nimm deine Angel, geh zum See und öffne dem ersten Fisch, den du fängst, das Maul. Du wirst eine Vierfachdrachme darin finden; bezahl damit, sie reicht für uns beide.«

Petrus ging los, fing einen Fisch, fand das Geldstück und zahlte damit.

Nach Wochen ziellosen Umherziehens waren seine Schüler froh, in die vertrauten Verhältnisse zurückzukehren. Doch ihr Aufenthalt in Kafarnaum würde wohl ein kurzes Zwischenspiel bleiben – das ahnten sie, als wenig später Pharisäer an die Tür des Petrus klopften, sich zu Jesus führen ließen und ihm rieten, Kafarnaum zu verlassen. »Sei auf der Hut«, sagten sie. »Wir wissen, dass Antipas dir nach dem Leben trachtet.« Worauf Jesus ihnen antwortete: »Richtet diesem Fuchs aus, dass er mich weder aufhalten noch vertreiben kann, denn ich weiß, was mir bevorsteht. Wenn ich aus Kafarnaum fortgehe, dann nur deshalb, weil es sich für einen Propheten gehört, in Jerusalem zu sterben.«

Sinnlos, sich noch etwas vorzumachen. In den nächsten Tagen würde es losgehen, mit bekanntem Ziel und ungewissem Ausgang. Tatsächlich rief Jesus die Zwölf noch am selben Abend zu sich. »Als ich euch damals ohne Geld, ohne Proviant und ohne Taschen ausgesandt habe – hat es euch an irgendetwas gefehlt?«, fragte er in die Runde. Sie verneinten. »Diesmal ist es anders«, fuhr er fort. »Wenn wir morgen aufbrechen, nehmt alles mit. Steckt eure Geldbeutel ein. Packt eure Taschen. Und bewaffnet euch, wir werden uns womöglich zu verteidigen haben.« Bewaffnen? Sie schauten einander ratlos an. Nur Petrus und Simon der Zelot griffen wie auf ein verabredetes Zeichen hin in ihre Gewänder.

»Schon geschehen«, sagten sie und hielten zwei lange Dolche in die Höhe.

»Gut«, sagte Jesus. »Das reicht.« Als wäre es völlig normal, dass einige von ihnen Waffen trugen.

Dann entließ er sie. Keiner bezweifelte jetzt mehr, dass es auf ihre letzte gemeinsame Reise ging.

Anderntags besprachen sie die Strecke, und wie üblich schickte Jesus zwei seiner Schüler als Quartiermacher voraus. Der Rest folgte im Abstand weniger Stunden, wobei sich nun eine größere Gruppe als in den letzten Monaten in Bewegung setzte, denn außer neuen Anhängern schlossen sich ihnen auch einige Frauen an, die Jesus schon in der Vergangenheit gelegentlich begleitet hatten.

Erstaunlicherweise war Jesus keine Spannung anzumerken; er wirkte gelassen, fast heiter. Nur einmal ließ er sich zu einer heftigen Reaktion hinreißen. Als nämlich die beiden Quartiermacher mit der Nachricht zurückkamen, das erste Dorf auf samaritischer Seite würde ihnen die Unterkunft verweigern, man halte sie dort offenbar für Rebellen, platzten die Donnersöhne mit dem Vorschlag heraus, das ganze Dorf zur Strafe einfach auszulöschen – man könne ja zum Beispiel Feuer vom Himmel regnen lassen. Jesus fuhr ihnen über den Mund; solche Ausfälle leisteten sich die Donnersöhne häufiger, und manchmal musste man befürchten, dass sie es ernst meinten. Aufnahme fanden sie gleich im nächsten samaritischen Dorf, und bis dahin drehte sich ihr Gespräch um Fragen, die die Unbeherrschtheit der Donnersöhne aufgeworfen hatte.

»Wie soll ich mich verhalten, wenn ein anderer mit mir Streit anfängt?«, wollte Petrus wissen.

»Sprich zunächst unter vier Augen mit ihm«, sagte Jesus. »Sieht er seinen Fehler ein, hast du einen Bruder gewonnen. Wenn nicht, rede das nächste Mal in Anwesenheit von einem oder zwei Zeugen mit ihm, damit jemand bestätigen kann, was gesprochen wurde. Sollte er auch dann nicht einlenken, leg deinen Fall der Gemeinde vor, und bleibt er selbst dann uneinsichtig, geh ihm aus dem Weg, beachte ihn nicht mehr.«

»Und wenn er ein unleidlicher Charakter ist?«, hakte Petrus nach. »Wie oft soll ich einem solchen Menschen verzeihen? Siebenmal?«

»Keineswegs«, sagte Jesus. »Nicht siebenmal, sondern sieben mal siebzigmal.«

Abends in der Herberge griff Jesus das Thema noch einmal auf und erzählte folgendes Gleichnis: »Ein König wollte mit seinen Dienern abrechnen. Da wurde ihm einer gebracht, der ihm die enorme Summe von 10 000 Talenten schuldete. Der König forderte sein Geld zurück, aber der Mann konnte nicht zahlen. Also befahl der König, ihn in die Sklaverei zu verkaufen, ihn, seine Frau und seine Kinder, um doch noch an sein Geld zu kommen. Voller Verzweiflung fiel sein Diener vor ihm nieder und bat flehentlich, ihn zu verschonen, er werde das Geld schon auftreiben. Dem König ging sein Schicksal in diesem Augenblick so nahe, dass er ihm seine Schulden erließ.

Kurz darauf begegnete dieser Diener einem anderen, der seinerseits bei ihm Schulden in Höhe von hundert Denaren hatte. Den griff er sich, würgte ihn und forderte das Geld auf der Stelle zurück. Voller Verzweiflung fiel der andere vor ihm nieder und flehte, ihn zu verschonen, er werde das Geld schon auftreiben, doch der erste Diener ging nicht darauf ein und ließ ihn ins Gefängnis werfen. Dies wurde dem König berichtet. Der rief seinen Diener abermals zu sich und sagte: ›Du Schuft. Ich habe mich von dir erweichen lassen und dir die ganze Summe erlassen – hättest du nicht ebenfalls Milde walten lassen müssen?‹ Und in seinem Zorn übergab er ihn dem Kerkermeister mit dem Befehl, ihn so lange festzuhalten, bis er seine Schulden in voller Höhe zurückgezahlt hätte. – Genauso«, sagte Jesus und erhob sich, »wird mein Vater mit denen verfahren, die ihren Mitmenschen nicht von ganzem Herzen vergeben und verzeihen, sodass kein Groll zurückbleibt.«

9. Barmherziger Samariter und verlorener Sohn

Ohne weitere Zwischenfälle durchzogen sie Samaria und gelangten bald auf judäisches Gebiet. Hier wandten sie sich nach Osten, durchquerten an einer Furt den Jordan und quartierten sich im Landhaus einer gewissen Marta ein, die seit geraumer Zeit schon zur Anhängerschaft Jesu zählte.

Das geräumige Haus, am Hang gelegen mit Blick aufs Jordantal, war voller Menschen. Zahlreiche Gäste hatten sich eingefunden, die Jesus nun im Innenhof umlagerten, darunter auch Maria, die Schwester von Marta; sie hatte einen Platz zu seinen Füßen gefunden und hing an seinen Lippen, während Marta mit anderen Frauen das Abendessen für alle zubereitete.

Jesus griff die Situation auf. »Wenn ihr ein Festmahl veranstaltet«, begann er, »wen ladet ihr dazu ein? Eure Freunde? Eure Verwandten? Eure wohlhabenden Nachbarn? Vermutlich. Denn solche Einladungen werden nie ohne Hintergedanken ausgesprochen. Jeder Gastgeber spekuliert auf eine Gegeneinladung. Ihr mögt euch großzügig vorkommen, wenn ihr viele Gäste üppig bewirtet, in Wirklichkeit aber habt ihr euren Vorteil im Auge. Darum sage ich euch: Ruft das nächste Mal Arme, Lahme, Krüppel und Blinde, wenn ihr einen Empfang gebt! Bewirtet die, die sich nicht revanchieren können! Wer solche Festmähler gibt, den preise ich selig, denn bei der Auferstehung der Gerechten wird *er* der Beschenkte sein.«

»Selig der Mann, der sein Brot im Reich Gottes essen darf!«, rief einer der Gäste dazwischen.

»Ganz gewiss« sagte Jesus, »doch weißt du überhaupt, was das ist? Wisst *ihr* es?« Er legte eine Pause ein, blickte sich um und fuhr dann fort: »Wenn ihr euch einen Begriff vom Reich Gottes machen wollt, dann stellt euch eine Hochzeit vor, die ein König für seinen Sohn ausrichtet. Zur rechten Zeit schickt dieser König seine Diener aus, um alle zu benachrichtigen, die auf seiner Gästeliste stehen, doch keiner will kommen, keiner zeigt Interesse. Am Tag der Hochzeit schickt er deshalb noch einmal seine Diener los, mit der Weisung, den Geladenen auszurichten: Die Ochsen und Masttiere sind geschlachtet, das Mahl ist bereitet, ich erwarte euch! Die aber lehnen auch diesmal ab und flüchten sich in Ausreden: Der eine hat ein Stück Land gekauft und muss es unbedingt an diesem Tag besichtigen, der andere hat Rinder gekauft und will sie gerade jetzt in Augenschein nehmen, der dritte hat kurz zuvor selbst geheiratet und ist deshalb verhindert. Da wird der König zornig und befiehlt seinen Dienern, die Gassen und Feldwege nach Krüppeln und Bettlern abzusuchen und denen seine Einladung zu überbringen. Die lassen sich nicht zweimal bitten, und bei der Hochzeit seines Sohnes liegt der König mit den Ärmsten der Armen zu Tisch.«

Er wurde von Marta unterbrochen, die aus der Küche kam, einen zornigen Blick auf Maria warf und dann zu Jesus sagte:

»Herr, wie kannst du zulassen, dass meine Schwester uns im Stich lässt? Wir haben alle Hände voll zu tun, und sie macht es sich hier bei dir gemütlich. Sag ihr, sie soll augenblicklich in der Küche erscheinen.«

Jesus ließ sich mit seiner Antwort einen Augenblick Zeit.

»Marta«, sagte er dann, »ich weiß, dass du viel Arbeit hast und dir mit allem die größte Mühe gibst, aber in diesem Fall hat Maria klüger gehandelt als du. Denn das Essen kann warten, die Wahrheit nicht. Deshalb ist deine Schwester auch nicht zu tadeln.«

Jesus blieb ein paar Tage im Haus der beiden Schwestern, bevor er sich wieder auf den Weg machte. Zielstrebigkeit war ihm auch jetzt nicht anzumerken; offenbar dachte er daran, in Judäa sein altes Wanderleben wieder aufzunehmen. Jedenfalls ging er von Dorf zu Dorf, predigte und heilte und trat am Sabbat auch wieder in den Synagogen als Gastredner auf.

Fast war es wie früher in Galiläa. Auch die Pharisäer hier suchten das Gespräch, das Streitgespräch mit ihm. Eines Tages wollten sie von ihm wissen, ob ein Mann seine Ehefrau verstoßen dürfe, wohl in der Erwartung, Jesus mit seiner notorischen Unbekümmertheit in rechtlichen Fragen würde sich eine Blöße geben. Sie erlebten eine Überraschung.

»Was sagt Mose dazu?«, fragte er sie.

»Mose erlaubt den Männern, einen Scheidebrief aufzusetzen. Damit ist die Ehe aufgelöst und die Frau entlassen«, beschrieben sie die Rechtslage.

»Richtig«, gab Jesus zurück. »Aber der Grund für diese Regelung ist allein eure Hartherzigkeit. Denn zu Anbeginn der Welt schuf Gott den Menschen als Mann und Frau. Deshalb wird jeder Mann Vater und Mutter verlassen, um mit seiner Frau ein neues Leben zu beginnen, und von dieser Stunde an werden sie nicht mehr zwei getrennte Körper sein, sondern ein einziger. Wer seine Frau entlässt, begeht folglich Ehebruch, denn was Gott zusammengefügt hat, das soll der Mensch nicht auseinanderreißen.«

Niemand hatte mit einem derart rigorosen Urteil gerechnet, auch seine Schüler nicht. »Wenn es so um das Verhältnis zwischen Mann und Frau bestellt ist«, sprachen sie untereinander, »dann wäre es das Klügste, gar nicht zu heiraten.«

Jesus aber suchte nun seinerseits die Auseinandersetzung mit den Pharisäern. Reibungsflächen gab es genug. Ihre Selbstgefälligkeit zum Beispiel war ihm seit jeher zuwider, und gelegentlich erzählte er folgende Geschichte, wenn er Pharisäer unter seinen Zuhörern entdeckte: »Zwei Menschen gingen in den Tempel, um zu beten – der eine ein Pharisäer, der andere ein Zollpächter. Der Pharisäer baute sich gut sichtbar für alle im Tempel auf und betete: ›Gott, ich danke dir, dass ich nicht so bin wie die anderen, diese Räuber und Ehebrecher, oder auch wie dieser Zöllner da drüben. Ich faste zweimal die Woche, und von allen Einkünften führe ich gewissenhaft ein Zehntel an die Tempelkasse ab.‹ Der Zollpächter hingegen stellte sich abseits hin, senkte den Blick, schlug sich an die Brust, und sein ganzes Gebet bestand aus der Bitte: ›Gott, sei mir Sünder gnädig.‹ – Ich sage euch: Nicht der Pharisäer, der Zollpächter fand Gnade vor Gott. Denn jeder, der sich selbst erhöht, wird erniedrigt werden; wer aber sich selbst erniedrigt, wird erhöht werden.«

Überhaupt zielte Jesus nun immer häufiger auf diejenigen, die sich im Glanz ihrer eigenen Bedeutung sonnten. »Wenn du zu einem Hochzeitsmahl geladen wirst«, sagte er einmal, »lege dich nicht wie selbstverständlich auf den Ehrenplatz gleich neben dem Gastgeber. Wenn nämlich jemand eintrifft, der noch mehr Ansehen als du genießt, wird der Gastgeber dich auffordern, deinen Platz zu räumen, und dann bleibt für dich nur noch der letzte Platz unten am Tischende. Ich rate dir: Lege dich freiwillig ans Ende der Tafel. Dann wird nämlich der Gastgeber zu dir kommen und zu dir sagen: ›Mein Freund, rücke auf, dir gebührt ein besserer Platz.‹ Und statt der Schande, vertrieben zu werden, erfährst du die Ehre, an den Kopf des Tisches gebeten zu werden.« Und auch diese Rede beschloss Jesus mit dem Satz: »Denn wer sich selbst erhöht, wird erniedrigt werden; wer aber sich selbst erniedrigt, wird erhöht werden.«

Ein Gleichnis zog in diesen Tagen das andere nach sich. Kaum hatte Jesus zu Ende gesprochen, trat ein Gesetzeskundiger an ihn heran und stellte ihm die Frage:

»Rabbi, welches ist deiner Meinung nach das höchste Gebot von allen?«

Jesus antwortete: »Du sollst den Herrn, deinen Gott, lieben von ganzem Herzen und ganzer Seele und mit ganzer Kraft und ganzem Verstand. Das ist das höchste Gebot. Ein zweites aber erscheint mir gleichrangig. Es lautet: Du sollst deinen Nächsten lieben wie dich selbst.«

»Gut gesprochen«, stimmte der andere zu, »aber – was heißt das genau: deinen Nächsten lieben? Wer ist denn mein Nächster?«

Wieder griff Jesus zu einem Gleichnis. »Ein Mensch befand sich auf dem Weg von Jerusalem nach Jericho«, begann er. »Unterwegs wurde er von Wegelagerern überfallen, zusammengeschlagen und seiner Kleider beraubt; halb tot blieb er im Geröll einer Schlucht liegen. Wenig später kam ein Priester dort vorüber, sah den Verletzten und ging weiter. Danach kam ein Levit, warf einen kurzen Blick auf ihn und ging ebenfalls vorbei. Ein Samariter aber, der sich der Stelle näherte, stieg, als er ihn entdeckte, zu ihm hinab, und da noch Leben in ihm war, goss er Öl und Wein auf seine Wunden und verband sie, setzte ihn auf seinen Esel, brachte ihn zur nächsten Herberge und pflegte ihn bis zum anderen Morgen. Dann gab er dem Wirt zwei Denare und bat ihn, den Mann mit allem zu versorgen, was für seine Genesung nötig sei – sollte er höhere Ausgaben haben, würde er sie ihm erstatten, wenn er auf dem Rückweg wieder vorbeikäme. Wer von den dreien«, fragte Jesus ihn, »war dem Verletzten nun der Nächste?«

»Der, der Mitleid mit ihm hatte«, antwortete der Gesetzeskundige.

»Also frage dich nicht lange, wer dein Nächster ist«, sagte Jesus. »Sei jedem selbst der Nächste.«

Er seinerseits demonstrierte täglich, was er damit meinte. Er suchte die Nähe derer, für die sonst keiner einen Blick hatte. Egal, wie tief ein Mensch gesunken war, egal, wie zudringlich er war, wie lästig er wurde, Jesus ging auf ihn zu und auf ihn ein. Gelegentlich warfen sich seine Schüler dazwischen und leisteten Abschirmdienste, wenn der Andrang zu groß wurde, und auch die freudig erregten Frauen, die ihm inmitten von Scharen kreischender Kinder am Ortsrand auflauerten, wurden von ihnen oft unsanft abgedrängt – hatte ihr Meister nicht Wichtigeres zu tun, als sich mit verlausten, halb nackten Kindern abzugeben? In diesem Fall irrten seine Schüler jedoch. Wann immer Jesus das bemerkte, griff er ein und verlangte, die Mütter mit ihren Kindern zu ihm durchzulassen. »Kindern gehört das Reich Gottes«, sagte er dann. »Nehmt euch ein Beispiel an ihnen. Kinder sind, wie sie sind, sie spielen uns nichts vor, sie bilden sich nichts ein. Von ihnen könnt ihr lernen, was es heißt, reif für das Reich Gottes zu sein.« Und jedes Mal nahm er sich Zeit, sie zu umarmen und zu segnen.

Genauso ließ er sich weiterhin von Leuten einladen, um die jeder Anständige einen Bogen gemacht hätte, und wie in Galiläa erregte er damit das Missfallen der Frommen und Gesetzestreuen. Wenn er deswegen angegriffen wurde, rechtfertigte er sich nicht, sondern erzählte Gleichnisse wie dieses:

»Ein Mann hatte zwei Söhne. Der jüngere ging zu seinem Vater und bat ihn darum, ihm sein Erbe auszuzahlen. Da teilte der Vater seinen Besitz unter beiden Söhnen auf. Wenig später versilberte der jüngere alles, was ihm zugefallen war, ging ins Ausland und lebte dort so verschwenderisch, dass er bald sein ganzes Vermögen verprasst hatte. Zu allem Unglück kam in dieser Zeit eine Hungersnot über das Land, sodass er in echte Not geriet und sich nicht anders zu helfen wusste, als für einen Bürger jenes Landes die Schweine zu hüten. Dennoch erging es ihm so elend, dass er die Schweine um ihren Fraß beneidete, und eines Tages sprach er zu sich: Wie viele Arbeiter hat mein Vater, die genug und mehr als genug zu essen haben. Ich werde zu ihm gehen und sagen: Vater, ich habe mich gegen den Himmel und gegen dich versündigt, ich verdiene nicht mehr, dein Sohn zu sein, aber erhöre meine Bitte und stelle mich als gewöhnlichen Arbeiter ein. Und er machte sich auf den Heimweg.

Sein Vater sah ihn schon von Weitem kommen und lief ihm entgegen, umarmte ihn überglücklich und küsste ihn. ›Vater, ich habe gesündigt‹, sagte sein Sohn, aber der Vater schnitt ihm das Wort ab, rief einen Sklaven herbei und befahl ihm: ›Bringt ihm das schönste Gewand und einen Ring für seine Hand und Sandalen für seine Füße und schlachtet das gemästete Kalb – und dann wollen wir feiern! Denn mein Sohn war tot und ist wieder ins Leben zurückgekehrt, er war verloren und ist wiedergefunden worden!‹ Und sie feierten.

Der ältere Sohn war unterdessen auf den Feldern. Als er sich abends dem Haus näherte, hörte er Tanzmusik und erkundigte sich bei einem Sklaven, was dort vor sich gehe. Der antwortete ihm: ›Dein Bruder ist wieder da, und in seiner Freude hat dein Vater das gemästete Kalb geschlachtet.‹ Da wurde er zornig. Er weigerte sich, hineinzugehen, und als sein Vater zu ihm herauskam, sagte er: ›Seit vielen Jahren arbeite ich für dich und habe dir nie Veranlassung gegeben, dich über mich zu ärgern, du aber hast mir in all der Zeit nicht einmal einen Ziegenbock geschenkt, um ein Fest für meine Freunde auszurichten. Und für den da, der deinen halben Besitz mit Huren durchgebracht hat, für den schlachtest du das gemästete Kalb?‹ Da antwortete ihm sein Vater: ›Mein Kind, du bist allezeit bei mir, und was mir gehört, gehört auch dir. Aber dein Bruder war tot und ist ins Leben zurückgekehrt, er war verloren und ist wiedergefunden worden. Ist das kein Grund, ein Fest zu feiern?‹«

Für seine Schüler blieb es ein Rätsel, wie er auf diese Gleichnisse kam, ob sie ihm im Augenblick einfielen oder ob er in den Nachtstunden neue erfand. Sie zu verstehen bereitete ihnen aber keine Schwierigkeit mehr.

Eines Tages gerieten sie bei ihrer Wanderung auf einem Markt in eine aufgeregte Menschenmenge. Leute, die gerade aus Jerusalem eingetroffen waren, hatten soeben von einem Blutbad berichtet: Soldaten des römischen Gouverneurs Pilatus seien in den Tempelbezirk eingedrungen und hätten eine Gruppe galiläischer Pilger vor dem Brandopferaltar niedergemetzelt, sodass sich deren Blut mit dem der Opfertiere vermischt habe. Die Pilger hätten die Römer in keiner Weise provoziert; wie aus heiterem Himmel seien die Soldaten mit gezückten Schwertern über die Wehrlosen hergefallen.

Die Empörung war groß, und Racheschwüre wurden laut; den Schülern Jesu aber ging etwas anderes durch den Kopf. Sie fragten sich, ob die Erschlagenen ihr Schicksal nicht doch in irgendeiner Weise verdient gehabt haben könnten, als Strafe für schwere, niemandem bekannte Sünden vielleicht, und als sie zur Mittagszeit in einer Schenke beisammensaßen, sprachen sie Jesus darauf an. Der schüttelte den Kopf und antwortete: »Meint ihr, bei diesen Galiläern habe es sich um besonders üble Schurken gehandelt? Keineswegs. Genauso wenig wie bei den achtzehn Menschen, die neulich erschlagen wurden, als der Turm am Teich von Siloah einstürzte. Keiner von denen hatte mehr verbrochen als ihr. Glaubt also nicht, euch könnte kein ähnliches Unglück treffen.« Und natürlich ließ er auch diese Gelegenheit zu einem Gleichnis nicht ungenutzt. »Ein Mann hatte in seinem Weinberg einen Feigenbaum gepflanzt«, sagte er. »Als dieser Baum nach drei Jahren immer noch keine Früchte trug, wies er seinen Gärtner an: ›Hau ihn um, er laugt nur den Boden aus.‹ Der aber antwortete: ›Herr, geben wir ihm ein weiteres Jahr Zeit; ich will ihn noch einmal düngen und die Erde ringsum aufhacken – wenn er dann noch nicht trägt, können wir ihn immer noch fällen.‹ – Nicht dem Sünder«, beendete Jesus seine Rede, »sondern dem Unfruchtbaren droht ein vorzeitiges Ende.«

Mittlerweile hielt Jesus bei ihrer Wanderung doch eine bestimmte Richtung ein. Es ging, wenn auch bisweilen auf Umwegen, am Ostufer des Jordan stetig nach Süden, flussabwärts. Die Stadt Jericho lag nur noch zwei Tagesreisen entfernt, und in zwei weiteren Tagen konnte man in Jerusalem sein, rechtzeitig zum Paschafest, das alljährlich Zehntausende von Pilgern aus aller Welt anzog. Petrus und die anderen schwebten zwischen Hoffen und Bangen. Hatte er es sich womöglich anders überlegt? Wollte er in Jerusalem vielleicht nur das Paschafest mit ihnen feiern und den Tempel als Bühne für seine Reden nutzen? Doch gerade als die ersten Wunschbilder von einem triumphalen Einzug in Jerusalem in ihnen aufstiegen, von einem Jesus, der sich vor der grandiosen Kulisse des Tempels den Massen als Messias zu erkennen geben und seinen Schülern in einem glanzvollen Akt die Leitung des Gottesreichs übertragen würde, gerade da rief Jesus sie zusammen und wiederholte ein weiteres Mal seine furchtbaren Prophezeiungen. »Macht euch darauf gefasst, dass der Menschensohn in Jerusalem vor Gericht gestellt und zum Tode verurteilt werden wird«, sagte er. »Macht euch darauf gefasst, dass er an die Römer ausgeliefert, gefoltert und hingerichtet werden wird. Rechnet aber auch damit, dass er nach drei Tagen auferstehen wird.«

10. Unterwegs nach Jerusalem

Kräftiges Grün überzog die Berghänge zu beiden Seiten des Flusses, und die Straße im Jordantal belebte sich zusehends mit Pilgern. Je näher sie Jericho kamen, desto zahlreicher wurden die Gruppen der Festbesucher, die auf Eseln oder zu Fuß nach Jerusalem zogen. Alle waren fröhlich. Niemand wollte sich die Laune dadurch verderben lassen, dass man die Befreiung aus der ägyptischen Sklaverei wieder einmal unter den Augen der römischen Besatzungsmacht feiern musste. Der Tag der Befreiung würde kommen.

Jesus wurde von vielen erkannt und von vielen begrüßt, von manchen überschwänglich. »Selig ist der Leib, der dich trug! Selig sind die Brüste, die dich säugten!«, rief eine Frau bei seinem Anblick aus. Und Jesus entgegnete trocken, aber nicht unfreundlich: »Selig ist, wer das Wort Gottes hört und sich zu Herzen nimmt.« Für Huldigungen war er noch nie empfänglich gewesen.

Wie sie so auf der belebten Straße dahinliefen, wurden sie von einem jungen Mann eingeholt, der vor Jesus auf die Knie fiel und ihn mit flehendem Blick anschaute, als habe er lange auf diesen Augenblick gewartet. »Guter Lehrer«, sprach er ihn an, »was muss ich tun, damit ich ins ewige Leben gelange?«

Sofort wies Jesus ihn zurecht: »Was nennst du mich gut? Nur einer ist gut, das ist Gott.« Dann nahm er ihn bei der Hand und richtete ihn auf. »Du kennst doch die Gebote«, fuhr er fort. »Du sollst nicht morden, du sollst nicht huren, du sollst nicht stehlen, du sollst nicht lügen, du sollst Vater und Mutter ehren.«

»Ich weiß, ich weiß«, unterbrach ihn der Mann. »Die Gebote sind mir seit meiner Kindheit bekannt, und ich befolge sie alle.«

»Wenn es so ist«, sagte Jesus, »fehlt dir zur Seligkeit nur noch eins: Verkaufe alles, was du besitzt, gib den Erlös den

Armen und folge mir nach. Denn was du hier aufgibst, das gewinnst du bei Gott.«

Da verstummte der junge Mann. Er war reich, das sah man ihm an, und ohne ein weiteres Wort ließ er Jesus stehen und ging davon.

Jesus schaute ihm nach. Er mochte ihn. Er mochte diesen Eifer, dieses brennende Verlangen nach einer Antwort. Und er klang betrübt, als er im Weitergehen zu seinen Schülern sagte: »Wie schwer haben es die Reichen, ins Reich Gottes zu kommen. Ich sage euch: Eher geht ein Kamel durch ein Nadelöhr, als dass ein Reicher den Weg ins Gottesreich findet.«

Da regte sich Widerspruch unter seinen Schülern. Nicht unbedingt wegen der Reichen. Aber was war mit den Häusern und Fischerbooten, die einige von ihnen besaßen? Gewiss, von Reichtum konnte bei ihnen nicht die Rede sein, doch mittellos waren auch sie nicht. Musste man wirklich auf alles verzichten? Stellte Besitz in jedem Fall ein unüberwindliches Hindernis dar? Dann wäre es um das Gottesreich allerdings schlecht bestellt, und um sie selbst auch. Petrus rang sich deshalb zu der Frage durch: »Und was ist mit uns? Immerhin haben wir große Opfer gebracht. Wir haben alles zurückgelassen und sind dir gefolgt.«

Jesus beruhigte ihn. »Sei unbesorgt«, sagte er. »Niemand verlässt meinetwegen seine Geschwister oder seine Eltern, niemand gibt meinetwegen seine Arbeit auf, ohne dass er hundertfach belohnt würde. Schon hier wird er neue Geschwister und neue Eltern finden, wohin es ihn auch verschlägt, und dereinst erwartet ihn das ewige Leben. Wahr ist aber auch: Die Ersten werden die Letzten sein, und die Letzten werden die Ersten sein.«

Sie liefen eine Weile schweigend, bis Jesus sie aus ihren Gedanken riss. »Reichtum ist die Wurzel vieler Übel«, sagte er. »Denn wer im Überfluss lebt, erliegt leicht dem Irrtum, sich das wahre Leben erkaufen zu können.« Dann erzählte er ihnen ein Gleichnis: »Ein Großgrundbesitzer erwartete eine außergewöhnlich reiche Ernte. Deshalb beschloss er, seine alten Scheunen abzureißen und größere zu bauen und Vorratsspeicher anzulegen, in denen er seinen Reichtum sicher lagern konnte. Für die nächsten Jahre hast du ausgesorgt, mein Lieber, sagte er zu sich selbst, jetzt komm zur Ruhe, iss und trink und genieß dein Leben. Da sprach Gott zu ihm: Du Narr! Heute Nacht noch wird man deine Seele von dir fordern, und was wird dann aus deinen Plänen? – Ich sage euch: Mit leeren Händen wird er vor Gott stehen, weil seine Habgier ihn blind gemacht hat für das, was bei Gott zählt.«

Während Jesus redete, hatten sich immer mehr Leute um sie gesammelt, Anhänger und Neugierige, die sich keines seiner Worte entgehen lassen wollten. Da wich er von der Straße ab, machte ein paar Schritte im frischen Gras einer Frühlingswiese und ließ sich dort nieder, woraufhin der ganze Tross seiner Begleiter ebenfalls eine Rast einlegte und sich in Scharen um ihn lagerte. Und als hätte es keine Unterbrechung gegeben, setzte Jesus hier seine Rede fort: »Deshalb rate ich euch: Lasst euch nicht von den Sorgen des Alltags auffressen! Macht euren Körper nicht zum Lebensinhalt! Fragt euch nicht immerzu, was ihr essen oder anziehen sollt. Wer sich von solchen Gedanken beherrschen lässt, verpasst sein Leben. Ist die Nahrungsaufnahme etwa alles, worum es im Leben geht? Habt ihr nur deshalb einen Leib, um ihn mit Kleidern zu behängen?

Schaut euch die Vögel am Himmel an; sie säen nicht, sie ernten nicht, sie häufen auch keine Vorräte an, und euer himmlischer Vater ernährt sie trotzdem – seid ihr in seinen Augen nicht viel mehr wert als sie? Glaubt ihr, euer Leben mit eurer Plackerei auch nur um einen Tag verlängern zu können?

Und was soll diese Besessenheit, mit der ihr hinter schönen Kleidern her seid? Schaut euch die Lilien an, die auf freiem Feld wachsen. Sie arbeiten nicht, sie spinnen und weben auch nicht, und dennoch übertreffen sie an Schönheit selbst Salomo in seinen prächtigsten Gewändern! Wenn also Gott die Blumen, die heute aufblühen und morgen schon verdorrt sind, so herrlich kleidet – um wie viel mehr wird er für *eure* Kleidung sorgen? Ihr Kleingläubigen! Wie die Heiden, die nichts als ihr leibliches Wohl im Kopf haben, fragt ihr euch unentwegt: Woher sollen wir das Geld für Essen und Trinken nehmen, wovon sollen wir unsere Kleider bezahlen? Dabei weiß euer himmlischer Vater, dass ihr dies alles braucht. Achtet lieber auf die Bedürfnisse eurer Seele. Darum strebt nach dem Reich Gottes, eifert seiner Gerechtigkeit nach, und der ganze Rest wird sich einstellen, ohne dass ihr euch die Köpfe darüber zerbrechen müsst.«

Einen Tag, bevor sie Jericho erreichten, sorgte die Mutter der beiden Donnersöhne für einen Zwischenfall. Wie etliche andere Frauen, Maria aus Magdala zum Beispiel, hatte auch sie sich Jesus angeschlossen, als er Kafarnaum verließ, und nun kam sie zu ihm und tat vertraulich – ob sie einen Wunsch äußern dürfe? »Welchen?«, fragte er, und da rückte sie im Beisein aller anderen mit der Bitte heraus, ihren Söhnen Jakobus und Johannes die Ehrenplätze zu reservieren, wenn es einmal so weit sei mit dem Reich Gottes, und den beiden zu erlauben, links und rechts von seinem Thron zu sitzen. Mit einer Handbewegung brachte Jesus den Protest der anderen zum Verstummen und wandte sich an die Donnersöhne.

»Ihr habt keine Ahnung, worum ihr bittet«, sagte er. »Könnt *ihr* den Kelch austrinken, der mir zugedacht ist?«

Wie üblich felsenfest von sich überzeugt, bejahten sie seine

Frage, und Jesus, der den beiden manches durchgehen ließ, reagierte überraschend milde.

»Selbst wenn ihr diesen Kelch leeren könntet«, sagte er, »so ist es immer noch die Sache meines Vaters, solche Dinge zu entscheiden. Mir steht es nicht zu.«

Für die anderen war die Angelegenheit damit indes noch nicht erledigt. Jesus beobachtete eine Weile, wie sie in ihrer Verärgerung ein ums andere Mal auf die Unverschämtheit der Donnersöhne zurückkamen, und rief sie dann zu sich. »Ihr wisst, dass die Mächtigen dieser Erde ihre Länder als ihr Eigentum betrachten und ihre Völker unterdrücken und ausbeuten«, sagte er zu ihnen. »Dennoch lassen sich die größten Despoten als Wohltäter feiern. So aber soll es bei euch gerade nicht zugehen. Für euch gilt vielmehr: Wer Macht und Ehren anstrebt, der mache sich klein und diene allen anderen, und wer der Erste sein will, der übe sich in der Bescheidenheit eines Sklaven. Denn auch der Menschensohn ist nicht gekommen, um bedient zu werden, sondern zu dienen und sein Leben für andere zu geben.« Wie oft schon hatte er in dieser Weise zu ihnen gesprochen? Hatte ihnen das Beispiel der Kinder vor Augen geführt. Hatte sie tagtäglich darauf hingewiesen, dass das Gottesreich die irdischen Verhältnisse auf den Kopf stellt. Gefruchtet hatte es wenig, oder zumindest nicht bei allen. Möglich, dass ihnen die Hochstimmung zu Kopf gestiegen war, die in den Pilgergruppen herrschte. Dass sie sich von Jerusalem doch wieder den triumphalen Durchbruch versprachen.

Am Abend jenes Tages erzählte er ihnen ein weiteres Gleichnis. »Wenn ihr euch einen Begriff vom Reich Gottes machen wollt«, sagte er, »dann stellt euch einen Landbesitzer vor, der sich früh morgens auf den Marktplatz seiner Stadt begibt, um Arbeiter für seinen Weinberg anzuwerben. Er einigt sich mit ihnen auf einen Tageslohn von einem Denar und schickt sie in seinen Weinberg. Einige Stunden später kommt er zurück, sieht andere untätig herumstehen, verspricht ihnen einen angemessenen Lohn und schickt sie ebenfalls in seinen Weinberg. Auch am Mittag und am Nachmittag wirbt er weitere Arbeiter an. Als er abends noch einmal auf den Markt kommt, findet er immer noch ein Häufchen Arbeitsloser vor. ›Warum steht ihr hier herum?‹, fragt er sie. ›Weil uns niemand haben wollte‹, bekommt er zur Antwort. Da schickt er auch sie in seinen Weinberg.

Bei Einbruch der Dunkelheit sagt der Landbesitzer zu seinem Verwalter: ›Ruf die Arbeiter zusammen und zahl ihnen den Lohn aus. Und beginne mit den letzten.‹ Der Verwalter tut, wie ihm geheißen, und gibt jedem der zuletzt Angeworbenen einen Denar. Diejenigen, die als erste angeworben wurden, meinen nun, sie müssten mehr bekommen, doch auch sie erhalten nur einen Denar. Da beschweren sie sich. ›Diese da haben nur eine Stunde gearbeitet‹, sagen sie, ›und sollen das Gleiche bekommen wie wir, die wir den ganzen Tag in der Hitze geschuftet haben?‹ Der Landbesitzer aber entgegnet ihnen: ›Meine Freunde, ich tue nichts Unrechtes. Hatten wir uns nicht auf einen Denar geeinigt? Also nehmt euren Denar und geht. Wer soll mir verbieten, meine Arbeiter zu entlohnen, wie ich will? Oder nehmt ihr mir übel, dass ich großzügig bin?‹ – Seht ihr«, sagte er zu seinen Schülern, »so verhält es sich mit dem Reich Gottes. Die Letzten werden die Ersten sein, und die Ersten werden die Letzten sein.«

Anderntags erreichten sie Jericho. Die Stadt war geschmückt und die Straße von Menschen gesäumt, die jede neue Pilgergruppe mit Applaus und Gesang empfingen. Mitten dazwischen saß ein blinder Bettler am Straßenrand, dem kam in der allgemeinen Aufregung der Name »Jesus von Nazaret« zu Ohren, und er fing an, aus Leibeskräften zu schreien: »Jesus, du Sohn Davids, erbarme dich meiner!« Die Umstehenden fuhren ihn an – er habe den Mund zu halten, wenn ein berühmter Prophet vorbeikomme –, doch der Blinde schrie nur umso lauter: »Jesus, du Sohn Davids, erbarme dich meiner!« Und Jesus blieb tatsächlich stehen. »Wo ist der Mann?«, fragte er, und die, die ihn eben noch zum Schweigen bringen wollten, ermunterten ihn jetzt und sagten: »Nur Mut, nur Mut, er ruft dich!« Da sprang der Blinde auf, sodass ihm sein Umhang von den Schultern fiel, und tastete sich durch die Gasse, die sich nun bildete.

»Was soll ich für dich tun?«, fragte Jesus, als er vor ihm stand.

»Rabbi, gib mir mein Augenlicht zurück«, antwortete der Mann, vor Erregung stammelnd.

»Dann geh«, sagte Jesus, »dein Glaube hat dich gerettet.« Und sogleich konnte der Blinde sehen und schloss sich der Gesellschaft an, die Jesus folgte.

Unterdessen hatte ein gewisser Zachäus Überlegungen angestellt, wie er ihm gelingen könnte, einen Blick auf Jesus zu werfen. Als Chef der Zollbehörde hatte er in Jericho durchaus etwas zu sagen, und sein Vermögen war für hiesige Verhältnisse enorm, aber an diesem Tag, in diesem Gewühl, musste er sich etwas einfallen lassen, wenn er Jesus sehen wollte, denn er war klein. Da erinnerte er sich des Maulbeerbaums am Ortsausgang, lief hin und kletterte hinauf. Von dort oben überschaute er die Straße und war seinerseits vor den Blicken der anderen geschützt, wurde aber dennoch bemerkt; denn als Jesus kam und unter ihm vorüberging, blickte er plötzlich auf und rief: »Zachäus, komm herunter, ich möchte heute dein Gast sein!«

Zachäus zögerte nicht. Einen Blick auf Jesus hatte er zu erhoffen gewagt, und jetzt würde er ihn bewirten und beherbergen dürfen? Hocherfreut über diese Wendung kletterte er hinunter, sprach seinerseits noch einmal eine förmliche Einladung aus, und gemeinsam machten sie sich auf den Weg zu seiner Villa. Im selben Moment schlug die Begeisterung für Jesus bei den Umstehenden in Verärgerung um. »Den schlimmsten Ganoven sucht er sich aus«, hieß es. Zachäus aber sagte noch auf dem Weg zu Jesus: »Ich werde die Hälfte meines Besitzes verkaufen und das Geld den Armen zukommen lassen. Und sollte ich jemanden betrogen haben, will ich ihm das Vierfache zurückerstatten.« »Deinem Haus ist heute Heil widerfahren«, entgegnete Jesus, »denn der Menschensohn ist gekommen, um die Verlorenen zu suchen und zu retten.« Und sie blieben für diese Nacht in seinem Haus.

Am nächsten Morgen nahmen sie den mühsamen Aufstieg durch die im Sonnenlicht flirrende judäische Wüste nach Jerusalem in Angriff. Ihr Weg führte beständig bergauf, und er wäre zu anderen Zeiten auch gefährlich gewesen, denn die zahlreichen Felshöhlen boten Räuberbanden Unterschlupf. Doch in diesen Tagen war man sicher; viel Volk zog auf der Straße, die den Windungen eines Wadis folgte.

Seine Schüler befanden sich tatsächlich in Hochstimmung. Das Fest war immer ein Grund zur Freude, und je näher Jerusalem rückte, desto lauter wurden die Gesänge, desto größer die Erregung, die von den Pilgern Besitz ergriff. Bei seinen Schülern aber mochte noch etwas anderes mitspielen. Offenbar waren sie entschlossen, kein Wort von dem zu glauben, was er ihnen über seine bevorstehende Hinrichtung gesagt hatte, stattdessen schienen sie sich innerlich auf glorreiche Tage vorzubereiten. Sollten sie vorläufig in Glücksgefühlen schwelgen. Jesus war danach nicht zumute, und wenn er unterwegs mit ihnen sprach, dann in ernstem Ton.

»Wenn der Hausherr wüsste, in welcher Nachtstunde der Einbrecher kommt, würde er wach bleiben und den Einbruch verhindern«, sagte er. »Aber er weiß es nicht, so wenig wie ihr wisst, wann der Menschensohn wiederkommen wird. Seht deshalb zu, dass eure Wachsamkeit nie erlahmt! Eure Aufgabe wird in Zukunft die eines Verwalters sein, den sein Herr in seiner Abwesenheit über sein Gut gesetzt hat. Findet der Herr bei seiner Rückkehr, dass sich sein Stellvertreter keine Nachlässigkeit erlaubt hat, wird er ihm seinen gesamten Besitz anvertrauen. Stellt sich aber heraus, dass sein Stellvertreter während seiner Abwesenheit getrunken und die anderen Knechte im Suff geprügelt hat, wird er ihn zu Stockschlägen verurteilen.« Später, während der Mittagsrast im spärlichen Schatten einer Felswand, griff er das Thema wieder auf, diesmal aber in Form eines Gleichnisses. »Ein wohlhabender Mann wollte verreisen«, sagte er, »rief seine Sklaven zusammen und teilte seinen Besitz unter ihnen auf, damit sie ihn verwalteten, bis er zurückkäme. Dem einen übertrug er fünf Silberbarren, dem anderen zwei, dem dritten einen. Dann brach er auf.

Er war lange fort. Als er zurückkam, rief er seine Sklaven wieder zu sich und rechnete mit ihnen ab. Da zeigte sich, dass der, der fünf Silberbarren erhalten hatte, fünf dazugewonnen hatte, und sein Herr lobte ihn dafür. ›Du hast deine Treue im Kleinen bewiesen‹, sagte er, ›künftig wirst du einen großen Teil meines Vermögens verwalten.‹ Der, der zwei erhalten hatte, übergab ihm zwei weitere, und auch zu ihm sprach sein Herr: ›Ich werde dir in Zukunft mehr anvertrauen.‹ Der aber, der nur einen Barren empfangen hatte, legte diesen einen Barren vor ihm nieder und sagte: ›Herr, ich kenne dich, du bist streng, du nimmst, was dir nicht gehört, du fragst nicht lange. Aus Angst vor dir habe ich den Barren vergraben – hier ist er, nimm ihn zurück.‹ ›Faulpelz, Nichtsnutz!‹, brauste da sein Herr auf. ›Du wusstest, wie streng ich bin; wieso machst du nicht das einzig vernünftige und bringst das Silber auf die Bank, wo es mir Zinsen einträgt?‹ Und er nahm ihm den Barren ab und gab ihn dem, der zehn hatte. Denn wer viel hat, dem wird viel gegeben werden, wer aber nichts hat, dem wird auch das Letzte noch genommen werden. Der nutzlose Sklave aber wird hinausgeworfen werden in die Finsternis, wo ihn Heulen und Zähneklappern in eisiger Kälte erwartet.«

So erreichten sie gegen Abend das Dorf Betanien, kurz vor Jerusalem, aber noch diesseits des Ölberges gelegen. Hier waren die beiden Schwestern Marta und Maria zuhause, die ihm und seinen Schülern bereits in ihrem Landhaus am Jordan Unterkunft gewährt hatten, und dort quartierte sich Jesus ein. Noch sechs Tage waren es bis zum Fest. Marta bot ihm an, für die Dauer seines Aufenthalts in ihrem Haus zu übernachten, so oft er wolle.

Zur selben Zeit trat in Jerusalem der Hohe Rat zusammen. Das oberste Führungsgremium Judäas setzte sich aus Vertretern der beiden politisch maßgeblichen Parteien zusammen, den Pharisäern und den Sadduzäern, und ihre Versammlung fand wie üblich unter der Leitung des Hohepriesters statt, der traditionell einer der großen Familien Jerusalems entstammte. In diesem Jahr hieß er Kajaphas.

Der Grund ihrer Zusammenkunft war Jesus. »Was sollen wir mit ihm machen?«, fragten sie sich. »Wenn wir ihn während des Paschafestes gewähren lassen, riskieren wir, dass er den Leuten die Köpfe verdreht und die ohnehin erregten Massen gegen die Obrigkeit aufhetzt, dass es womöglich zu einem Aufstand kommt und die Römer eingreifen und uns die Kontrolle über den Tempel und die Stadt entziehen und Hunderte, wenn nicht Tausende massakrieren.« Nicht alle waren von seiner Gefährlichkeit überzeugt, aber die Mehrheit der Sitzungsteilnehmer glaubte, ein Blutbad befürchten zu müssen, wobei die wenigsten von ihnen wussten oder wissen wollten, was genau er verkündete, worin seine Lehre im Einzelnen bestand. Es reichte, dass er seinen Einfluss auf den Pöbel verschiedentlich unter Beweis gestellt hatte, dass die Leute ihm nachliefen und das Gerede vom Messias und vom Gottesreich inzwischen seinen Weg bis in die Gassen von Jerusalem gefunden hatte.

Uneinig war man über die klügste Vorgehensweise. Ließ sich seine Verhaftung gegebenenfalls bewerkstelligen, ohne Aufsehen zu erregen, ohne die Masse gegen sich aufzubringen? Reichte das, was man gegen ihn in der Hand hatte, überhaupt zu einer Anklage? Und wie sollte diese Anklage lauten? Da stand der Hohepriester Kajaphas auf, verschaffte sich Gehör und sagte: »Ihr scheint nichts zu begreifen. Die Sache ist doch ganz einfach. Für uns alle wäre es das Beste, wenn dieser Mensch ausgeschaltet würde. Opfern wir diesen einen, dann haben wir Ruhe, dann werden die Römer weder uns noch unser Volk behelligen, und alle kommen davon. Also muss er sterben. Eine passende Anklage wird sich finden.« Da sich die Meisten seiner Ansicht anschlossen, endete die Sitzung mit dem Beschluss, Jesus bei nächster Gelegenheit gefangen zu nehmen und wenn irgend möglich noch vor dem Fest hinrichten zu lassen.

Von diesem Tag an wurde Jesus in Jerusalem steckbrieflich gesucht.

11. Wer von euch ohne Sünde ist, werfe den ersten Stein

Er brauche ein Reittier, nichts Großartiges, ein Esel würde reichen, hatte Jesus die beiden Schwestern wissen lassen, und Marta war eine befreundete Familie im Nachbardorf eingefallen, die einen jungen, kräftigen Esel besaß, ein schönes Tier. Am nächsten Morgen rief Jesus zwei seiner Schüler zu sich und trug ihnen auf, einen Esel zu besorgen. »Vor einem der ersten Häuser des Nachbardorfs wird ein angebundenes Eselsfohlen stehen«, sagte er. »Bindet es los und bringt es her. Und sollte euch einer fragen, was ihr da macht, sagt ihm: Der Herr braucht ein Reittier, wird es aber noch vor Sonnenuntergang zurückgeben.«

Der Esel stand tatsächlich da, auf der belebten Straße, angebunden neben einer Haustür. Sie machten ihn los, was gleich mehrfachen Protest auslöste, aber die Leute gaben sich mit ihrer Erklärung zufrieden und ließen die beiden mit dem Esel ziehen. In Betanien angekommen, polsterten seine Schüler den Rücken des Tiers mit bunten Kleidungsstücken, zogen ihm einen Strick durchs Maul, Jesus stieg auf, und der ganze Zug setzte sich in Bewegung, Jesus vorweg, die Zwölf, die Frauen, auch Marta und Maria, hinterher.

Die Straße nach Jerusalem wand sich den Hang des Ölberges hinauf, und sie war voller Menschen, Pilgergruppen aus allen Teilen des jüdischen Landes und Einheimischen, die, Palmwedel in der Hand, wie in Jericho den Straßenrand säumten und die Ankömmlinge mit Rufen und Gesängen empfingen. Sobald sie Jesus kommen sahen, schwollen die Hochrufe an, und in wilder Begeisterung wurden Palmwedel geschwenkt; einige der Zuschauer rissen sich sogar ihre Umhänge vom Leib und breiteten sie wie Teppiche auf der Straße vor ihm aus. Es war eine ergreifende Szene: der bekannte Prophet aus Nazaret, umschwärmt von Scharen seiner Anhänger, in Jerusalem einziehend, wie ein siegreicher römischer Feldherr in eine eroberte Stadt einreitet, nur eben nicht auf einem prächtig aufgezäumten Araberhengst, sondern auf einem geschmückten Esel. Mit einem »Hosanna! Gesegnet sei, der da kommt im Namen des Herrn!«, beantworteten Jesu Begleiter den Jubel der Menge, und so erreichten sie die Höhe des Ölberges. Vor ihnen lag, von hier oben gut einsehbar, die heilige Stadt Jerusalem mit dem riesigen, in mehr als vierzigjähriger Bauzeit errichteten Tempelbezirk.

Jesus zügelte seinen Esel, und der Zug kam ins Stocken. Da bemerkten die Umstehenden, dass Jesus weinte. Sie verstummten, sodass sie mitbekamen, wie er nun leise, aber vernehmbar sagte: »Jerusalem, Jerusalem. Du tötest die Propheten und steinigst die Gesandten Gottes. Wie gern hätte ich deine Kinder versammelt wie eine Glucke ihre Küken unter ihre Flügel sammelt, aber ihr habt es nicht gewollt. Wie bald wirst du verwüstet daliegen!« Und er ritt weiter, durch das Spalier der Menschen und der Olivenbäume dahinter auf Jerusalem zu, ununterbrochen begeistert gefeiert, bis er die Stadtmauer und das Goldene Tor erreicht hatte. Hier war wegen des Gedränges in den verstopften Gassen an Reiten nicht mehr zu denken, er stieg ab, übergab den Esel einem Schüler und schlug mit seinem Gefolge den Weg zum Tempel ein. Unterwegs verlangten einige Pharisäer von ihm, seine Schüler zum Schweigen zu bringen, die weiterhin freude- oder siegestrunken »Hosanna!« riefen und »Gesegnet sei, der da kommt im Namen des Herrn!« Worauf Jesus ihnen entgegnete: »Wenn die da schweigen, werden die Steine schreien.«

Über eine Treppe, die unterirdisch durch den Sockel in den Innenbereich des Tempels führte, gelangten sie hinauf und standen vor der prächtigsten Säulenhalle der ganzen Anlage, der Halle Salomos. Hier setzte sich fort, was Jesus schon im Umkreis des Tempels aufgefallen war, wo in allen Gassen Souvenirs, Opfertiere vom Täubchen bis zum Kalb, Dufthölzer und Weihrauch verkauft wurden; auch hier oben tummelten sich unter dem Dach der lang gestreckten Halle die Andenkenhändler, die Viehverkäufer und die Geldwechsler, warben laut schreiend um Kunden und verwandelten diesen Teil des Tempels in einen Basar. Da überkam Jesus der Zorn. Er verknotete ein paar Stricke zu einer Peitsche und fiel damit über die Händler und Geldwechsler her, schlug auf Schafe und Ziegen ein, als wolle er sie hinausjagen, fegte die Münzhäufchen von den Tischen, stieß einen Taubenhändler vom Stuhl und brüllte die Viehhändler an: »Raus mit euch! Das Haus meines Vaters ist keine Markthalle!« Einige seiner Schüler hatten kräftig mitgemischt, während andere die Tempeldiener, die gegen die Randalierer einschreiten wollten, unsanft zurückdrängten, und irgendwie entkamen sie in dem Tumult und fanden wieder auf die Straße hinaus.

Sie entfernten sich zunächst raschen Schrittes, soweit das im Gewühl möglich war, blieben dann aber stehen. Einer hielt Jesus fest und forderte ihn auf, einen Blick zurückzuwerfen. Hinter ihnen ragte die gewaltige Umfassungsmauer des Tempels mit den drei gewölbten Portalen auf, in der Mittagssonne wie weißer Marmor gleißend, und darüber der lang gezogene Säulenwald der Halle Salomos.

»Ist das nicht überwältigend, atemberaubend?«, sagten sie.

Zu ihrer Verwunderung hatte Jesus keinen Blick dafür. »Seht ihr diese riesigen Quader?«, fragte er bloß. »Nicht einer davon wird auf dem anderen bleiben. Alles wird zerstört werden.«

Damit wandte er sich um und lief weiter, bis sie das Goldene Tor erreicht hatten und wieder im Freien standen. Den Rückweg nach Betanien legten sie zu Fuß zurück. Später kamen Marta und Maria auf dem Esel angeritten. Jesus befahl den Schülern, die ihn am Morgen geholt hatten, das Tier zurückzubringen.

Anderntags waren sie wieder im Tempel. Sein gestriger Auftritt hatte sich herumgesprochen, doch niemand hinderte Jesus, einen Schemel zu nehmen und sich am Eingang in die Nähe des Opferstocks für die Tempelspenden zu setzen. Er beobachtete die Ankommenden. Die meisten ließen ein paar Kupfermünzen hineinfallen, andere warfen die Denare mit großer Geste im Dutzend hinein, und ein altes Mütterchen kramte verstohlen drei kleine Münzen aus ihrem schäbigen Umhang hervor und spendete die. »Habt ihr die Alte gesehen?«, wandte er sich an seine Schüler. »Niemand hat mehr gespendet als sie. Denn die anderen haben etwas aus ihrem Überfluss abgegeben, sie aber hat ihr gesamtes Vermögen hineingeworfen.« Dann erhob er sich und mischte sich mit seinen Schülern unter die Tempelbesucher. Den Sprachen nach zu urteilen kamen sie aus dem ganzen Imperium, denn es war nicht nur Griechisch, Ägyptisch und Lateinisch, es waren auch die Sprachen der zahlreichen Völker Kleinasiens, ja sogar keltische und germanische Laute zu hören. Die Meisten von ihnen waren jüdische Festbesucher aus dem Ausland, aber im Vorhof der Heiden drängten sich auch viele Reisende aus aller Welt, die lediglich aus touristischer Neugier nach Jerusalem gekommen waren. Da bahnte sich eine Gruppe hochrangiger Mitglieder der Tempelverwaltung den Weg durch die Menge und baute sich vor Jesus auf.

»Wir wollen den gestrigen Vorfall nicht kommentieren«, sagten sie. »Aber eins interessiert uns: Wer gibt dir das Recht zu einer solchen Aktion? Hast du Auftraggeber, Hintermänner? Und wenn nicht – nimmst du irgendein höheres Recht für dich in Anspruch?«

»Beantwortet *mir* eine Frage«, entgegnete Jesus, »bevor ich auf *eure* Frage eingehe. Was meint ihr – hat Johannes der Täufer aus Selbstherrlichkeit oder im Auftrag Gottes gehandelt, als er die Menschen taufte?«

Sie sahen sich an. Was sollten sie darauf erwidern? Würden sie jetzt antworten: im Auftrag Gottes, müssten sie mit der Gegenfrage rechnen: Warum habt ihr ihm dann nicht geglaubt? Würden sie aber antworten: aus Selbstherrlichkeit, hätten sie alle Umstehenden gegen sich, denn jeder hier war überzeugt, dass Johannes ein Prophet und Bevollmächtigter Gottes gewesen war.

»Dazu erteilen wir keine Auskunft«, antworteten sie.

»Dann werdet ich euch auch nicht sagen, in wessen Auftrag ich handele«, gab Jesus zurück und ließ ein Gleichnis folgen:

»Hört zu. Ein Mann hatte zwei Söhne. Er ging zum ersten und sagte: ›Mein Kind, arbeite heute für mich im Weinberg.‹ Der weigerte sich zunächst, überlegte es sich dann aber und ging doch. Unterdessen wandte sich der Mann an seinen zweiten Sohn und forderte ihn ebenfalls auf, in seinem Weinberg zu arbeiten. Der sagte zu, tat es aber nicht. – Wer von beiden Söhnen handelte nach dem Willen des Vaters?«

»Der erste«, antworteten sie.

»Wohl wahr«, sagte Jesus. »Und deshalb werden die Halsabschneider und die Huren eher ins Reich Gottes kommen als ihr. Denn als Johannes auftrat, um die Menschen auf den Weg des Herrn zurückzuführen, haben die Zöllner und Huren ihm geglaubt – im Gegensatz zu euch. Inzwischen sind noch ganz andere Dinge geschehen, aber Reue hat euch bis heute nicht überkommen, von Einsicht ganz zu schweigen.«

Am liebsten hätten sie ihn auf der Stelle verhaftet. Nur weil sie fürchteten, durch seine Festnahme einen Aufstand zu provozieren, ließen sie es bleiben und zogen sich zurück.

Aus den Augen ließen sie ihn nicht mehr. Da er den Tempel nicht verließ, war er leicht zu finden, und als Nächstes traten einige Pharisäer an ihn heran. Sie waren in Begleitung zweier Hofleute des Antipas.

»Lehrer«, begann einer der Pharisäer das Gespräch, »es ist uns bekannt, dass es dir nur um die Wahrheit geht. Du lässt dich von niemandem beeindrucken, du nimmst keine Rücksicht auf Person und Stellung, wer wüsste das nicht. Wir schätzen das. Und deshalb würden wir gern erfahren: Was hältst du von der Steuer, die wir an den Kaiser in Rom abführen müssen? Soll man als Jude diese Steuer zahlen oder verweigern?«

»Ihr mit euren Fangfragen«, sagte Jesus ihnen ins Gesicht. »Aber gut, ihr erwartet eine Antwort, ihr werdet eine bekommen. Zeigt mir einen Denar.« Sie zogen einen heraus. »Dieser Kopf«, sagte er und zeigte auf die Münze, »wen stellt er dar? Und diese Inschrift, von wem redet sie?«

»Vom Kaiser in Rom«, antworteten sie.

»Dann ist die Sache doch klar«, gab Jesus zurück. »Was dem Kaiser gehört, darauf hat der Kaiser Anspruch, also gebt es ihm. Solange ihr auch Gott gebt, worauf Gott Anspruch hat.«

Auf diese Weise war ihm nicht beizukommen. Sie verschwanden in der Menge, und Jesus wandte sich wieder den Menschen zu, die ihn seit seiner Ankunft im Tempel umringten, als er erneut unterbrochen wurde, diesmal von einer Gruppe Sadduzäer. Was genau es mit der Auferstehung auf sich habe, wollten sie wissen, und wie man sich das Leben der Auferstandenen vorstellen müsse. Wenn eine Frau zum Beispiel mehrmals verheiratet gewesen sei, weil ihre Ehemänner einer nach dem anderen gestorben seien – welcher ihrer Männer dürfe sie dann nach der Auferstehung der Toten als seine Ehefrau betrachten? Jesus reagierte ungehalten. »Derartigen

Unfug kann sich nur jemand ausdenken, der weder die Tora kennt noch einen Begriff von der Allmacht Gottes hat«, fuhr er sie an. »Denn nach der Auferstehung spielen solche Fragen überhaupt keine Rolle mehr. Wir werden wie die Engel sein. Im Übrigen sind solche Gedankenspiele müßig. Gott ist ein Gott der Lebenden, nicht der Toten, also zerbrecht euch eure Köpfe über Fragen, die das Leben betreffen.« Die Umstehenden applaudierten, selbst einige Pharisäer gaben ihm offen Recht, und an diesem Tag wagte keiner mehr, sich mit ihm einzulassen.

Es war spät geworden. Längst hatte sich die Nacht über Jerusalem gesenkt, als sie durchs Goldene Tor vor die Stadt traten, deshalb blieben sie in der Nähe und schlugen ihr provisorisches Lager in einer Grotte am Fuß des Ölberges auf, inmitten eines Olivenhains, der zum Landgut Getsemani gehörte. Diese Grotte beherbergte eine Ölpresse, es fanden sich dort aber auch einige Holzpritschen, und da Jesus den Besitzer des Gutes kannte, bot sie sich als Ausweichquartier an.

Auch die nächsten Tage verbrachte Jesus von morgens bis abends im Tempel. In diesen letzten Tagen vor dem Fest trafen Tausende neuer Pilger ein, für die der Tempel Anziehungspunkt und folglich Treffpunkt war, sodass Jesus mehr Aufmerksamkeit zuteil wurde als je zuvor.

Fast erinnerte er jetzt an Johannes den Täufer. Er schien die Konfrontation zu suchen, wurde in seinen Gleichnissen immer deutlicher, in seinen Angriffen immer unerbittlicher, blieb sich dabei aber selbst treu und hielt weiterhin unbeirrt zu denen, die sonst keinen Fürsprecher hatten, wie an jenem Tag, als sie ihm eine Ehebrecherin vorführten.

Sie stießen sie vor sich her, eine aufgebrachte Meute, Pharisäer und Gesetzeskundige darunter, die Frau in Todesangst.

Man habe sie auf frischer Tat ertappt, sagten sie, nach dem Gesetz sei sie zu steinigen; wie er die Sache einschätze, juristisch und moralisch? Und Jesus schwieg. Er ging in die Hocke, schrieb etwas mit dem Finger in den Staub und sagte kein Wort. Sie aber ließen nicht locker: Ob er vielleicht Verständnis für die Frau habe? Ob Ehebruch womöglich seine Billigung finde? Da richtete er sich auf, sah sie der Reihe nach an, sagte: »Wer von euch ohne Sünde ist, der werfe den ersten Stein«, ging wieder in die Knie und schrieb gedankenverloren weiter. Und während er so vor sich hinkritzelte, bröckelte die Front der Ankläger. Sie waren sich nicht mehr so sicher, gingen einer nach dem anderen davon, und als Jesus wieder aufschaute, war keiner mehr da außer der Frau. »Wie?«, sagte er, »ist niemand von denen, die dich steinigen wollten, übrig geblieben?« Die Frau schüttelte den Kopf. Da sagte Jesus zu ihr: »Dann verurteile auch ich dich nicht. Geh heim, und sündige in Zukunft nicht mehr.«

Pharisäer, Gesetzeskundige und Tempelaristokratie hingegen überzog Jesus mit Vorwürfen, wann immer er in diesen Tagen seine Stimme erhob. »Sie haben sich nun einmal auf den Richterstuhl des Mose gesetzt«, sagte er zu seinen Zuhörern, »also hört auf sie, aber folgt nicht ihrem Beispiel! Hütet euch vor allen, die in langen Gewändern einherschreiten und fromm und wichtig tun, die von aller Welt andächtig gegrüßt werden möchten oder bei Festmählern und in den Synagogen die Ehrenplätze beanspruchen! Euch bürden sie mit ihren Vorschriften unerträgliche Lasten auf, sie selbst aber rühren keinen Finger. Eifrig besteuern sie Minze, Dill und Kümmel, unterschlagen aber, was den Kern des Gesetzes ausmacht, nämlich Recht und Erbarmen und Treue.« Dann sprach er sie direkt an. »Wehe euch, die ihr Mücken aussiebt und Kamele herunterwürgt! Gewissenhaft reinigt ihr Becher und Schüsseln, seid selbst aber voller Habgier und Unbeherrschtheit! Schön verputzten Gräbern gleicht ihr – außen makellos weiß und innen voller Aas und verfaulter Knochen. Natternbrut! Fromme Schauspieler! Toten Propheten setzt ihr Denkmäler, verschweigt aber, dass es eure Väter waren, die sie erschlagen haben.«

Sein Publikum jubelte, die aber, die im Hintergrund blieben, kochten vor Zorn. Und als er denen auch noch zurief: »Reißt diesen Tempel ab, und in drei Tagen werde ich ihn wieder aufbauen!«, war das Maß für sie voll.

Als er an jenem Abend nach Betanien zurückkehrte und alle zu Tisch lagen, kam Martas Schwester Maria mit einem Fläschchen echten Nardenöls, goss seinen Inhalt bis zum letzten Tropfen über Jesu Kopf aus und salbte ihn damit, sodass sich das ganze Haus mit dem betörenden Duft des kostbaren Öls füllte. Nicht alle waren darüber erfreut. Einige seiner Schüler, allen voran ihr Schatzmeister Judas Iskariot, ärgerten sich im Stillen und protestierten dann auch laut: »Was für eine Verschwendung! 300 Denare hätte man bekommen, wenn man das Fläschchen verkauft hätte. 300 Denare – wie viele Bedürftige hätten davon satt werden können!« »Lasst sie!«, unterbrach Jesus die Schimpfenden. »Macht ihr keine Vorwürfe! Sie hat ein gutes Werk an mir getan. Denn Bedürftige habt ihr jederzeit um euch, mich aber nicht. Maria hat nicht nur alles hergegeben, was sie besaß, sie hat heute Abend auch die Salbung meines Leichnams vorweggenommen.«

12. Das Letzte Abendmahl

Was keiner der übrigen Schüler wusste: Gleich nach ihrer Ankunft in Jerusalem war Judas Iskariot im Palast des Hohenpriesters vorstellig geworden. Er sei bereit, den gesuchten Jesus von Nazaret an die Behörden auszuliefern, hatte er dem erstbesten Tempelbeamten erklärt. Der Mann hatte sich kurz zurückgezogen, dann, als er zurückkam, außerordentlich zufrieden dreingeschaut und Judas eine Belohnung in Aussicht gestellt. Seither suchte der nach einer günstigen Gelegenheit; es sollte bei der Festnahme ja jedes Aufsehen vermieden werden.

Am vorletzten Tag vor dem Fest verließen sie die Stadt schon um die Mittagszeit und suchten sich einen Rastplatz am Hang des Ölberges mit Blick auf Jerusalem, wobei sich Jesus mit Petrus, Andreas, Johannes und Jakobus etwas abseits von den anderen niederließ. Die vier hatten ihn unterwegs gefragt, was es mit seiner Vorhersage bezüglich des Tempels auf sich habe, wie und wann es zu der angekündigten Zerstörung kommen werde, und da nun letzte und erschütternde Geheimnisse zur Sprache kommen würden, war Jesu Antwort nicht für alle Ohren bestimmt.

»Zunächst einmal«, sagte er zu den vieren, »lasst euch nicht irreführen. Denn nach mir werden etliche auftreten, die sich als Messias ausgeben, und viele Gutgläubige werden auf diese falschen Erlöser hereinfallen. Wenn ihr dann von Kriegen und Kriegsgefahr hören werdet, wundert euch nicht! Die Kriege werden kommen, aber sie bedeuten noch nicht das Ende. Tatsächlich werden Völker übereinander herfallen und Königreiche einander mit Verwüstung überziehen, es werden zu dieser Zeit auch Erdbeben und Hungersnöte auftreten, aber all das ist erst der Anfang vom Ende.

Ich habe euch gesagt, dass ihr vor Fürsten und Richter geschleppt werden werdet. Und es ist wahr: Die Stunde wird kommen, in der jeder, der euch töten will, meint, Gott damit einen Gefallen zu tun. Dann wird ein Bruder den anderen an den Henker ausliefern, Väter werden ihre Kinder und Kinder ihre Eltern verraten und in den Tod schicken. Um meinetwillen werdet ihr von allen gehasst werden, wer aber bis zum Ende durchhält, wird gerettet werden. Wenn ihr nun die Heere anrücken sehen werdet, dann flieht in die Berge, und zwar unverzüglich; haltet euch nicht damit auf, dies und jenes retten zu wollen und Hab und Gut zusammenzuraffen! Wehe aber den Schwangeren und Säugenden, denn große Schrecken erwarten sie. Seid auf der Hut! In diesen Tagen wird es heißen: ›Seht dort, der Messias, er ist zurückgekehrt.‹ Glaubt es nicht! Glaubt nicht, wenn sie zu euch sagen: ›Er ist uns in der Wüste erschienen.‹ Oder: ›Wir haben ihn in jenem Haus gesehen.‹ Denn die Ankunft des Menschensohns wird sich vollziehen wie ein Blitz, der von Osten nach Westen einmal über den ganzen Himmel zuckt.

Wenn ihr glaubt, das Schlimmste überstanden zu haben, wird der Kosmos rebellieren. Die Sonne wird sich verfinstern, der Mond verblassen, die Sterne werden verlöschen, und ein gewaltiger Stoß wird durch den ganzen Himmel gehen. Dann aber wird man den Menschensohn kommen sehen in den Wolken, in Kraft und Herrlichkeit, und er wird seine Engel aussenden, um die Auserwählten von allen Enden der Erde zusammenzuführen. Wann aber dies geschehen wird, an welchem Tag und zu welcher Stunde, das weiß niemand, weder die Engel im Himmel noch der Sohn, nur der Vater. Seht also zu, dass eure Wachsamkeit nie erlahmt! Der Herr des Hauses kann jederzeit kommen, am Abend, um Mitternacht oder auch in der Frühe beim ersten Hahnenschrei – nicht dass er euch im Schlaf überrascht.« Dann wandte sich Jesus zu den anderen um und sagte laut: »Das gilt für alle. Seid auf der Hut und bleibt wachsam!« Und die kamen nun näher und lagerten sich um ihn herum, sodass keinem der Zwölf entging, was Jesus an diesem Tag noch sagte.

»Wenn ihr euch einen Begriff vom Reich Gottes machen wollt, dann stellt euch zehn Brautjungfern vor, die ihre Lampen nehmen und dem Bräutigam in der Nacht entgegengehen«, fuhr er fort. »Fünf von ihnen sind gedankenlos und fünf vorausschauend. Die Gedankenlosen haben zwar Lampen dabei, aber kein Öl, um ihre Lampen wieder aufzufüllen, während die fünf Vorausschauenden daran gedacht haben, Krüge mit Öl mitzunehmen. Als der Bräutigam nun nicht zum vereinbarten Zeitpunkt erscheint, werden sie müde und schlafen ein. Mitten in der Nacht aber werden sie von Stimmen geweckt, die die Ankunft des Bräutigams melden, also stehen sie auf und greifen nach ihren Lampen. Da sagen die einen zu den anderen: ›Gebt uns von eurem Öl ab, denn unsere Lampen drohen auszugehen.‹ ›Kommt nicht infrage‹, antworten die Vorausschauenden, ›denn dann würde es weder für uns noch für euch reichen.‹ Da laufen die Nachlässigen los, um einen Händler zu suchen, der ihnen um diese Zeit noch Öl verkauft. In dieser Stunde kommt der Bräutigam, und die fünf Vorausschauenden ziehen mit ihm in den Festsaal ein. Dann wird die Tür verriegelt, und als die anderen fünf mit neuem Öl zurückkommen und eingelassen werden wollen, entgegnet ihnen von innen der Bräutigam: ›Wer seid ihr? Ich kenne euch nicht.‹ – Seht also zu, dass ihr nicht unvorbereitet seid, denn niemand weiß, wann der Menschensohn kommen wird.«

Jesus schwieg. Nach einer Weile fragte Petrus ihn: »Was wird geschehen, nachdem der Menschensohn gekommen ist?«

»Dann«, sagte Jesus, »wird er sich auf den Thron seiner Herrlichkeit setzen, und alle Menschen aller Völker werden vor ihm erscheinen. Und er wird sie aufteilen, wie ein Hirte die

Böcke von den Schafen trennt, und die Schafe auf seine rechte Seite, die Böcke auf seine linke Seite stellen. Zu denen auf seiner Rechten wird er dann sprechen: ›Auf, ihr Gesegneten, nehmt das Reich meines Vaters in Besitz, das euch von Anfang an zugedacht war. Denn ich war hungrig, und ihr habt mir zu essen gegeben; ich war durstig, und ihr habt mir zu trinken gegeben; ich war ein Fremder, und ihr habt mich in euer Haus eingelassen; ich war nackt, und ihr habt mich bekleidet; ich war krank, und ihr habt mich gepflegt; ich war eingekerkert, und ihr seid zu mir gekommen.‹ Dann werden die Gerechten ihn fragen: ›Herr, wann haben wir dich je gespeist, beherbergt, bekleidet, gepflegt oder besucht?‹ Und der Herr wird ihnen antworten: ›Was ihr einem meiner geringsten Brüder getan habt, das habt ihr mir getan.‹ Zu denen auf seiner Linken aber wird er sagen: ›Geht fort, ihr Verfluchten, in das ewige Feuer. Denn ich war hungrig, und ihr habt mir nicht zu essen gegeben; ich hatte Durst, und ihr habt mir nicht zu trinken gegeben; ich war ein Fremder, und ihr habt mich nicht aufgenommen; ich war nackt, und ihr habt mich nicht bekleidet; ich war krank, ich saß im Gefängnis, und ihr habt mich vergessen.‹ Dann werden sie ihn fragen: ›Herr, wann haben wir dich jemals übersehen oder vergessen?‹ Und der Herr wird ihnen antworten: ›Was ihr einem meiner geringsten Brüder verweigert habt, das habt ihr mir verweigert.‹ Und so werden die einen ihre gerechte Strafe empfangen, die anderen aber das ewige Leben als ihren gerechten Lohn.«

Die Sonne ging über Jerusalem unter, als Jesus sich erhob. »Himmel und Erde werden vergehen«, sagte er, »aber meine Worte werden nicht vergehen.« Dann brachen sie auf und gingen zurück nach Betanien.

Es kam der Vortag des Festes. Gegen Mittag nahm Jesus von Marta und Maria Abschied, dann brachen sie wie üblich auf, um den Rest des Tages in Jerusalem zu verbringen. Unterwegs fragten ihn seine Schüler: »Wo sollen wir das Abendessen vorbereiten?«, und Jesus antwortete, an Petrus und Johannes gewandt: »Nehmt ihr die Sache in die Hand. Geht auf den Zionsberg. Dort werdet ihr einem Mann mit einem Wasserkrug auf der Schulter begegnen; folgt ihm bis in das Haus, das er betritt, und richtet dem Hausherrn aus: Heute Abend braucht der Rabbi den Raum, über den wir gesprochen haben. Der Mann wird euch zu einem großen Zimmer mit Kissen und Liegen im ersten Stock führen. Dort bereitet alles vor!« Petrus und Johannes trennten sich von ihnen, fanden alles wie von Jesus beschrieben und machten sich an die Arbeit, schlachteten das Lamm, das sie unterwegs gekauft hatten, zerteilten es, kochten es, besorgten Wein und richteten den Tisch her.

Am Abend kam Jesus mit den zehn anderen. Die staunten: Der Raum war groß und üppig mit Polstern, Kissen und Teppichen ausstaffiert, auch Schüsseln und Krüge waren bereits aufgetragen, ähnlichen Luxus hatten sie selten erlebt. Zufrieden nahmen sie auf den Liegen Platz, als Jesus, anstatt sich ihnen zuzugesellen, sein Obergewand ablegte, ein Handtuch um die Hüfte band, Wasser in ein Waschbecken schöpfte und begann, ihnen die Füße zu waschen, als wäre er der Haussklave. Betretenes Schweigen herrschte, während Jesus von einem zum anderen ging; es gehörte sich nicht, es war ungeheuerlich, doch alle bis auf Petrus ließen es sich widerstandslos gefallen.

Petrus versuchte, Jesus abzuwehren. »*Du* willst *mir* die Füße waschen?«, protestierte er. »Nie und nimmer werde ich das zulassen!«

»Wenn du dich jetzt ausschließt«, sagte Jesus, »wirst du auch später nicht dazugehören.«

»Dann wasch mir auch Kopf und Hände!«, rief Petrus aus.

»Hast du nicht oft genug in meinen Worten gebadet?«, entgegnete Jesus mit einem Lächeln. »Glaub mir, bis auf die Füße bist du schon rein.«

Als er fertig war, zog Jesus sich wieder an und legte sich zu ihnen an den Tisch. »Habt ihr verstanden?«, fragte er in die Runde. »Ihr nennt mich Herr und Lehrer und habt Recht damit. Wenn also ich, euer Lehrer und Herr, mir nicht zu schade bin, euch die Füße zu waschen – wie viel weniger solltet ihr euch zu schade sein, einander ähnliche Freundschaftsdienste zu leisten?« Dann schwieg er, und als alle dachten, er würde das Brot nehmen und das Gebet darüber sprechen, richtete er sich halb auf und sagte stattdessen: »Einer von euch wird mich an meine Feinde ausliefern.«

Sie waren sprachlos. Sie sahen sich ratlos an. Sie warteten auf einen Namen, eine Erklärung, doch Jesus blieb stumm. Da gab Petrus Johannes ein Zeichen. Er zog eine Augenbraue fragend hoch, deutete mit einer leichten Kopfbewegung auf Jesus, der gleich neben Johannes lag, und Johannes verstand, rückte näher an Jesus heran und fragte: »Wer ist es?«

»Der, dem ich den Bissen geben werde«, antwortete Jesus. Dann nahm er ein Stück Brot, tauchte es in den Fleischsud, beugte sich zu Judas Iskariot hinüber, führte den triefenden Brocken an seinen Mund und fütterte ihn damit, fütterte ihn, wie man es nur als Zeichen größter Zuneigung mit seinem besten Freund macht. Dann sah er Judas an und sagte: »Beeil dich mit dem, was du vorhast.«

Sie begriffen nichts. Wie sollten sie? Erst die dunkle Andeutung, der Hinweis auf einen Verräter, dann die allen bekannte Geste engster Verbundenheit, der Liebesbeweis. Wie passte das zusammen? Und wie war die Aufforderung an Judas, keine Zeit zu verlieren, gemeint? Ging es darum, Fehlendes für das morgige Fest zu besorgen? Oder darum, noch eben Almosen an die Armen zu verteilen? Doch warum jetzt, in dieser Stunde der Gemeinsamkeit? Verständnislos starrten sie Judas an, der nun von seiner Liege aufstand und wortlos in die Nacht hinausging.

Als wollte Jesus den Vorfall übergehen, als würde er ihm nicht die geringste Bedeutung beimessen, nahm er nun den Brotlaib, sprach den Segen, brach ihn auseinander, und mit den Worten: »Nehmt! Dies ist mein Leib, der für euch hingegeben wird. Esst ihn künftig zur Erinnerung an mich« reichte er jedem ein Stück. Dann nahm er einen Becher mit Wein, sprach noch einmal das Dankgebet, reichte ihn herum und sagte: »Dies ist der Becher des neuen Bundes, geschlossen durch mein Blut, das für viele vergossen wird. So oft ihr trinkt, tut es zu meiner Erinnerung.« Dann aßen sie, stumm, bis Jesus zu reden begann.

»Haltet mein Gebot, liebt einander, wie ich euch geliebt habe«, sagte er. »An eurer Liebe zueinander werdet ihr als meine Schüler zu erkennen sein. Niemand aber beweist größere Liebe als der, der sein Leben für seine Freunde gibt. Ihr seid meine Freunde, wenn ihr mein Gebot haltet. Noch vieles hätte ich euch zu sagen, aber ihr würdet es jetzt nicht ertragen. Doch wenn der Geist der Wahrheit zu euch kommen wird, wird er euch in alles einweihen, weil er die Zukunft kennt. Mich aber werdet ihr schon bald nicht mehr fragen können. Euch erwartet eine Zeit der Trauer. Doch ich verspreche euch: Eure Trauer wird in Freude umschlagen wie der Schmerz einer Frau, die ein Kind zur Welt bringt! Diese Freude wird euch niemand nehmen können, und an jenem Tag werdet ihr keine Fragen mehr haben.«

Als sie das Abendessen beendet hatten, sangen sie den Lobgesang und brachen auf. Heute würden sie nicht mehr nach Betanien zurückkehren, denn es war spät geworden, heute würden sie in Getsemani übernachten. Sie gingen, jeder mit seinen eigenen Gedanken beschäftigt, aus der Stadt hinaus ins Freie, überquerten den Kidronbach, liefen am Fuß des Ölberges entlang und erschraken, als Jesus plötzlich sagte: »Heute Nacht werdet ihr alle an mir verzweifeln.«

Petrus fasste sich als Erster. »Ich nicht!«, beteuerte er. »Und wenn alle an dir verzweifeln sollten, ich nicht!«

»So? Du nicht?«, entgegnete Jesus. »Ich sage dir: Noch in dieser Nacht wirst du mich dreimal verleugnen, bevor der Hahn zweimal kräht.«

»Auf keinen Fall!«, ereiferte sich Petrus nun erst recht. »Und wenn es meinen Tod bedeuten sollte, ich werde dich nicht verleugnen!« Dasselbe versicherten auch die anderen.

Als sie Getsemani erreicht hatten, blieb Jesus unweit des Eingangs stehen. Er wies seine Schüler an, sich zwischen den Olivenbäumen zu lagern, solange er bete, und forderte dann Petrus, Jakobus und Johannes auf, ihm zu folgen. Sie gingen ein Stück, und als Jesus sich nun zu ihnen umwandte, erlebten die drei ihren Herrn, wie sie ihn noch nie erlebt hatten: zitternd und schweißgebadet. »Ja, ich vergehe vor Angst«, sagte er. »Tut mir den Gefallen, haltet euch in meiner Nähe und bleibt wach.« Dann machte er ein paar Schritte, warf sich auf die Erde und betete, weinte, schrie, flehte Gott an um sein Leben. Und die drei schliefen ein, erschöpft vom Wein und der Unerträglichkeit dieser Stunde. Zweimal stand er auf und schaute nach ihnen, beide Male lagen sie schlafend da. Beim ersten Mal weckte er Petrus noch und sagte: »Kannst *du* nicht wenigstens wach bleiben? Bete darum, durchzuhalten. Denn der Geist ist willig, aber das Fleisch ist schwach.« Beim zweiten Mal schliefen sie so fest, dass sie nicht einmal reagierten. Und jedes Mal warf sich Jesus dann wieder nieder und betete: »Mein Vater, bei dir ist nichts unmöglich, du kannst auch diesen Kelch an mir vorübergehen lassen. Doch nicht wie ich will, sondern wie du willst.«

Schließlich erhob er sich und weckte sie. »Steht auf. Gehen wir«, sagte er. »Es ist so weit. Das Schicksal des Menschensohns hat sich entschieden; er wird an die Heiden ausgeliefert.«

Er ging dem Ausgang zu, und da kamen sie schon, ausgerüstet mit Fackeln, Schwertern und Schlagstöcken, ein Trupp des Hohenpriesters, angeführt von Judas, der nun auf seinen Herrn zuging, ihn umarmte, küsste und ein letztes Mal Rabbi nannte, bevor er im Dunkel verschwand. Im nächsten Augenblick packten sie Jesus und fesselten ihn. »Bis an die Zähne bewaffnet und im Schutz der Nacht, als wolltet ihr einen Rebellen überwältigen«, sagte er und ließ es geschehen. Da stürzte sich Petrus mit gezücktem Dolch auf den erstbesten Soldaten und verletzte ihn am Ohr. Es kam zu einem Handgemenge, aber die Männer des Hohenpriesters waren in der Überzahl, und einer nach dem anderen nutzten seine Schüler das Durcheinander zur Flucht. Dann führten sie Jesus ab und brachten ihn zum Palast des Hohenpriesters. Petrus und Johannes, die als Einzige nicht den Kopf verloren hatten, folgten ihnen in einiger Entfernung.

Das Haus des Hohenpriesters lag auf halber Höhe des Zionsberges. Obwohl nach Mitternacht, füllte es sich nun rasch mit den Mitgliedern des Obersten Gerichts. Der Fall Jesus von Nazaret sollte bis zum Anbruch der Festlichkeiten abgeschlossen sein, man hatte noch ungefähr zwölf Stunden Zeit, also war Eile geboten. Wie sich herausstellte, war Johannes in diesen Kreisen wohl bekannt und wurde daher anstandslos eingelassen, während Petrus draußen vor dem Palasttor wartete, bis Johannes zurückkam und ihn an der Türsteherin vorbei in den Innenhof des Palastes schleuste.

Dort ging es lebhaft zu. Man hatte Holzkohlenfeuer im Hof entzündet, um die sich nun die Soldaten des Verhaftungskommandos in der Erwartung neuer Befehle scharten, und dazwischen bewegten sich geschäftig die Bediensteten des Hohenpriesters. Während Johannes im Gebäude verschwand, hockte sich Petrus zwischen die Soldaten an eines der Feuer, die Nacht war kühl. Niemand nahm von ihm Notiz. Von Zeit zu Zeit übertönten erregte Stimmen aus dem Inneren des Palastes das Schwatzen der Menschen im Hof, dann wurde es still, aber nur für einen Augenblick; auf die ersten Kommentare folgte gleich das nächste Gelächter. Da bemerkte Petrus, dass eine der Mägde stehen geblieben war und ihn musterte. Er wandte das Gesicht ab, doch die Magd ließ sich nicht beirren, trat noch einen Schritt näher und sagte dann zu den Umstehenden:

»Der gehört dazu. Den habe ich zusammen mit diesem Jesus von Nazaret gesehen.«

»Was redest du da? Ich weiß nicht einmal, von wem du sprichst!«, fuhr Petrus sie an, stand auf und wechselte in den kleinen Vorhof beim Tor. In diesem Moment krähte ein Hahn.

Unterdessen wurde Jesus drinnen von den Ältesten und Gesetzeskundigen verhört. Man hatte eine Reihe von Zeugen aufgeboten, kam aber nicht wie gewünscht voran, denn ihre Aussagen widersprachen einander. Hatte er tatsächlich gesagt, dass er den Tempel zerstören wolle? Oder hatte er nur davon geredet, den Tempel zerstören zu können? Und wie war – wenn er sich denn zu etwas derart Absurdem verstiegen hatte – seine Behauptung zu verstehen, er würde den zerstörten Tempel in drei Tagen wieder aufrichten? Dazu befragt, äußerte sich Jesus nicht. Seit dem Beginn des Verhörs war er auf keinen der Anklagepunkte eingegangen, hatte nicht den leisesten Versuch unternommen, sich zu verteidigen, hatte nur schweigend dagestanden. Da erhob sich der Hohepriester und sprach ihn direkt an:

»Ich beschwöre dich bei dem lebendigen Gott, mir eine Frage zu beantworten: Bist du der Messias? Bist du der Sohn des Höchsten?«

Und diesmal antwortete Jesus. »Ja, ich bin es«, sagte er und fügte hinzu: »Von nun an wird der Menschensohn zur Rechten Gottes sitzen.«

Da zerriss der Hohepriester sein Obergewand zum Zeichen größten Entsetzens. »Was brauchen wir noch Zeugen?«, rief er aus. »Er lästert Gott, ihr habt es selbst gehört. Welche Strafe hat er eurer Ansicht nach verdient?«

Die große Mehrheit sprach sich für die Todesstrafe aus. Damit war das Verhör beendet, und die Gerichtsdiener übernahmen Jesus, stießen ihn unter Stockschlägen vor sich her und sperrten ihn in eine Arrestzelle im Palast.

Inzwischen hatte Petrus erfolglos versucht, die geschwätzige Magd loszuwerden. Sie war ihm in den Vorhof gefolgt und hatte auch dort lauthals verkündet, Petrus gehöre zum Gefolge des Verhafteten; was blieb ihm übrig, als die Magd zu beschimpfen und jede Beziehung zu Jesus abzustreiten? Da jedoch waren die Umstehenden erst recht auf ihn aufmerksam geworden. »Aber natürlich gehörst du dazu«, sagten sie. »Man hört dir doch an, dass du aus Galiläa kommst, dein Akzent verrät dich. Du wirst schon was mit ihm zu tun haben.« Und diesmal schwor Petrus unter Flüchen, den Mann nicht zu kennen, ja, nicht einmal seinen Namen je gehört zu haben.

Kaum hatte er das ausgesprochen, krähte zum zweiten Mal ein Hahn. Da erinnerte sich Petrus der Worte seines Herrn und ging hinaus in die nächtliche Gasse und weinte hemmungslos.

13. Kreuzigung und Auferstehung

Am folgenden Morgen trat der Hohe Rat in aller Frühe zu einer offiziellen Sitzung zusammen. Kajaphas resümierte die Ergebnisse, zu denen man im Verhör der letzten Nacht gelangt war, verlas die Anklagepunkte und ließ abstimmen. Wieder sprach sich die Mehrheit für die Todesstrafe aus.

Damit war das Todesurteil gefällt, aber es war bedeutungslos. Todesstrafen zu verhängen, fiel nicht in die Zuständigkeit des Obersten Gerichts; Todesurteile und Hinrichtungen hatte sich die römische Provinzverwaltung vorbehalten. Das war allein ihre Sache. Von der Gefährlichkeit des Jesus von Nazaret musste als Nächstes der römische Gouverneur Pontius Pilatus überzeugt werden, der Caesarea verlassen hatte und sich vorübergehend in Jerusalem aufhielt, um etwaige Unruhen während des Festes umgehend niederschlagen zu können. Gleich nach der Sitzung überstellte man den Gefangenen daher ins Prätorium, den Jerusalemer Amtssitz des Pilatus.

An den Händen gefesselt, wurde Jesus ins Gebäude geführt, während die Abordnung des Obersten Gerichts, also der Hohepriester und einige Älteste, draußen vor dem Prätorium blieb. Der Amtssitz des Pilatus galt ihnen, wie allen Juden, als unrein, und sie weigerten sich, einen Fuß hineinzusetzen. Pilatus hatte sich damit abgefunden, dass in diesem Land derartige Unterscheidungen getroffen wurden, Unterscheidungen, die sich aus der Religion der Juden herleiteten; er respektierte diese Besonderheit und ging zu den Wartenden hinaus, blieb aber oben auf den Stufen zum Prätorium stehen.

Welche Beschuldigung gegen den Gefangenen vorliege?

»Wir hätten nicht gewagt, dich zu behelligen, wenn er kein Übeltäter wäre«, rief der Hohepriester von unten herauf. »Dieser Mann ist ein Aufrührer. Er verführt das Volk, er wiegelt die Leute gegen den Kaiser auf, er bezeichnet sich selbst als Messias. – Worunter eine Art König zu verstehen ist«, setzte er hinzu.

»Dann nehmt ihn und richtet ihn nach eurem Gesetz«, antwortete Pilatus.

»Wir dürfen keinen hinrichten«, entgegnete der Hohepriester. »Eindeutig aber hat der Mann den Tod verdient.«

Pilatus ging in die Halle, wo Jesus mit seinen Bewachern stand.

»Bist du der König der Juden?« fragte er ihn.

»Wie kommst du darauf?«, entgegnete Jesus. »Ist das dein eigener Eindruck oder haben dich andere darauf gebracht?«

»Bin ich etwa ein Jude?«, gab Pilatus verärgert zurück. »Kenne ich mich mit euren Querelen aus? Natürlich hat mir euer Hoherpriester verraten, dass du dich für eine Art König hältst. Also, was hast du verbrochen?«

»Mein Reich ist nicht von dieser Welt«, sagte Jesus. »Wenn es von dieser Welt wäre, hätten meine Leute schon zu verhindern gewusst, dass ich in diese Lage komme. Aber mein Reich ist nicht von dieser Welt.«

»Kurzum: Du hältst dich tatsächlich für einen König?«

»Du sagst es.«

Pilatus schüttelte den Kopf. Abenteuerlich. Ein Wirrkopf. Er ließ Jesus stehen und ging hinaus.

»Ich finde keine Schuld an ihm«, sagte er zu den Vertretern des Hohen Rates. »Der Mann scheint mir harmlos zu sein.«

»Er maßt sich an, Gottes Sohn zu sein«, entgegneten sie. »Wenn du dich in unseren Gesetzen auskennen würdest, wüsstest du, dass Gotteslästerung zwangsläufig und unweigerlich mit dem Tod bestraft werden muss. Aus unserer Sicht hat er sein Leben verwirkt.« Und da Pilatus auch jetzt keineswegs überzeugt schien, fügten sie hinzu: »Wenn du ihn freilässt, verdirbst du es dir am Ende mit dem Kaiser. Denn wer sich selbst zum König macht, wie dieser Jesus, untergräbt die Autorität des Kaisers.«

Pilatus ging in die Halle zurück. »Woher kommst du?«, fragte er Jesus. »Wer bist du?«

Aber Jesus schwieg, und bei Pilatus festigte sich der Verdacht, es mit einem harmlosen Verwirrten zu tun zu haben. Jedenfalls hatte noch jeder Angeklagte eine pathetische Verteidigungsrede gehalten oder wenigstens an das Mitleid seines Richters appelliert, wenn er die Gelegenheit dazu erhielt. Am liebsten hätte er ihn laufen lassen, andererseits wollte er die höchsten jüdischen Würdenträger nicht wegen einer Lappalie verprellen. Er überlegte. Er hatte die Gewohnheit, zum Paschafest einen Gefangenen freizugeben. Bei den Kandidaten handelte es sich meist um Widerstandskämpfer, um antirömische Terroristen, und er stellte es den Juden frei, welchen er jeweils begnadigen sollte – wäre es nicht das Klügste, sie diesmal vor die Wahl zwischen Jesus und Barabbas zu stellen, zwischen einem harmlosen Sonderling und einen für seine Gewalttätigkeit berüchtigten Aufrührer? Das wäre ein Ausweg. Er gab Befehl, Barabbas aus dem Kerker zu holen, forderte Jesus auf, ihm zu folgen, und begab sich wieder nach draußen.

Dort hatte sich inzwischen eine größere Menge von Neugierigen und Schaulustigen angesammelt; der übliche Straßenpöbel, wie unschwer zu erkennen war, aber auch eine Horde junger Männer sowie Frühaufsteher unter den Pilgern auf dem Weg zum Tempel und Dienstboten, die offensichtlich auf ein Schauspiel spekulierten. Als Barabbas gebracht wurde, wandte sich Pilatus an alle:

»Welchen von beiden soll ich euch freigeben? Den hier, den König der Juden? Oder Barabbas?«

»Barabbas!« riefen die Vertreter des Obersten Gerichts, und da ertönte es erst vereinzelt, dann im Chor: »Barabbas!«

Pilatus brachte sie mit einer Handbewegung zum Schweigen. »Und was soll ich mit dem König der Juden machen?«

»Kreuzigen!«, riefen die Vertreter des Obersten Gerichts, und auch diesmal schloss sich ihnen die Menge an. »Kreuzigen!«, schrieen sie wie aus einem Mund. »Kreuzigen!«

Pilatus hob die Hand, und erneut kehrte Ruhe ein. »Dann nennt mir sein Verbrechen! Nennt mir *ein* todeswürdiges Verbrechen!«

Da brach ein regelrechter Sturm los, und mit überschlagenden Stimmen brüllten sie: »Kreuzige ihn! Kreuzige ihn!«

Pilatus kapitulierte. Er ließ sich eine kupferne Wasserschüssel bringen, tauchte seine Hände ein und sagte: »Ich bin unschuldig am Blut dieses Gerechten.« Dann befahl er den Bewachern des Barabbas, ihn freizulassen. »Und diesen Jesus – geißeln!«, setzte er hinzu.

Die Soldaten nahmen Jesus in die Wache mit, entkleideten ihn und peitschten ihn aus. Dann drückten sie ihm einen Kranz aus Dornenzweigen als Krone auf den Kopf, warfen ihm einen Umhang von verblichenem Purpur über und fielen vor ihm aufs Knie. »Sei gegrüßt, König der Juden!«, rief einer nach dem anderen aus und spuckte ihm ins Gesicht. In diesem Zustand übergaben sie ihn an Pilatus, der nun noch einmal mit ihm hinausging und den Gefolterten so, wie er aus der Wache gekommen war, mit Umhang und Dornenkrone und blutüberströmt, der Menge präsentierte. Sie war inzwischen weiter angewachsen.

»Seht euch diesen Menschen an!«, rief er. »Sieht er wie ein Verbrecher aus?«

Doch wiederum erntete er nur ein hundertfaches »Kreuzige ihn!« Da setzte sich Pilatus auf den Richterstuhl vor dem Prätorium und versuchte es ein letztes Mal.

»Euren König soll ich also kreuzigen lassen?«

Diesmal war nur die Stimme des Hohenpriesters zu vernehmen: »Wir haben keinen anderen König als den Kaiser in Rom.«

Es war nichts zu machen.

»Abführen!«, sagte Pilatus zu den Soldaten. »Kreuzigen!«

Vor dem Prätorium formierte sich der Hinrichtungszug: Soldaten, Schaulustige und Verurteilte, drei an der Zahl, Jesus und zwei Widerstandskämpfer. Wenn schon, denn schon, hatte sich Pilatus gedacht, der den Abschreckungseffekt eines Hinrichtungsspektakels mit drei Gekreuzigten höher einschätzte als den mit einem einzigen, weil drei mehr Zuschauer anzogen. Die Verurteilten mussten sich den Querbalken ihres Kreuzes auf die eigenen Schultern laden, dann setzte sich der Zug in Bewegung und bahnte sich seinen Weg durch die belebten Straßen in Richtung Stadttor. Unterwegs brach Jesus unter dem Gewicht des Querbalkens zusammen; die Soldaten hielten daraufhin einen Passanten an, Simon von Kyrene, der gerade von seinem Acker kam, und zwangen ihn, Jesus den Balken nachzutragen. Ein kurzes Stück hinter dem Stadttor lag ein alter Steinbruch, der seit Langem als Hinrichtungsstätte diente und so zu seinem Namen Golgota oder Schädelstätte gekommen war; dort ragten mehrere hohe Pfähle auf, und dort hielt der Zug an.

Die Soldaten nahmen Jesus sein besudeltes Gewand ab und boten ihm ein Betäubungsmittel an, Wein, vermischt mit Myrrhe. Jesus lehnte ab. Dann kreuzigten sie ihn und die beiden anderen. Die Inschrift auf der Tafel über seinem Kopf hatte Pilatus so bestimmt, sie lautete »Jesus von Nazaret, König der Juden«, und von Pilatus stammte auch der Einfall, Jesus in der Mitte aufzuhängen, weil einem König der Ehrenplatz gebühre. Als die Soldaten ihr Werk vollendet hatten, näherten sich die Schaulustigen und verspotteten Jesus, lachten ihn aus und riefen ihm zu: »Warst du es nicht, der den Tempel zerstören und in drei Tagen wieder aufbauen wollte? Jetzt rette dich selbst und steig herab!« Auch die Mitglieder des Obersten Gerichts, soweit sie seiner Hinrichtung beiwohnten, beteiligten sich an den Schmähungen. »Sieh an«, sagten sie, »anderen hat er geholfen, und sich selbst kann er nicht helfen? Der König Israels möge herabsteigen vom Kreuz, damit wir an ihn glauben können!« Und selbst die beiden anderen Gekreuzigten stimmten in die Beschimpfungen ein. Unterdessen hatten sich auch Anhänger von Jesus im Steinbruch eingefunden, die sich aber im Hintergrund hielten, darunter einige, die ihn unterwegs auf der Straße nach Jerusalem kennen gelernt hatten, sowie etliche Frauen, die ihm schon früher in Galiläa gefolgt waren, wie Maria aus Magdala, eine gewisse Salome und die Mutter der Donnersöhne. Sie alle sahen von ferne zu.

Gegen Mittag zog ein Sandsturm auf und verdunkelte den Himmel drei Stunden lang. Als sich der Staubnebel wieder gelegt hatte, hörten die letzten Schaulustigen Jesus schreien: »Eli, Eli, lema sabachtani? – Mein Gott, mein Gott, warum hast du mich verlassen?« »Er ruft den Elija zu Hilfe«, hieß es da, und einer spießte einen essiggetränkten Schwamm auf einen Rohrstock und hielt ihn Jesus an den Mund, damit er sich noch einmal beleben möge. »Wollen doch mal sehen, ob Elija wirklich kommt und ihn herunterholt!«, rief er unter dem Gelächter der Umstehenden. Jesus aber schrie auf und hauchte seinen Geist aus. Im selben Augenblick zerriss der Vorhang im Inneren des Tempels von oben bis unten, und der Anführer des Hinrichtungskommandos, ein Zenturio, sagte tief bewegt: »Wahrhaftig, dieser Mensch war Gottes Sohn.«

Kurz darauf trat ein Vertreter des Hohen Rates mit der Bitte an diesen Zenturio heran, den Tod der Gekreuzigten zu beschleunigen, damit die Körper vor Beginn des Festes am Abend abgenommen werden könnten. Der gab Befehl, ihnen die Knochen zu zerschlagen, und seine Männer machten sich mit Knüppeln ans Werk. Als sie jedoch zu Jesus kamen, stellten sie mit geübtem Blick seinen Tod fest und begnügten sich damit, ihm sicherheitshalber einen Speer in die Seite zu stoßen. Damit war die Arbeit der Soldaten erledigt, sie machten sich auf den Rückweg in die Stadt, und auch der Rest der Zuschauer zerstreute sich bis auf zwei Frauen, die nun allein im Steinbruch zurückblieben. Eine von ihnen war Maria aus Magdala.

Später, gegen Abend, wagte sich ein Ratsherr, Josef von Arimathäa, zu Pilatus ins Prätorium und bat den Römer um den Leichnam Jesu. »Wie?«, entgegnete Pilatus, »ist er schon tot?« Er ließ den Zenturio kommen. Der bestätigte, dass der gekreuzigte Jesus von Nazaret bereits nach sechs Stunden gegen drei Uhr nachmittags gestorben sei. Da beschied Pilatus dem Ratsherrn: »Du kannst den Leichnam haben.« Josef nahm einen Ballen Leintuch, tat sich mit dem Pharisäer Nikodemus zusammen, der ebenfalls ein heimlicher Anhänger Jesu war, und beide begaben sich zum Steinbruch, wo sie den Leib Jesu vom Kreuz lösten. Dann wickelten sie ihn in das mitgebrachte Leintuch, schafften den Leichnam in einen nahe gelegenen Garten, legten ihn in einem neuen Felsengrab ab und verschlossen den Eingang, indem sie mit vereinten Kräften einen runden Stein vor die Öffnung wälzten. Die beiden Frauen aber hatten alles aus einiger Entfernung beobachtet.

Der folgende Tag war ein Sabbat, und alle öffentliche Tätigkeit kam zum Erliegen. In den Häusern wurde das Pascha gefeiert, für alle in Jerusalem der Höhepunkt des Jahres.

Tags darauf machte sich Maria aus Magdala im Morgengrauen auf den Weg zum Steinbruch. Sie hatte Essenzen und Duftöl dabei, um den Leichnam Jesu ordnungsgemäß einzubalsamieren, was die beiden Männer in der Eile versäumt hatten. Als sie sich dem Grab näherte, bemerkte sie, dass es offen stand – der Stein vor dem Eingang war zur Seite gerollt worden, und es schien leer zu sein. Sie machte auf der Stelle kehrt und lief in die Stadt zurück, um seine Schüler zu benachrichtigen, die sich im Obergeschoss eines Hauses versteckt hielten.

»Irgendwer hat ihn fortgeschafft!«, platzte sie heraus, als sie eingelassen wurde. »Ich habe keine Ahnung, wo er jetzt ist!« Weibergeschwätz, war die erste Reaktion. Unmöglich. Dann aber liefen Petrus und Johannes doch los. Rannten, rannten, ohne einmal innezuhalten, als ginge es um ihr Leben. Kurz vor Petrus erreichte Johannes atemlos das offene Grab, warf einen Blick hinein und konnte im Inneren tatsächlich nichts als ein Häufchen abgewickelter Leinenbinden entdecken. Er zögerte, das Grab zu betreten, wartete auf Petrus, ließ ihm dann den Vortritt und betrat die Grabhöhle nach ihm. Es war so. Da lagen die Leinenbinden und ein Stück weiter das Schweißtuch, das ihm die Männer um den Kopf gewickelt hatten; ansonsten nichts, keine Spur von Jesus, kein Hinweis auf seinen Verbleib.

Ratlos kehrten Petrus und Johannes in die Stadt zurück, um den Übrigen Bericht zu erstatten. Maria aber, die ihnen gefolgt war, blieb am Grab. Nachdem nun die erste Aufregung vorüber war, brach sie in Tränen aus, und während sie weinte, war sie von dem Gedanken beherrscht, ihn finden zu müssen. Noch einmal beugte sie sich in das offene Grab, und diesmal war es nicht leer. Zwei Engel in weißen Kleidern saßen dort, einer am Kopfende und einer am Fußende der Bank aus Felsgestein, auf der Jesus gelegen hatte.

»Warum weinst du?«, fragten sie, und als müsste es so sein, als wäre es selbstverständlich, ging Maria auf ihre Frage ein und sagte: »Weil sie meinen Herrn fortgeschafft haben und ich nicht weiß, wo sie ihn hingebracht haben.« Dann überließ sie die Engel wieder sich selbst, wandte sich um und sah keine drei Schritte entfernt einen Mann stehen.

»Frau, warum weinst du?«, fragte auch er. »Wen suchst du?«

Maria glaubte, einen Gärtner vor sich zu haben. »Herr, wenn du den Toten aus diesem Grab verlegt hast, sag mir, wohin«, bat sie ihn. »Ich will ihn zurückholen.«

Da sprach der Mann ihren Namen aus. »Maria«, sagte er, weiter nichts, und als sie ihm jetzt ins Gesicht blickte, erkannte sie Jesus. »Mein Rabbi!«, schrie sie auf und wollte sich ihm zu Füßen werfen, ihn an sich ziehen, umklammern und festhalten, doch Jesus machte einen Schritt zurück.

»Berühre mich nicht!«, sagte er. »Noch bin ich nicht zu meinem Vater aufgestiegen. Lauf aber in die Stadt und sage meinen Schülern, dass ich zu meinem und ihrem Vater gehen werde.«

Das tat Maria. »Ich habe den Herrn gesehen«, sagte sie und richtete ihnen seine Worte aus.

Am selben Tag waren zwei Schüler Jesu auf dem Weg zu einem Dorf namens Emmaus unweit von Jerusalem. Sie gehörten nicht dem engeren Kreis der Zwölf an, sie lebten in Jerusalem, aber auch sie hatten an Jesus geglaubt und besprachen unterwegs die aufwühlenden Ereignisse der letzten Tage. Und während sie darüber stritten, wie alles geschehen konnte, warum es geschehen musste und wie es weitergehen solle, gesellte sich ein Fremder zu ihnen.

»Was beredet ihr so eifrig?«, fragte er sie.

Die beiden blieben stehen und sahen ihn fassungslos an. »Du scheinst der Einzige zu sein, der nicht weiß, was in Jerusalem vorgefallen ist«, entgegnete Kleopas, einer der beiden.

»Und *was* ist vorgefallen?«, hakte der Fremde nach.

Da erzählten sie ihm, wie Jesus verhaftet, verurteilt und

hingerichtet worden war. »Und wir hatten gehofft, er würde Israel erlösen«, fuhr Kleopas fort. »Nun ist er schon seit drei Tagen tot. Nicht genug damit, hat uns heute Morgen eine Frau mit der Nachricht in Schrecken versetzt, sein Grab sei leer. Einige von uns haben es überprüft, und es stimmt.«

»Und jetzt seid ihr mutlos?«, sagte der Fremde. »Wie begriffsstutzig ihr doch seid! Musste es denn nicht so kommen? Musste der Messias denn nicht all dies erleiden, bevor er in seine Herrlichkeit eingeht?«

Und während sie ihren Weg fortsetzten, erläuterte der Fremde ihnen alle Schriftstellen und Prophetenworte, die vom Leiden des Messias handelten.

So erreichten sie Emmaus. Der Fremde machte Anstalten, weiterzugehen, sie aber wollten es nicht zulassen. »Bleibe bei uns«, sagten sie, »denn es ist spät geworden, und die Dämmerung bricht schon herein.« Da begleitete er sie in das Haus, wo sie für diese Nacht unterkamen, und als er beim Abendessen das Brot nahm, den Segen darüber sprach und ihnen Stücke abbrach und reichte, erkannten sie, dass der Fremde Jesus selbst war. Im gleichen Augenblick kehrte er in die Unsichtbarkeit zurück. »Darum also ist uns heiß und kalt geworden, als er unterwegs zu uns sprach«, sagte einer zum anderen, nachdem sie sich gefangen hatten. Und sofort brachen sie auf, liefen durch die Nacht zurück nach Jerusalem, trafen die Elf zu so später Stunde noch wach an und erzählten ihnen von ihrer Begegnung.

Da stand Jesus mit einem Mal in ihrer Mitte und begrüßte sie mit den Worten: »Friede sei mit euch!« Sie erschraken, wichen zurück und glaubten, ein Gespenst zu sehen, er aber redete beschwichtigend auf sie ein. »Seht euch meine Hände und meine Füße an«, sagte er, »ich bin es wirklich. Berührt mich – hat ein Geist etwa Fleisch und Knochen?« Dann beauftragte er sie, als seine Zeugen allen Völkern die Vergebung der Sünden zu verkünden, sicherte ihnen die Kraft des Heiligen Geistes zu und verschwand so plötzlich, wie er gekommen war.

Thomas, der an jenem Abend nicht dabei war, erfuhr anderntags davon.

»Ihr wollt Jesus gesehen haben?«, sagte er. »Das glaube ich erst, wenn ich die Wundmale von den Nägeln an seinen Händen sehe und berühre und meine Hand auf seine Seite lege.«

Acht Tage später kam Jesus zurück, und diesmal war auch Thomas anwesend. Wieder stand er plötzlich in ihrer Mitte, wieder begrüßte er sie mit den Worten: »Friede sei mit euch.« Und sogleich wandte er sich an Thomas. »Siehst du meine Hände?«, sagte er zu ihm. »Komm, leg deinen Finger hinein und fühl mit deiner Hand die Wunde in meiner Seite. Glaubst du jetzt?« Aber Thomas dachte nicht mehr daran, seine Absicht wahrzumachen. »Mein Herr und mein Gott«, stammelte er bloß, woraufhin Jesus seine Hand nahm und zu ihm sagte: »Thomas, du hast dich von meinem Anblick überzeugen lassen. In Zukunft aber werden die selig sein, die nicht sehen und doch glauben.«

Jesus lebte also, doch was bedeutete das? Welche Folgen ergaben sich daraus für ihren Alltag? Auch sie mussten leben, weiterleben, nachdem sie den Mittelpunkt ihres Daseins verloren hatten, nachdem Jesus nicht mehr ihr Tun und Lassen bestimmte. Fast drei Jahre lang hatte sich ihr Denken und Handeln um ihn gedreht, um ihn und das Reich Gottes, nun kamen sie sich wie verlassene Kinder vor, ausgesetzt in einer banalen, glanzlosen Alltagswelt. Die Familien erwarteten sie jetzt, die Arbeit erwartete sie jetzt, und einige der Elf beschlossen, ihr altes Leben wieder aufzunehmen und nach Galiläa, an den See zurückzukehren.

Sieben von ihnen ließen sich in Kafarnaum nieder, weil ihre Familien dort lebten oder weil dies der Ort war, an dem alles an ihn erinnerte. Diese sieben waren Petrus, Thomas, die Donnersöhne Jakobus und Johannes sowie Natanael aus Kana und zwei weitere. Wochen nach der letzten Begegnung mit Jesus in Jerusalem fuhren sie eines Abends mit dem Boot auf den See hinaus, um zu fischen, warfen die ganze Nacht über ihre Netze aus, hatten aber kein Glück. Als sie in der Morgendämmerung mit leeren Netzen zurückkamen, stand Jesus am Ufer, aber sie erkannten ihn nicht. »Ihr Lieben«, rief er ihnen zu, »lasst uns frühstücken. Was könnt ihr dazu beisteuern?« »Nichts«, mussten sie zugeben. Da forderte er sie auf, noch einmal hinauszufahren und das Netz auf der rechten Seite auszuwerfen. Die sieben taten, wie ihnen geheißen, und bald wurde das Netz so schwer, dass sie es kaum herauszuziehen vermochten. Da dämmerte Johannes, wer der Mann am Ufer war. »Es ist der Herr«, sagte er zu Petrus. Im selben Augenblick wickelte sich Petrus ein Tuch um die Hüften, weil er nackt war, stürzte sich ins Wasser und schwamm voraus, während die anderen das Boot zurücksteuerten.

Unterdessen hatte Jesus am Ufer ein Feuer entzündet, briet einen Fisch und röstete ein Brot. Es war wie früher. Als Petrus, triefend nass, auf ihn zukam, schickte er ihn gleich zurück, das Netz an Land zu ziehen und den Fang zu prüfen. Petrus machte sich an die Arbeit, zählte den Fang durch und kam auf einhundertdreiundfünfzig große Fische. Merkwürdigerweise dachte Jesus nicht daran, das Frühstück um einen dieser Fische zu bereichern; ihm schien das bisschen zu genügen, das er schon vorbereitet hatte. »Kommt und esst!«, rief er nur. Alle setzten sich ums Feuer, Jesus teilte das Brot und den Fisch unter ihnen auf, und während sie aßen, wagte keiner, sich und allen anderen Gewissheit zu verschaffen und zu fragen: Wer bist du? Doch jeder ahnte, dass es Jesus war.

Da wandte sich Jesus an Petrus und fragte ihn: »Simon, Sohn des Jonas, liebst du mich mehr als die anderen?« Die Frage traf Petrus ins Herz; sein Gewissen brannte, und er antwortete mit leiser Stimme: »Ja, Herr, du weißt, dass ich dich liebe.« »Dann weide meine Lämmer«, entgegnete Jesus. Nach einer Weile fragte er ihn abermals: »Simon, Sohn des Jonas, liebst du mich?«, und Petrus antwortete ihm, nun kaum noch hörbar: »Ja, Herr, du weißt, dass ich dich liebe.« Und wie zuvor entgegnete ihm Jesus: »Dann weide meine Schafe.« Sie aßen schweigend, da fragte ihn Jesus ein drittes Mal: »Simon, Sohn des Jonas, liebst du mich?« Von Schmerz überwältigt, brachte Petrus seine Antwort nur mühsam hervor: »Herr, du weißt alles, du weißt auch, dass ich dich liebe.« »Dann weide meine Schafe«, sagte Jesus und fuhr fort: »Als junger Mann hattest du deinen Willen, du hast dich frei bewegt und gingst, wohin du wolltest. Im Alter aber wirst du deine Hände ausstrecken, und ein anderer wird sie ergreifen und dich führen, wohin du nicht willst. Folge mir trotzdem bis zum Ende nach.«

Das Frühstück war verzehrt, das Feuer niedergebrannt, die Sonne ging über dem Ostufer auf. Sie erhoben sich. Petrus machte ein paar Schritte mit Jesus auf die Anhöhe hinter Kafarnaum zu, wo sie ihn damals, ganz am Anfang, ins Gebet vertieft gefunden hatten. Als er sich umblickte, sah er Johannes, der ihnen folgte.

»Was wird aus ihm?«, fragte er Jesus.

»Was geht dich das an?«, gab der zurück. »Vielleicht will ich, dass er lebt, bis ich wiederkomme? Das ist nicht deine Sache. Folge du mir nach, und lass dich durch nichts und niemanden beirren.«

14. Man soll Gott mehr gehorchen als den Menschen

In Galiläa hatte er nichts mehr verloren. Nach dem letzten Gespräch mit Jesus gab Petrus das Haus im Fischerviertel von Kafarnaum endgültig auf und zog mit seiner Frau nach Jerusalem, wo ohnehin ein Teil der Schüler Jesu Wohnung genommen hatte. Etliche andere wie sein Bruder Andreas und die Donnersöhne Jakobus und Johannes schlossen sich ihm an, aber nicht nur sie. Nach dem Tod ihres Sohnes hatte Maria Verbindung zu Petrus aufgenommen, es war zu einer Verständigung zwischen den Schülern und der Familie Jesu gekommen, und Maria hatte sich entschlossen, ihre Wohnung in Nazaret aufzugeben und ebenfalls nach Jerusalem überzusiedeln. Am Ende umfasste der engere Kreis von Jesu Anhängerschaft in Jerusalem nicht nur die alte Kernmannschaft der elf Schüler, sondern auch eine beträchtliche Anzahl von Frauen, darunter Maria aus Magdala und Jesu Mutter Maria. Selbst Jakobus, der älteste der vier Brüder Jesu, ließ sich in Jerusalem nieder und freundete sich mit Petrus an. Sie alle trafen sich regelmäßig mit etwa hundert Gleichgesinnten zum gemeinsamen Gebet und zum Erinnerungsmahl mit Brot und Wein.

Bald nachdem sie sich in Jerusalem eingerichtet hatten, schlug Petrus den Versammelten vor, einen Nachfolger für Judas zu wählen, dem sie zum letzten Mal als Anführer des Verhaftungskommandos in Getsemani begegnet waren und von dem sie lediglich wussten, dass er bei einem Unfall ums Leben gekommen war. »Wir brauchen einen zwölften Zeugen der Auferstehung, der die Arbeit mit uns zusammen fortsetzt«, sagte Petrus. Es fanden sich zwei Kandidaten für dieses Amt, Josef Barsabbas und Matthias, und als sie das Los warfen, fiel es auf Matthias. Damit war die Lücke geschlossen, die Judas gerissen hatte, und die alte Ordnung wieder hergestellt. In der Folgezeit wurde die Bezeichnung Apostel gebräuchlich, wenn von den Zwölf die Rede war; übersetzt heißt das Sendbote oder Gesandter.

Fünfzig Tage waren seit dem Tag der Auferstehung Jesu verstrichen, da geschah etwas Ungeheuerliches. Als das Häufchen der Jesusanhänger im Tempel zum Gebet versammelt war, vernahmen sie mit einem Mal ein Brausen wie von einem Gewittersturm, gespaltene Feuerzungen erschienen über ihren Köpfen, und vom Heiligen Geist erfüllt redeten sie wild durcheinander, in allen Sprachen, die man je in Jerusalem gehört hatte. Die Umstehenden glaubten, es mit Betrunkenen zu tun zu haben, anders konnten sie sich das freudige Delirium dieser Leute nicht erklären. Da stand Petrus auf und sprach zu der verblüfften Menge.

»Männer! Diese hier sind keineswegs betrunken, zumal es nicht einmal Mittag ist«, rief er. »Nein, heute ist vielmehr das eingetreten, was der Prophet Joël vorhergesagt hat: ›In den letzten Tagen, spricht Gott, werde ich meinen Geist ausgießen, sodass eure Söhne und Töchter weissagen, die Jünglinge Visionen und die Alten prophetische Träume haben werden.‹ Männer! Hört mir zu! Ihr erinnert euch an Jesus von Nazaret, der unter euch viele Wunder getan hat und auf euer Betreiben von den Römern ans Kreuz genagelt wurde. Aber sein Fleisch hat die Verwesung nicht gesehen! Denn Gott hat es gefallen, ihn von den Toten aufzuerwecken, und jeder von uns hier kann das bezeugen! Welchen Beweis verlangt ihr noch, dass Gott diesen Jesus zum Herrn und Messias gemacht hat?«

Seine Zuhörer fühlten sich von seinen Worten getroffen. Petrus war in der öffentlichen Rede zwar ungeübt, aber nie um Worte verlegen gewesen, und jetzt brachte er auf den Punkt, was viele nach Jesu Tod als beunruhigende Ahnung beschlichen hatte: dass mit seiner Hinrichtung einem Gerechten Unrecht geschehen war. Umso dankbarer, ja wie erlöst waren sie, durch den Mund des Petrus zu erfahren, dass Gott selbst das Todesurteil aufgehoben hatte. »Was sollen wir tun?«, riefen seine Zuhörer, und Petrus antwortete: »Kehrt um und lasst euch auf den Namen Jesu Christi taufen, damit euch eure Sünden vergeben werden und ihr das Geschenk des Heiligen Geistes empfangt. Denn diese Zusage gilt euch allen, ob ihr in Jerusalem wohnt oder von weither kommt.« Und in den folgenden Tagen und Wochen ließen sich an die dreitausend Menschen taufen.

Ein solcher Erfolg warf Probleme auf. Nie zuvor hatten sie es mit einer derartig großen Zahl von Anhängern zu tun gehabt. Es mussten Regeln aufgestellt werden. Regeln für die Zugehörigkeit zur Gemeinde, Regeln für das Gemeinschaftsleben, Regeln, die im Sinne Jesu waren. Petrus setzte sich mit seinem Vorschlag durch, die Taufe für jeden Neuen zur Bedingung zu machen. Zwar hatte Jesus niemanden getauft, er selbst aber hatte sich von Johannes im Jordan taufen lassen; Petrus griff also auf ein Verfahren zurück, das Jesus gutgeheißen hatte. Ganz im Sinne Jesu war auch der Verzicht auf persönlichen Besitz, was die Apostel bewog, eine neue Lebensform in ihrer Gemeinde einzuführen: die Gütergemeinschaft. Viele übertrugen daraufhin ihr gesamtes Hab und Gut auf die Gemeinde und erwarben damit einen Anspruch auf Unterhalt. Wichtiger als solche praktischen Regelungen aber war, den Zusammenhalt untereinander zu stärken und die Verbundenheit miteinander zu vertiefen, und da kein Privathaus so vielen Menschen Platz bot, traf man sich täglich im Tempel zum Gebet, während das Erinnerungsmahl in den Häusern gefeiert wurde, im kleinen Kreis.

Im Übrigen folgten die Apostel dem Vorbild Jesu, indem sie die Öffentlichkeit suchten und Reden hielten. Gewiss, die Umstände hatten sich geändert. Sie hatten es jetzt mit einem städtischen Publikum zu tun, sie agierten jetzt unter dem wachsamen Auge der Behörden, und wie Jesus in Gleichnissen zu reden war ihnen nicht gegeben, aber als Zeugen der Auferstehung durften sie nicht schweigen. Und nachdem sie in der Anfangszeit aus Angst vor dem Hohen Rat ein Schattendasein hinter verriegelten Türen geführt hatten, bekannten sie sich nun in aller Öffentlichkeit zu Jesus.

Eines Nachmittags gingen Petrus und Johannes zum Tempel. Auf den Stufen saß ein Gelähmter, der laut schreiend um Almosen bettelte. Die beiden blieben vor ihm stehen; der Mann streckte seine geöffnete Hand aus und sah sie erwartungsvoll an, aber sie gaben ihm nichts. Stattdessen sagte Petrus: »Ich besitze kein Geld. Aber was ich besitze, das gebe ich dir – im Namen Jesu Christi, steh auf und gebrauch deine Beine!« Dann ergriff er seine Hand, wie er es oft bei Jesus gesehen hatte, und richtete ihn auf. Im selben Augenblick konnte der Gelähmte gehen, lief in den Tempel hinein, tanzte vor Freude zwischen den Tempelbesuchern umher und lobte Gott. Als er Petrus und Johannes entdeckte, heftete er sich an ihre Fersen und machte ein solches Geschrei, dass die Leute zusammenliefen; viele kannten ihn ja, weil er jahrelang zum festen Stamm der Bettler am Tempeleingang gehört hatte. Petrus nutzte die Gelegenheit und wandte sich mit einer Rede an die Menge, in der er noch einmal die Umstände in Erinnerung rief, die zur Kreuzigung Jesu geführt hatten, und dann von dessen Auferstehung sprach. »Ich weiß, dass ihr damals aus Unwissenheit gehandelt habt, ihr und die Ältesten unseres Volkes«, sagte er, »nun aber, da Jesus von den Toten auferweckt wurde, ist die Zeit der Verblendung vorbei!« Da näherte sich ihnen der Tempelvorsteher in Begleitung einiger Priester und Sadduzäer und nahm sie wegen Erregung öffentlichen Ärgernisses fest, Petrus, Johannes und den Geheilten.

Am nächsten Morgen wurden die drei zum Verhör gebracht. Wie es aussah, maß der Hohe Rat dem Vorfall große Bedeutung bei, denn alles, was in Jerusalem Rang und Namen hatte, war versammelt: außer dem Hohepriester Kajaphas auch zahlreiche Angehörige seiner Familie und selbst Hannas, der einflussreiche Schwiegervater und Vorgänger des Kajaphas. Offenbar suchten sie nach einer Erklärung dafür, dass die Hinrichtung des Unruhestifters Jesus nicht den gewünschten Effekt gehabt hatte, dass sie seiner Bewegung sogar Auftrieb gegeben zu haben schien, jedenfalls wollten sie von den Verhafteten wissen, wer sie zu ihrem tollkühnen Gerede angestiftet habe. Worauf Petrus antwortete: »Man hat uns verhaftet, weil diesem Bedauernswerten hier geholfen wurde. Doch nicht wir haben ihn geheilt, sondern Jesus von Nazaret, der Messias, dessen Kreuzigung ihr betrieben habt. Dieser Jesus ist von den Toten auferstanden. Damit kann kein Zweifel mehr daran bestehen: Der Stein, für den die Baumeister keine Verwendung hatten, ist zum Grundstein geworden. Durch Jesus – und nur durch ihn – ist das Heil in die Welt gekommen, und nur durch ihn können wir gerettet werden.«

Dass ein ungebildeter Mensch so mit ihnen redete, machte sie sprachlos. Sie unterbrachen das Verhör und schickten die drei hinaus, um zu beratschlagen. Eine Ausbreitung der Jesusbewegung musste verhindert werden, das verstand sich von selbst, aber die Heilung war geschehen und nicht zu leugnen. Nicht nur, dass es zahlreiche Augenzeugen dafür gab, auch die Stimmung im Volk war diesen Jesusleuten günstig, sie erfreuten sich unverkennbar einer allgemeinen Beliebtheit – es kam jetzt wohl in erster Linie darauf an, keine neuen Märtyrer zu schaffen. Deshalb begnügten sie sich damit, Petrus und Johannes Redeverbot zu erteilen; die beiden machten indessen gleich klar, dass sie sich nicht daran zu halten gedachten.

»Ihr werdet von uns doch kaum verlangen, auf euch mehr zu hören als auf Gott«, entgegnete Johannes. »Jedenfalls können wir über das, was wir gehört und gesehen haben, unmöglich schweigen.« Da jedoch eine Bestrafung nicht opportun erschien, wiederholte der Hohe Rat lediglich das Verbot, ihre Lehre zu verbreiten, und ließ sie unter dieser Auflage frei.

Zu ihren Leuten zurückgekehrt, erstatteten Petrus und Johannes Bericht. Die einhellige Meinung war, sich nicht einschüchtern zu lassen und das Redeverbot zu ignorieren. Im Gebet baten sie Gott um die nötige Unerschrockenheit und traten danach wie bisher in der Öffentlichkeit auf.

Erstaunlicherweise ließen die Behörden sie gewähren. Wahrscheinlich lag es an ihrer Popularität, dass der Hohe Rat vor einer abermaligen Verhaftung zurückschreckte, denn sie genossen in Jerusalem tatsächlich Sympathie. Grund dafür war nicht zuletzt, dass es im Kreis der Jesusleute keine Notleidenden gab. Für jeden wurde gesorgt, auch für die Ärmsten, die mittellosen Witwen. Weiterhin hielt man es so, dass die Begüterten ihr Eigentum in Form von Häusern und Grundstücken der Gemeinde überschrieben oder ihren Besitz veräußerten und den Erlös der Gemeindeleitung zukommen ließen. Verteilt wurde das Geld dann nach dem Bedarf des jeweiligen Empfängers.

So machte es auch Barnabas, ein Levit aus Zypern, der einen Acker in der Nähe von Jerusalem besaß. Dieser Barnabas sollte sich bald als großer Gewinn für die Gemeinde herausstellen, denn er war ein besonnener und gebildeter Mann, aufgeschlossen und weitsichtig. Es kam aber auch zu Betrugsfällen wie dem des Hananias und der Sapphira, die einen Teil des Verkaufserlöses für sich behielten, gleichwohl aber Anspruch auf die Versorgungsleistung der Gemeinde erhoben. Petrus deckte den Betrug auf und stellte Hananias zur Rede. »Was ist in dich gefahren?«, fragte er ihn. »Du hättest nicht verkaufen müssen. Ihr hättet euren Besitz auch der Gemeinde überschreiben und weiter nutzen können. Du hast nicht Menschen hinters Licht zu führen versucht, sondern Gott betrogen.« Als er das hörte, brach Hananias tot zusammen. Drei Stunden später kam seine Frau Sapphira nichts ahnend zu Petrus. »Habt ihr wirklich euren ganzen Erlös abgeliefert?«, fragte er sie. Sapphira bejahte und erlitt im selben Moment das Schicksal ihres Mannes.

Nach einer geraumen Weile sah sich der Hohe Rat veranlasst, ein weiteres Mal einzuschreiten. Inzwischen hatte nämlich die Verehrung, die das einfache Volk dem Petrus entgegenbrachte, sonderbare Formen angenommen. So stellten die Leute ihre Kranken auf Liegen und Bahren in den Straßen ab, damit der Schatten des Petrus auf sie falle, wenn er vorüberkäme, und die Kranken davon genesen würden. Im Hohen Rat mehrten sich deshalb die Stimmen, die für ein härteres Durchgreifen plädierten, und Petrus, Johannes sowie einige andere wurden auf offener Straße verhaftet.

Das Verhör dauerte nicht lange. Man warf ihnen vor, gegen das Redeverbot verstoßen zu haben, worauf Petrus ihnen entgegnete, dass man Gott mehr gehorchen müsse als den Menschen, und sich abermals als Zeugen der Auferstehung Jesu Christi bezeichnete. Daraufhin entlud sich der Zorn der Versammelten in dem Antrag, die führenden Köpfe dieser Jesusgemeinde zu beseitigen. Da ergriff Gamaliel das Wort, ein Gesetzeslehrer, der beim einfachen Volk wie bei den gebildeten Schichten im höchsten Ansehen stand. Er verlangte, Petrus und die anderen hinauszuschaffen, und wandte sich dann an die versammelten Ratsmitglieder.

»Männer«, sagte er. »nehmt Vernunft an! Überlegt euch

gut, wie ihr in diesem Fall verfahren wollt. Erinnert euch bitte an Theudas, der vor einigen Jahren allerhand Aufsehen erregte und vierhundert Männer um sich scharte. Dieser Theudas wurde hingerichtet, und binnen Kurzem hatte sich seine Anhängerschaft aufgelöst. Danach veranstaltete Judas der Galiläer einen ähnlichen Wirbel um seine Person. Auch er brachte eine größere Zahl von Anhängern hinter sich, auch er kam um, und auch seine Gefolgsleute zerstreuten sich danach in alle Winde. Was nun unseren Fall angeht, rate ich euch: Lasst diese Leute in Frieden. Denn entweder gründet sich ihre Bewegung auf irgendwelche menschlichen Einfälle – dann wird sie, nach der Hinrichtung ihres Anführers Jesus, nicht mehr lange Bestand haben. Oder sie verdankt sich tatsächlich dem Wirken Gottes. Dann sind wir machtlos dagegen – und würden uns im Übrigen der Auflehnung gegen den Willen Gottes schuldig machen, wenn wir uns dieser Männer da draußen entledigten.«

Seine Worte machten Eindruck, und die Gemüter beruhigten sich. Zur Abschreckung ließ man Petrus und die anderen auspeitschen und entließ sie dann mit der Ermahnung, den Namen Jesus in der Öffentlichkeit nicht noch einmal in den Mund zu nehmen. Sie aber schätzten sich glücklich, um Jesu Willen geschlagen worden zu sein, und fuhren fort, bei jeder Gelegenheit von ihm zu reden.

15. Saulus von Tarsus

Einige Jahre nach ihrer Gründung kam es in der jungen Gemeinde zu ernsthaften Differenzen. Auslöser des Streits war eine Beschwerde der Hellenisten, die sich bei der täglichen Brotzuteilung von den Hebräern übervorteilt fühlten. Der tiefere Grund aber war, dass in der Gemeinde zwei unterschiedliche Welten aufeinanderprallten. Als Hellenisten bezeichnete man nämlich diejenigen Juden, die lange Zeit im Ausland gelebt hatten und von ihrer Mentalität her weiterhin in der weltoffenen, griechisch geprägten Außenwelt beheimatet waren. Die so genannten Hebräer dagegen hatten ihr ganzes Leben im Umkreis des Tempels verbracht und standen dem traditionellen Judentum viel näher. Jetzt kam es zur ersten Belastungsprobe, denn jede Gruppe verstand unter dem neuen Glauben etwas anderes. Die Hebräer praktizierten ihn als leichte Abwandlung ihrer alten, jüdischen Frömmigkeit, die Hellenisten aber nahmen sich ungekannte Freiheiten und ließen sich eher von der Inspiration durch den Heiligen Geist als vom Gehorsam gegenüber Gesetz und Propheten leiten. Um eine Spaltung zu verhindern, beriefen die Apostel eine allgemeine Versammlung ein.

Petrus schlug eine neue Organisationsform vor. »Wir Apostel schaffen nicht beides«, sagte er. »Es übersteigt unsere Kräfte, uns gleichzeitig um die Verkündigung und um die wirtschaftlichen Belange der Gemeinde zu kümmern. Deshalb schlage ich den Hellenisten vor, ein Kollegium von sieben Männern zu wählen, das sich bei ihnen aller Aufgaben im Verwaltungsbereich annimmt. Wir Apostel könnten uns dann ganz auf die Verkündigung und den Gottesdienst konzentrieren, und dem Streit um die Verteilung unserer Mittel wäre der Boden entzogen.« Der Lösungsvorschlag des Petrus wurde angenommen, und er bewährte sich. Die organisatorische Entflechtung erlaubte, die geistige Einheit zu bewahren, und die Gemeinde wuchs stetig weiter; selbst aus den Kreisen der Pharisäer und Priester schlossen sich immer mehr den Jesusleuten an, sodass die Zahl von fünftausend Mitgliedern überschritten wurde.

Von nun an machte ein Mann namens Stephanus in ganz Jerusalem von sich reden, ein geistreicher Feuerkopf, die unbestrittene Führungsgestalt der Hellenisten. In seinem Eifer für die Sache Jesu ging er keiner Auseinandersetzung aus dem Weg, mischte sich in jede Debatte ein und schlug dabei alle Sicherheitsbedenken in den Wind. Eines Tages legte er sich mit der Gemeinde der Auslandsjuden in Jerusalem an und redete seine Debattengegner in Grund und Boden. Die bezichtigten ihn daraufhin der Gotteslästerung, zeigten ihn an und starteten in der Öffentlichkeit eine regelrechte Kampagne gegen ihn, sodass sich der Hohe Rat der Sache annehmen musste.

Im Prozess boten seine Gegner Zeugen auf, die einen alten Vorwurf aufwärmten: Stephanus habe damit gedroht, dass Jesus von Nazaret bei seiner Wiederkunft den Tempel zerstören werde. Gefragt, was er zu seiner Verteidigung zu sagen habe, ergriff Stephanus die Gelegenheit zu einer leidenschaftlichen Rede.

»Ich werde weit ausholen, denn die Geschichte eurer Verstocktheit ist lang«, begann er. »Schon Mose musste ja die Erfahrung machen, dass sich das Volk Israel von ihm durchaus nicht retten lassen wollte, dass es sich vielmehr nach den alten, vertrauten Verhältnissen zurücksehnte und die ägyptische Sklaverei der Freiheit vorzog. Auch in späterer Zeit lernte dieses Volk mehr von den Heiden als von seinem Gott; den Gipfel verbohrter Blindheit aber stellte der Bau des Tempels unter Salomon dar. Oder was ist von dem Einfall zu halten, dem Höchsten ein Haus von Menschenhand zu errichten, wenn Gott selbst durch den Mund seines Propheten Jesaja sagt: ›Der Himmel ist mein Thron und die Erde meine Fußbank – wie könnte ich in einem Haus wohnen? Habe ich nicht den gesamten Kosmos erschaffen?‹ Und nicht anders als eure Vorfahren widersetzt *ihr* euch heute dem Heiligen Geist! Schon eure Väter haben den Propheten nach dem Leben getrachtet, ihr aber habt sie an Verblendung noch übertroffen und den Messias verraten und ermordet!« Und ohne den erbosten Zwischenrufen Beachtung zu schenken, fügte er mit verklärtem Gesicht hinzu: »Ich sehe den Himmel offen und den Menschensohn zur Rechten Gottes stehen!«

Seine letzten Worte gingen im Wutgeheul der Versammelten unter. Das hatte sich noch niemand erdreistet, zu einer solchen Provokation hatte sich noch keiner der Jesusleute verstiegen, und in einer Aufwallung heller Empörung ergriffen sie ihn, stürmten hinaus, schleppten ihn vor die Mauern der Stadt und steinigten ihn dort zu Tode. »Herr, nimm meinen Geist zu dir!«, rief Stephanus aus, als er im Steinhagel zusammenbrach, und dann, bevor er verblutete: »Herr, rechne ihnen diese Sünde nicht an!« Ein junger Mann namens Saulus bewachte unterdessen die Kleider derer, die die Hinrichtung vollzogen, und beobachtete vom Rand des Geschehens aus mit heimlicher Genugtuung, dass nun endlich gegen die Abtrünnigen durchgegriffen wurde.

Es wurde tatsächlich durchgegriffen. Gamaliels Rat war vergessen. Eine regelrechte Verhaftungswelle setzte ein. Nicht gegen die Hebräer, nicht gegen die Apostel, aber gegen die Hellenisten und ihre Führer. Viele von ihnen verschwanden im Kerker, viele verließen Jerusalem fluchtartig. Als schärfster Gegner der Jesusleute erwies sich Saulus, der bereit war, in seinem frommen Eifer über Leichen zu gehen, wie sich im Fall des Stephanus bereits gezeigt hatte. Er diente sich dem Hohen Rat als Spürhund an, drang gewaltsam in die Häuser der

Hellenisten ein, verschleppte Männer und Frauen und ließ sie einkerkern.

So kam es zur Verbreitung der Botschaft Jesu weit über Jerusalem hinaus. Denn die geflohenen Hellenisten brachten sich außerhalb Judäas in Sicherheit, in Samaria, in der Küstenregion, in Damaskus, selbst im entfernten Antiochia, der drittgrößten Stadt des Imperiums in der Nordostecke des Mittelmeers, und überall trafen sie auf offene Ohren, überall gründeten sie neue Gemeinden. Ihr erfolgreichster Missionar war ein Mann namens Philippus. Er stammte aus einer der palästinischen Küstenstädte, war erst nach Jesu Tod zur Gemeinde in Jerusalem gestoßen, hatte sich dort bald Respekt erworben und war zum Mitglied des siebenköpfigen Führungsgremiums der Hellenisten aufgestiegen. Im Vergleich mit den Aposteln verkörperte Philippus den modernen Typus. Er sprach fließend Griechisch, war gebildet und redegewandt und vor allem frei von der Berührungsangst, die die Jesusleute aus Judäa und Galiläa Ausländern gegenüber nach wie vor an den Tag legten. Dieser Philippus fand zunächst in Samaria Zuflucht und kam in die Stadt Sychar. Dort predigte er, heilte Kranke, trieb auch Dämonen aus und gewann in kurzer Zeit die Herzen der Bewohner.

Nun hatte in Sychar ein anderer zuvor bereits großes Aufsehen erregt, ein gewisser Simon, ein Zauberer und Wahrsager von starker charismatischer Begabung. Dieser Simon ließ sich, wie viele, von Philippus taufen und wich ihm nicht mehr von der Seite, fasziniert von dessen Macht über Krankheiten und Dämonen. Unterdessen war der Missionserfolg des Philippus den Aposteln in Jerusalem zu Ohren gekommen. Mit den zahlreichen Gemeindegründungen der letzten Zeit standen sie vor einer neuen Situation, und sie beschlossen, sich ein Bild von den Vorgängen in Sychar zu verschaffen – bestand nicht die Gefahr, dass der Glaube so fern von Jerusalem eigenwillige, womöglich absonderliche Züge annahm? Petrus und Johannes reisten an, fanden an der Missionspraxis des Philippus jedoch nichts auszusetzen; also baten sie im Gebet um die Gabe des Heiligen Geistes für die getauften Samariter, legten jedem Einzelnen die Hände auf, und der Geist kam über die ganze Gemeinde.

Mit neidvoller Bewunderung hatte Simon dieser Zeremonie beigewohnt, und in der Annahme, man könne den Heiligen Geist beschwören, wenn man nur die richtige Formel kenne, bot er Petrus eine beträchtliche Summe dafür. Er erntete einen Zornesausbruch. »Fahr zur Hölle mitsamt deinem Geld!«, fuhr Petrus ihn an. »Glaubst du, Gott würde sich seine Gaben abkaufen lassen? Bitte Gott, dich von diesem fatalen Irrtum zu befreien, denn ich sehe einen Mann vor mir, den die Eitelkeit treibt, nicht der Glaube!« Simon jedoch war es mit seiner Nachfolge durchaus ernst. Er sah seinen Fehler ein, stammelte erschrocken eine Entschuldigung, und Petrus kam nicht mehr darauf zurück.

Von dem Missionserfolg des Philippus ermutigt, legten Petrus und Johannes auf ihrem Rückweg nach Jerusalem zahlreiche Zwischenstationen ein und predigten in den Dörfern Samarias. Wenig später brach auch Philippus auf, weil ihm geträumt hatte, er werde im Süden gebraucht, und wanderte über Jerusalem in Richtung Küste.

Auf der staubigen Straße nach Gaza erblickte er einen schweren, vierrädrigen Reisewagen vor sich, begleitet von einer Eskorte bewaffneter Reiter. Da sich der Wagen in gemächlichem Tempo bewegte, kam Philippus rasch näher und sah jetzt, dass er von Ochsen gezogen wurde und voll besetzt war mit dunkelhäutigen Menschen in farbenprächtigen Gewändern. Und als er die Reisegesellschaft eingeholt hatte, drangen bekannte Worte durch das Rumpeln der Räder an sein Ohr, nämlich Verse aus dem Buch des Propheten Jesaja. Auf Philippus aufmerksam geworden, ließ der Mann, der diese Verse las, anhalten. Es war der Finanzminister der äthiopischen Königin Kandake, der sich nach einem Besuch des Tempels in Jerusalem auf der Rückreise in seine Heimat befand. In der Hand hielt er eine Schriftrolle des Jesajabuchs.

»Verstehst du, was du da liest?«, rief Philippus hinauf.

»Wie könnte ich?«, antwortete der Mann von oben. »Dies sind erklärungsbedürftige Worte. Kennst du dich damit aus? Dann steig zu!«

Philippus nahm neben ihm Platz, die Ochsen zogen wieder an, und der Äthiopier lauschte gebannt den Erläuterungen seines Gastes. Mit dem leidenden Gottesknecht, sagte Philippus, dem schuldlos Gequälten, von dem Jesaja an dieser Stelle spreche, sei Jesus von Nazaret gemeint. Und mit diesem Jesus, fuhr er fort, sei eine neue Zeit angebrochen; eine Zeit, in der auch Ausländer und Eunuchen in die Gemeinschaft mit dem Gott der Juden aufgenommen würden – alle Unterschiede seien damit hinfällig, das Reich Gottes kenne keine Außenseiter mehr.

Ausländer und Eunuchen? Beides traf auf den Äthiopier zu, beides hatte ihn bislang daran gehindert, vom Volk Gottes als vollwertiges Mitglied anerkannt und aufgenommen zu werden, was sein größter Wunsch war. Und dieser Wunsch sollte nun durch Jesus in Erfüllung gehen? Der Äthiopier wollte nicht länger warten, und als der Wagen ein Flüsschen durchquerte, ließ er anhalten und verlangte, auf der Stelle getauft zu werden. Philippus zögerte nicht, stieg mit ihm in das Rinnsal hinunter und taufte ihn. Dann trennten sie sich, und der Äthiopier setzte seine Reise als glücklicher Mensch fort.

Philippus aber wandte sich nach Norden, predigte in allen

Küstenstädten, gründete dort in den folgenden Jahren zahlreiche Gemeinden und ließ sich schließlich in Caesarea nieder.

Der fanatische Zorn des Saulus auf die Abtrünnigen war in der Zwischenzeit keineswegs verraucht. Nachdem er Jerusalem und die Städte Judäas nach Hellenisten durchkämmt hatte, ließ er sich vom Hohen Rat einen Freibrief ausstellen, um die Verräter auch in den jüdischen Gemeinden von Damaskus aufzuspüren, dingfest zu machen und nach Jerusalem zu schaffen. Dann brach er mit einem Trupp Bewaffneter auf.

Er hatte Damaskus fast erreicht und sah schon das Stadttor am Ende der schnurgeraden, von Dattelpalmen gesäumten Straße vor sich, als er von einem gleißenden Licht geblendet zu Boden sank. Halb ohnmächtig vernahm er die Worte: »Saul, Saul, was verfolgst du mich?«, und als er, der nichts mehr sah und von Dunkelheit umhüllt war, fragte: »Wer bist du?«, da lautete die Antwort: »Ich bin Jesus, den du verfolgst.« Seine Begleitmannschaft stand ratlos dabei; die Männer hörten zwar die Stimme, sahen aber nichts, und als Saulus sich nun aufzurichten versuchte, mussten sie ihn hochziehen und wie ein Kind an die Hand nehmen, denn er war blind. In Damaskus quartierten seine verstörten Begleiter ihn im Haus eines gewissen Judas ein, und die nächsten drei Tage verharrte Saulus wie gelähmt in einem Dämmerzustand.

In einer Seitengasse lebte ein Anhänger Jesu mit Namen Hananias; an den erging in einer Vision die Aufforderung, sich zu Saulus zu begeben. Hananias protestierte – diesem Saulus wolle er nun gerade nicht begegnen, man wisse ja, wie grausam er sich in Jerusalem gegen die Jesusleute aufgeführt habe –, aber die Stimme hieß ihn erneut, hinüberzugehen ins Haus des Judas und Saulus aufzusuchen. »Ich will ihn zu meinem Werkzeug machen«, sprach sie. »Er wird meinen Namen zu den Völkern und zu den Kindern Israels tragen. Zuvor aber soll er erfahren, wie viel er um meinetwillen leiden muss.« Da fasste sich Hananias ein Herz und ging ins Haus des Judas, wo er den Gefürchteten blind, hilflos und geschwächt vorfand, denn drei Tage lang hatte er Essen und Trinken verweigert. »Bruder Saulus«, begrüßte Hananias ihn und legte ihm die Hände auf, »Jesus, dem du unterwegs begegnet bist, hat mich geschickt, um dir das Augenlicht zurückzugeben und dich mit Heiligem Geist zu erfüllen.«

Im selben Augenblick geschah mit Saulus eine Verwandlung. Kaum konnte er wieder sehen, ließ er sich taufen, nahm dann eine üppige Mahlzeit zu sich, und in den folgenden Wochen stiftete er größte Verwirrung unter den Juden von Damaskus, indem er in den Synagogen verkündete, Jesus sei der lang ersehnte Messias und Sohn Gottes. Jeder wusste, was ihn nach Damaskus geführt hatte, und keiner verstand, wie es zu dieser Wende gekommen war. Aber was auch immer in ihn gefahren sein mochte, diese Auftritte gingen zu weit, diese Provokationen wollte man sich nicht bieten lassen, und die Leiter der jüdischen Gemeinden fassten den Beschluss, ihn aus dem Weg zu räumen. Saulus erfuhr davon und entkam aus Damaskus mithilfe von Freunden, die ihn des Nachts in einem großen Korb an der Stadtmauer herunterließen.

Wohin sollte er sich nun wenden? Würde er seinen Auftraggebern in die Hände fallen, würden sie ihn zweifellos als Verräter behandeln. Trotzdem begab er sich heimlich nach Jerusalem, wo er versuchte, mit der Gemeinde der Jesusleute Kontakt aufzunehmen. Dort allerdings wollte niemand mit ihm zu tun haben. Sie glaubten ihm nicht, sie kauften ihm seinen plötzlichen Gesinnungswandel nicht ab, und Saulus wäre zwischen die Fronten geraten, hätte sich nicht Barnabas seiner angenommen. Der Mann aus Zypern hörte sich seine

Geschichte an, nahm sie als Einziger ernst und arrangierte ein Treffen mit Petrus und den übrigen Aposteln. Barnabas kostete es einiges an Überzeugungskraft und die anderen einiges an Überwindung, schließlich aber gelang es doch, alle Zweifel an der Aufrichtigkeit des Saulus auszuräumen, und Petrus bot ihm an, einstweilen für seine Sicherheit zu sorgen.

Saulus tauchte also in Jerusalem unter, stand mit den Aposteln aber weiterhin in Verbindung, und vielleicht hätte er allmählich das Vertrauen der ganzen Gemeinde gewonnen, hätte sich seine Anwesenheit nicht sehr bald bei denjenigen herumgesprochen, die am meisten unter ihm gelitten hatten: bei dem kleinen Häufchen der Hellenisten, die in Jerusalem unter Lebensgefahr ausgeharrt hatten. Die waren entsetzt, ihren ehemaligen Peiniger nun in Schutz und Obhut der Gemeinde zu wissen, und drohten damit, Saulus dem Hohen Rat auszuliefern oder ihn sogar eigenhändig umzubringen. Petrus und den anderen blieb danach nichts anderes übrig, als Saulus fortzuschicken. Barnabas bot sich an, den so heftig Umstrittenen zu begleiten, und gemeinsam machten sie sich auf den Weg in die Hafenstadt Caesarea. Dort nahmen sie Abschied voneinander – schweren Herzens, denn Barnabas war von der kämpferischen Entschlossenheit des Saulus genauso angetan wie Saulus von der souveränen Art des Barnabas. Dann bestieg Saulus ein Schiff nach Tarsus in Kleinasien und kehrte in jene Stadt zurück, in der er seine Kindheit und Jugend verbracht hatte.

Nach seiner Abreise beruhigten sich die Gemüter in Jerusalem. Der Streit um Saulus wurde beigelegt, auch die Verfolgung ebbte ab, und in der Gemeinde kehrte wieder Frieden ein.

16. Aufbruchstimmung in Antiochia

Petrus ging jetzt häufiger auf Reisen. Die jungen Gemeinden verlangten nach jemandem wie ihm, der als Augenzeuge der Auferstehung Fragen beantworten und Auskunft erteilen und sie in ihrem Glauben bestärken konnte, und Petrus selbst lag daran, Verbindung mit den Neugründungen aufzunehmen und ihren Zusammenhalt mit der Urgemeinde zu stärken. Auf einer dieser Reisen besuchte er die Gemeinden im westlichen Judäa und hielt sich gerade in Lydda auf, als zwei Männer aus der Küstenstadt Joppe bei ihm vorstellig wurden. Sie baten ihn, mitzukommen; es sei nämlich gerade eine Frau namens Tabita (das heißt Gazelle) gestorben, ein herzensguter Mensch, allseits beliebt, und wenn ihr noch zu helfen sei, dann nur durch Petrus.

Der brach sofort auf. In Joppe angekommen, betrat er das Obergemach, in dem sie aufgebahrt lag, und wollte gerade zu beten beginnen, als sich ein Schwarm von Frauen ins Zimmer ergoss. Es drängte sie, ihm die Gewänder zu zeigen, die Tabita für sie gewebt hatte, aber Petrus hatte kein Auge dafür und warf sie hinaus. Als er wieder für sich war, kniete er nieder, sprach ein Gebet und sagte zu dem Leichnam: »Tabita, steh auf.« Da öffnete die Tote die Augen, und mit Hilfe des Petrus schaffte sie es sogar, aufzustehen. Dann rief er die Frauen und die übrigen Wartenden herein, stellte ihnen die Tote als Lebende vor, und es dauerte nicht lange, da hatte sich der Vorfall in ganz Joppe herumgesprochen. Nicht wenige glaubten daraufhin an Jesus, und da nun etliche Taufen anstanden, quartierte sich Petrus für die nächsten Tage im Haus des Gerbers Simon ein, einem großzügigen Anwesen direkt am Strand.

Anderntags stieg Petrus um die Mittagszeit aufs Dach, um dort in Ruhe zu beten. Er kniete noch nicht lange, da verspürte er Appetit, angeregt durch die Düfte, die aus der Küche aufstiegen, und mit einem Mal geriet er in Verzückung. Er sah, wie sich der Himmel öffnete und ein großes Tuch herabschwebte, an seinen vier Zipfeln von unsichtbaren Händen gehalten, und als er einen Blick hineinwerfen konnte, wimmelte es darin von Schweinen, Fröschen, Schlangen, Meerestieren, Vögeln und anderem ungenießbarem Getier. Im selben Moment sprach eine Stimme zu ihm: »Petrus, steh auf, schlachte und iss!«

»Niemals!«, protestierte er, »In meinem ganzen Leben habe ich noch kein unreines Tier angerührt!«

Da antwortete die Stimme: »Nenne du nicht unrein, was Gott rein erschaffen hat!«

Zweimal wiederholte sich diese Vision, dann verschwand das Tuch, wie es gekommen war, und der Himmel über ihm schloss sich wieder.

Als er noch rätselte, welche Lehren aus diesem Erlebnis zu ziehen wären, hörte er unten am Tor Stimmen. Es waren Männer, die nach ihm fragten, und als er hinabstieg, standen drei römische Soldaten vor ihm. In höflichem Ton baten sie ihn, sie nach Caesarea zu begleiten, denn ihr Zenturio wünsche, aus seinem Mund Genaueres über die Lehre Jesu zu erfahren. Um seine Verwirrung zu überspielen, lud Petrus die drei zum Mittagessen ein, fragte sie bei Tisch nach den näheren Umständen und Gründen aus und erfuhr Folgendes: Besagter Zenturio heiße Cornelius und sei der Hauptmann der italischen Kohorte, die aus frei gelassenen syrischen Sklaven gebildet worden sei und in Caesarea liege. Dieser Cornelius nun sei ein frommer Mann, der sich als Heide freiwillig an die jüdischen Gepflogenheiten halte, zum Gott Israels bete und großzügig für die Armen spende. Vor zwei Tagen sei ihm der Engel des Herrn erschienen und habe ihn aufgefordert, Männer nach Joppe zu entsenden, um einen gewissen Petrus ausfindig zu machen und zu ihm zu bringen – und hier sei man nun, glücklich, den Gesuchten gefunden zu haben.

Petrus bat um Bedenkzeit. Er befand sich in keiner kleinen Verlegenheit, denn was von ihm erwartet wurde, war nichts weniger, als die Einladung eines römischen Offiziers anzunehmen, womöglich mit ihm an einem Tisch zu essen, und das in der heidnischen Metropole Caesarea, wo sich zu allem Überfluss die Residenz des römischen Gouverneurs befand. Im ganzen jüdischen Land war kein anderer Ort so stark vom Götterglauben der Heiden geprägt wie Caesarea, und eigentlich war die Stadt für fromme Juden tabu.

Petrus rang sich dennoch zu einer Zusage durch. Am nächsten Morgen brachen sie auf, Petrus, die Soldaten sowie sechs Gemeindemitglieder aus Joppe, und zwei Tage später trafen sie in der von Herodes erbauten Hafenstadt ein. Als sie den Soldaten durch das bunte Menschengewimmel auf der Hauptstraße folgten, sahen sie mit eigenen Augen, was sie bis dahin nur vom Hörensagen kannten: die Statuen, die Säulengänge, das mächtige Amphitheater, die riesige, unmittelbar am Meer gelegene Pferderennbahn und eine ganze Anzahl heidnischer Tempel. Der prächtigste von ihnen war der Augustus-Tempel, der das Hafenbecken überragte und für ankommende Schiffe schon aus der Ferne zu erkennen sein musste. In allem war diese Stadt der Gegenpol zu Jerusalem, eine Kopie der verhassten Welthauptstadt Rom im Kleinformat.

Als Petrus das Haus des Cornelius betrat, sah er sich einer großen Gesellschaft gegenüber. Der Zenturio hatte Verwandte und Freunde eingeladen, Römer und Syrer, die den Eintretenden wie ein Fabeltier anstarrten. Cornelius selbst kam ihm entgegengelaufen und warf sich zur Begrüßung vor ihm auf die Knie. Es war irritierend. Die römische Luxusvilla, die illustre Gesellschaft und ein Römer, der ihn kniefällig willkommen heißt – Petrus hatte sich auf einiges gefasst gemacht, aber nicht darauf. »Steh auf«, sagte er zu Cornelius, »auch ich bin nur ein

Mensch.« Dann wandte er sich an die ganze Gesellschaft. »Ihr wisst, dass es gegen alle Regeln verstößt, wenn sich ein Jude mit Fremden einlässt«, sagte er. »Doch Gott hat mir gezeigt, dass es nichts Unreines gibt, deshalb habe ich meine Bedenken beiseitegeschoben und bin gekommen. Darf ich fragen, aus welchem Grund ihr mich sehen wollt?« Cornelius erzählte daraufhin, wie ihm ein Engel des Herrn erschienen sei, während er betete, und ihm die Weisung erteilt habe, ihn, Petrus, kommen zu lassen. »Du hast richtig gehandelt, als du meiner Einladung gefolgt bist«, sagte er. »Nun sind wir alle hier vor Gott versammelt, um dich zu hören.«

Petrus rang nach Worten. Er ließ sich auf einen Stuhl nieder, und mehr zu sich als zu den anderen begann er nach einem Augenblick des Nachdenkens: »Jetzt wird mir klar, dass Gott nicht auf die Person schaut. Dass er keinen Unterschied zwischen Juden und Heiden macht. Dass ihm jeder lieb ist, der ihn anbetet und Gutes tut, egal aus welchem Volk.« Er hielt kurz inne und fuhr dann mit kräftigerer Stimme fort: »Ihr habt gewiss mitbekommen, was sich vor einigen Jahren in unserem Land zugetragen hat. Ihr werdet euch an Johannes den Täufer erinnern, ihr werdet auch von Jesus gehört haben, der predigend und heilend umherzog, erfüllt von der Kraft und dem Geist Gottes. Wir waren dabei, wir haben ihn auf allen seinen Wanderungen begleitet, von Galiläa bis Jerusalem. Ihr werdet auch wissen, dass man diesen Jesus ans Holz genagelt hat, um sich seiner zu entledigen. Gott aber hat ihn wieder zum Leben erweckt und ihm sichtbare Gestalt verliehen. Wohl wahr, nicht alle haben ihn gesehen. Erschienen ist er nur uns, den von Gott ausersehenen Zeugen, die mit ihm nach seiner Auferstehung gegessen und getrunken haben. Damals hat er uns den Auftrag erteilt, dem ganzen Volk zu verkünden, dass er der von Gott bestimmte Richter über die Lebenden und die

Toten sei. Das tun wir seither und sagen, was schon die Propheten gesagt haben: Wer an ihn glaubt, dem werden seine Sünden vergeben.«

So weit war Petrus mit seiner Rede gekommen, als alle Anwesenden von einer freudigen Erregung erfasst wurden und die ganze Gesellschaft begann, in Zungen zu reden und Gott zu preisen. Petrus und seine Begleiter kannten das, so reagierten Menschen immer, wenn der Heilige Geist über sie kam, doch was sie hier erlebten, traf sie unvorbereitet; dass Heiden das Gleiche widerfahren könnte, hatten sie nicht erwartet. Ergriffen rief Petrus aus: »Wer will diesen Menschen die Taufe verweigern, wenn sich der Heilige Geist über sie genauso wie über uns ergießt?« Und da dies tatsächlich der Wunsch aller Versammelten war, gab er Anweisung, sie zu taufen.

Das, was sie im Haus des römischen Zenturios erlebten, war für Petrus und seine Begleiter eine aufwühlende Erfahrung. An diesem Tag verstanden sie, dass es für den Gott Israels keine Grenzen gab. Plötzlich weitete sich der Horizont für die Botschaft des auferstandenen Jesus ins Unendliche, und die Einladung des Cornelius, für einige Tage bei ihm in Caesarea zu bleiben, nahm Petrus gern an.

Nach Jerusalem zurückgekehrt, erstattete Petrus Bericht und bekam den geballten Unmut seiner Mitbrüder zu spüren. »Du bist bei Männern mit Vorhaut eingekehrt? Du hast dich sogar mit ihnen an einen Tisch gesetzt?«, hieß es und hagelte Vorwürfe. Petrus setzte ihnen in allen Einzelheiten auseinander, was geschehen war. »Ich hatte kaum zu reden begonnen, als der Heilige Geist über sie kam, genauso wie damals, am Anfang, auf uns«, sagte er. »Da musste ich an die Worte des Herrn denken, als er sagte: ›Johannes hat mit Wasser getauft, ihr aber werdet mit dem Heiligen Geist getauft werden.‹ Als

Gott den Heiden nun dasselbe Geschenk machte wie uns, hätte ich ihn daran hindern sollen? Hätte ich ihn daran hindern können?« Und allmählich setzte sich in der Gemeinde die Erkenntnis durch, dass Gott auch den Heiden den Weg zum Leben eröffnet hatte.

Tatsächlich fiel es den Jerusalemern immer schwerer, mit dem raschen Gang der Ereignisse Schritt zu halten. Nach der großen Verfolgung, ausgelöst durch Stephanus, hatten die Hellenisten in Phönizien, in Zypern, ja selbst in Antiochia Zuflucht gefunden und dort zunächst nur Juden für den Glauben an Jesus zu gewinnen gesucht. Dann aber kamen gläubige Männer aus Libyen und Zypern nach Antiochia, die nichts dabei fanden, die Botschaft von Jesus auch unter den dort lebenden Griechen und Syrern zu verkündigen – mit dem Erfolg, dass sich immer mehr Heiden der Jesusbewegung anschlossen. Und so, wie sie waren, unbeschnitten und ohne Kenntnis der Reinheitsvorschriften, waren sie willkommen. Die jüdischen Jesusanhänger von Antiochia hatten keine Bedenken, Heiden in großer Zahl als vollwertige Mitglieder in ihre Gemeinde aufzunehmen. Das hatte es noch nirgendwo gegeben, das wäre in Jerusalem undenkbar gewesen, und unter den Aposteln wuchs die Befürchtung, das Projekt der Gemeindegründungen könne, keine zehn Jahre nach Jesu Tod, chaotische Züge annehmen. Darum beschlossen sie, einen ihrer besten Männer nach Antiochia zu schicken: Barnabas, der schon im Fall des Saulus von Tarsus einen nüchternen Weitblick und psychologischen Scharfsinn bewiesen hatte.

Und Barnabas fand Gefallen an den Verhältnissen an seinem neuen Einsatzort. Den kosmopolitischen Antiochiern war die ängstliche Zurückhaltung der Jerusalemer völlig fremd. In der Sechshunderttausend-Einwohner-Metropole am Unterlauf des Orontes kam ohnehin alles zusammen: die Karawanen aus Mesopotamien, die Seeleute aus allen Ländern des Mittelmeers, die römischen Verwaltungsbeamten, die Superreichen aus allen Teilen des Imperiums und die Müßiggänger, Sklaven, Bettler, Hochstapler und Huren aus den Kaschemmen beim Amphitheater. Antiochia war ein Schmelztiegel, und in dieser Atmosphäre fiebriger Neugier war die erste Gemeinde entstanden, die die Entfaltungsmöglichkeiten des Jesusglaubens beherzt nutzte. Kurzum, Barnabas fand eine Gemeinde neuen Typs vor, fühlte sich dort sogleich heimisch, bestärkte und ermutigte alle und übernahm bald nach seiner Ankunft die Gemeindeleitung.

Kaum hatte er sich eingearbeitet, schweiften seine Gedanken nach Tarsus, zu dem Mann mit der Aura fast beängstigender Willensstärke, Entschlossenheit und Energie – zu Saulus. Der wäre für diese Gemeinde genau der Richtige! Eines Tages nahm er ein Schiff nach Tarsus und spürte Saulus dort auf. Es kostete ihn keine Mühe, den ehemaligen Spürhund des Hohen Rates für die Arbeit in Antiochia zu gewinnen, und fortan lag die Gemeindeleitung in den Händen zweier Männer, die vom selben Vorwärtsdrang beseelt waren. Gemeinsam waren sie so erfolgreich, dass sich die Jesusleute im zersplitterten Kosmos der Religionsgemeinschaften Antiochias bald als eigenständige Kraft bemerkbar machten und eine eigene Bezeichnung erhielten. Um sie kenntlich zu machen, wurden sie Christen genannt.

Aus Jerusalem kamen beunruhigende Nachrichten: König Agrippa I., ein Enkel des Königs Herodes, habe einen der beiden Donnersöhne, den Apostel Jakobus, enthaupten lassen. Eine neue Verfolgungswelle kündigte sich an, und diesmal sah es so aus, als sollte die Gemeinde in Jerusalem ihrer führenden Köpfe beraubt werden, als wollte man auch die Hebräer, auch die Apostel nicht mehr verschonen. Damit drohte auch dem System der Gütergemeinschaft der Zusammenbruch, und in Antiochia beschlossen Barnabas und Saulus, unter den wohlhabenden Gemeindemitgliedern eine Spendensammlung durchzuführen. Dann brachen sie auf, um das Geld persönlich den Ältesten der Gemeinde in Jerusalem zu überbringen.

Was die beiden dort zu hören bekamen, gab tatsächlich Anlass zur Sorge. Frisch an die Macht gekommen, hatte Agrippa gegen die Christen losgeschlagen, um sich bei der jüdischen Führungsschicht einzuschmeicheln. Etliche der hebräischen Christen waren verhaftet und eingekerkert worden, und mit Jakobus hatte man sich sogar an einer der Führungspersönlichkeiten vergriffen. Vermutlich war der Apostel allerdings das Opfer einer Verwechslung geworden, vermutlich sollte ein anderer Jakobus ausgeschaltet werden, nämlich der älteste Bruder Jesu. Der war seinerzeit mit Maria nach Jerusalem übergesiedelt, genoss als Repräsentant der Familie Jesu seither hohes Ansehen und hatte in den letzten Jahren stark an Einfluss auf die Gemeinde gewonnen; zusammen mit Petrus und Johannes bildete er die so genannten drei Säulen, auf denen die Jerusalemer Gemeinde ruhte. Mit dem Apostel Jakobus war wahrscheinlich der Falsche unter dem Schwert des Henkers gestorben.

Und dann bestätigten sich die schlimmsten Befürchtungen: Auch Petrus wurde verhaftet und ins Gefängnis geworfen.

Zweifellos blühte ihm dasselbe Schicksal wie Jakobus. In der Nacht jedoch, als er mit Ketten gefesselt im Kerker lag, zwei Soldaten neben sich, andere vor seiner Zellentür, wurde er von einem Engel durch einen Stoß in die Rippen geweckt. »Schnell, steh auf!«, sagte er, und als Petrus sich aufrichtete, fielen seine Fesseln von ihm ab. »Zieh dich an«, sprach der Engel weiter, »vergiss deine Sandalen nicht und folge mir!«

Petrus tat, wie ihm geheißen, und folgte dem Engel, passierte mehrere Wächter und gelangte mit ihm hinaus auf die Straße, nachdem sich das Eisentor vor ihnen selbständig geöffnet hatte. Petrus aber glaubte die ganze Zeit zu träumen, und kam erst zu sich, als er plötzlich allein in der nächtlichen Gasse stand.

Wohin sollte er sich wenden? Ihm fiel Maria, die Mutter des Markus ein, in deren Wohnung sich regelmäßig eine kleine Hausgemeinde traf, und er lief durch die finsteren, menschenleeren Gassen, bis er vor ihrem Tor stand. Auf sein Klopfen hin ging Marias Magd Rhode ans Tor, erkannte Petrus auch an der Stimme, öffnete aber nicht, lief vielmehr kopflos vor Freude ins Haus und meldete, Petrus stehe draußen vor der Tür. Man erklärte sie für verrückt, doch Rhode blieb dabei, und da Petrus nun immer stärker gegen das Tor schlug und sein Klopfen auch im Haus zu hören war, liefen sie alle hinunter und öffneten ihm. Bei seinem Anblick gerieten die Frauen vor Freude außer sich, Petrus aber gebot ihnen mit der Hand, zu schweigen, schlüpfte hinein und erzählte flüsternd, was passiert war. »Benachrichtigt Jakobus und die anderen!«, sagte er, bevor er wieder in der Dunkelheit verschwand.

Sowohl am Hof des Agrippa als auch in der Gemeinde verursachte die Flucht des Petrus große Aufregung, denn er blieb verschwunden, wie vom Erdboden verschluckt, und auch Barnabas und Saulus wussten nichts über seinen Verbleib, als sie sich auf den Rückweg nach Antiochia machten. In ihrer Gesellschaft befand sich ein junger Mann, nämlich Markus, der Sohn jener Maria, die Petrus in seiner letzten Nacht in Jerusalem aufgesucht hatte. Dieser Markus erzählte ihnen unterwegs von einem seltsamen Abenteuer. In der Nacht, als Jesus verhaftet wurde, sei er zufällig in Getsemani gewesen, sagte er, habe alles mitbekommen, den Kuss des Judas, die Dolchattacke des Petrus, und wäre um ein Haar selbst von den Soldaten gefasst worden. Sie hätten ihn bereits am Gewand gepackt, doch er habe geistesgegenwärtig den Gürtel geöffnet und sei halbnackt entkommen.

Saulus gefiel der junge Mann.

17. Die erste Missionsreise

Auch was ihre führenden Köpfe anging, war die Gemeinde in Antiochia ein Spiegelbild ihrer Stadt. Zu ihren Lehrern gehörten der Zypriot Barnabas, dann Simeon, genannt der Afrikaner, und Lucius aus Libyen, außerdem Manaën, ein Jugendfreund des Königs Agrippa, und schließlich Saulus, der Mann aus Tarsus in Kleinasien. Gewiss, sie alle waren Juden, aber keiner war in der Glaubensfestung Jerusalem aufgewachsen, jeder hatte die freie Luft der hellenistischen Kultur an einem jeweils anderen Ort des Imperiums geatmet. Unter diesen weltoffenen Menschen reifte nun der Plan einer großen Missionsreise. Was in Antiochia möglich war, musste auch andernorts, eigentlich überall möglich sein; warum sollte man nicht den Versuch wagen, die Botschaft Jesu tiefer ins Imperium hineinzutragen? Barnabas und Saulus wurden für dieses Unternehmen ausgewählt, und nachdem man für sie gebetet und ihnen die Hände aufgelegt hatte, brachen sie auf. Der junge Markus begleitete sie.

Sie fuhren auf einem Flusskahn den Orontes hinunter, nahmen in der Hafenstadt Seleucia ein Schiff nach Zypern und gingen in Salamis an Land. Der Mann aus Tarsus fand es ratsam, hier seinen jüdischen Namen Saul oder Saulus abzulegen, um keine ungelegenen Erinnerungen an seine Vergangenheit heraufzubeschwören, und nannte sich von nun an Paulus. Mit diesem lateinischen Namen würden ihn in Zukunft alle anreden, mit Paulus würde er auch seine Briefe unterzeichnen. In den folgenden Wochen durchzogen sie die ganze Insel, und wann immer sich ihnen die Möglichkeit bot, predigten sie in den Synagogen.

In Paphos an der Westküste Zyperns angekommen, wurden sie vom römischen Gouverneur Sergius Paulus empfangen. Hier kam es zum ersten Zwischenfall; als Sergius nämlich von ihnen in die Lehre Jesu eingeführt werden wollte, gerieten sie mit dessen jüdischem Berater Barjesus aneinander, der alles, was Barnabas und Paulus vorbrachten, vehement bestritt. Es kam zu einem heftigen Wortgefecht, und Paulus ereiferte sich dermaßen, dass er sich im Zorn zu der Drohung hinreißen ließ, Barjesus möge für seine Verblendung mit Blindheit bestraft werden. Tatsächlich erblindete er im selben Augenblick, was Sergius von der Macht der beiden Männer aus Antiochia und der Wahrheit ihrer Botschaft überzeugte.

Im Hafen von Paphos nahmen Barnabas, Paulus und Markus ein Schiff nach Perge in Kleinasien. Diese reiche, große Küstenstadt wartete mit einem ähnlichen Völkergemisch wie Antiochia auf, und eigentlich wäre sie das ideale Arbeitsfeld gewesen. Aus irgendeinem Grund jedoch behagte die Stadt Paulus nicht, und er bestand darauf, unverzüglich ins Landesinnere weiterzureisen. Davon aber wollte Markus nichts wissen. Die mühselige und gefährliche Überquerung des Taurusgebirges erschien ihm wohl allzu riskant, jedenfalls weigerte er sich, mitzukommen, verließ Paulus und Barnabas im Streit und schiffte sich nach Judäa ein. Die beiden anderen machten sich allein auf den Weg.

Sie durchquerten das wilde Taurusgebirge, durchwanderten eine paradiesisch schöne Seenlandschaft und kamen nach Antiochia in Pisidien, eine römische Gründung. Dort blieben sie. Wie es für reisende Juden üblich war, stellten sie sich dem Leiter der jüdischen Gemeinde vor, erhielten ein Nachtlager zugeteilt und waren am nächsten Sabbat unter den Versammelten in der Synagoge. Nach der Schriftlesung bat sie der Synagogenvorsteher um einige Worte der Erbauung und Ermutigung – auch das war so üblich; man hörte sich immer gern an, was durchreisende Rabbis oder gebildete Gäste zu sagen hatten –, und Paulus erhob sich.

»Männer, Israeliten und Gottesfürchtige, schenkt mir Gehör!«, begann er. »Ihr wisst, dass Gott unserem Volk immer wieder bedeutende Führer voller Kraft und Weisheit geschenkt hat. Der erste war Mose, dem das Volk seine Befreiung aus Ägypten verdankt; später zählten Könige wie Saul und David dazu. In unserer Zeit nun machte Gott seine Verheißung wahr und schickte uns einen Nachkommen Davids als Retter, nämlich Jesus, auf den Johannes der Täufer das Volk vorbereitet hatte. Dieser Johannes sagte nämlich kurz vor seinem Tod: ›Nach mir wird einer kommen, der mich so hoch überragt, dass ich nicht einmal wert bin, ihm die Sandalen zu lösen.‹ Mit Jesus wurde uns also das rettende Wort Gottes geschenkt. Die Bewohner Jerusalems und ihre Ältesten aber erkannten ihn nicht, sie sahen auch keinen Zusammenhang zwischen Jesus und dem, was die Propheten vorhergesagt hatten; sie forderten vielmehr seinen Tod, erreichten auch seine Hinrichtung und erfüllten gerade dadurch das Wort der Propheten. Gott aber erweckte Jesus von den Toten, und seine Gefährten und Schüler haben ihn gesehen. *Wir* verstehen es jetzt als unsere Aufgabe, überall, wo Juden leben, bekannt zu machen, dass sich die Zusagen Gottes an sein Volk in Jesus erfüllt haben.« Dann verknüpfte Paulus einige altbekannte Prophetenworte und Psalmverse mit dem Schicksal Jesu, führte seinen Zuhörern vor Augen, wie genau eins mit dem anderen übereinstimmte, und schloss mit der Warnung: »Seht zu, dass ihr euch nicht vorhalten lassen müsst, was Gott durch den Mund des Propheten Habakuk gesagt hat: ›Vergeht vor Scham, ihr Verächter, denn ich habe zu euren Lebzeiten ein Werk vollbracht, und als man euch davon erzählte, habt ihr es nicht geglaubt!‹«

Erstaunlicherweise blieb ein Aufschrei der Empörung aus. Längst nicht alle waren mit seinen Ausführungen einverstanden, aber zum Eklat kam es trotzdem nicht; Paulus und

Barnabas wurde sogar für den folgenden Sabbat wieder eingeladen. Doch schon unter der Woche kamen viele zu ihnen, um mehr über Jesus zu erfahren. Auch Juden befanden sich darunter, aber vor allem waren die Gottesfürchtigen hellhörig geworden, jene Römer und Griechen also, die wie Cornelius in Caesarea ihren alten Göttern den Rücken gekehrt und sich dem Gott Israels zugewandt hatten, als Unbeschnittene jedoch am jüdischen Gemeindeleben nur als geduldete Zuschauer teilnehmen durften. Diese Gottesfürchtigen waren nicht auf eine bestimmte theologische Linie festgelegt; in ihren Ohren klangen die Worte des Paulus daher längst nicht so skandalös wie für manchen Juden.

Am folgenden Sabbat war die Synagoge brechend voll. Da das Aufsehen Paulus und Barnabas galt, kam bei den Juden Unmut auf; zwar gestatteten sie Paulus abermals, das Wort zu ergreifen, doch diesmal erntete er scharfen Widerspruch, und als die Debatte zu entgleisen drohte, wurde sie von Barnabas abgebrochen. »Es war gut und richtig, uns als Erstes an euch zu wenden«, redete er die anwesenden Juden an. »Nun aber, da ihr selbst euch des ewigen Lebens nicht für wert haltet, werden wir uns an die Heiden wenden und damit den Auftrag Gottes erfüllen, der durch den Mund seines Propheten Jesaja gesagt hat: ›Ich habe dich zum Licht der Heiden gemacht, damit du das Heil bis zu den Enden der Erde bringst.‹« Einige der Juden und viele der Gottesfürchtigen schlossen sich daraufhin Paulus und Barnabas an, sodass sie einen eigenen Versammlungsraum anmieten mussten, wo nun Gottesdienste gefeiert wurden, wie sie in ihrer Heimatgemeinde Antiochia üblich waren: Judenchristen und Heidenchristen gemeinsam, durch nichts als den Glauben an Jesus Christus miteinander verbunden.

Die toratreuen Juden aber verstanden das Vorgehen von Paulus und Barnabas als Kriegserklärung und griffen zu rabiaten Gegenmaßnahmen, wiegelten die Bevölkerung auf, verleumdeten sie bei den Behörden und setzten durch, dass die beiden der Stadt verwiesen wurden. Die Vertriebenen schlugen sich daraufhin nach Iconium durch, und dort wandten sie dieselbe Strategie wie im pisidischen Antiochia an.

Auch in Iconium war die Aufnahme zunächst freundlich, und auch dort schlug die Stimmung in der jüdischen Gemeinde um, nachdem Paulus viele mit seiner Predigt überzeugt hatte, Juden wie Heiden. Zwar bewirkte die jüdische Gemeinde mit ihren Protesten anfangs nicht viel, sodass sich Paulus und Barnabas in Ruhe dem Aufbau ihrer jungen Gemeinde widmen konnten. Mit der Zeit aber spaltete der Streit zwischen Christen und Juden die ganze Stadt, und als die ersten Todesdrohungen gegen sie laut wurden, ergriffen Paulus und Barnabas erneut die Flucht und entkamen nach Lystra.

Dort waren sie einstweilen in Sicherheit. In Lystra gab es keine Juden, und in Ermangelung einer Synagoge predigte Paulus auf den Plätzen der Stadt. Eines Tages heilte er einen Gelähmten, der sich unter seinen Zuhörern befunden hatte, und löste damit einen Begeisterungssturm aus. Wie ein Lauffeuer verbreitete sich die Nachricht, Götter seien vom Olymp herabgestiegen und hätten Menschengestalt angenommen, Jubelnde umringten sie und alle glaubten, in Barnabas den Zeus, in Paulus den Hermes zu erkennen, ja, der Priester des Zeustempels vor der Stadt ließ sogar Stiere und Blumenkränze herbeischaffen, um die beiden mit einem großen Opferfest zu ehren. Paulus und Barnabas warfen sich in die Menge und erhoben laut schreiend Protest, aber es bedurfte der ganzen Überzeugungskraft des Paulus, sie von ihrem Vorhaben abzubringen. »Leute, was macht ihr da?«, brüllte er. »Wir sind Menschen wie ihr. Und wir reden nicht von Göttern. Wir reden von dem einzigen, dem lebendigen Gott, der Himmel, Meer und Erde gemacht hat. Der seine Existenz auch euch bekundet hat, indem er euch Regen sandte und reiche Ernten schenkte und euch satt machte an Leib und Seele.« So redete er nach allen Seiten auf sie ein, bis sie die Opferzeremonie enttäuscht abbrachen.

Auch in Lystra bildete sich eine Gemeinde von Christen. Da trafen eines Tages Juden aus Antiochia und Iconium ein und hetzten die Stadtbevölkerung so lange gegen Paulus und Barnabas auf, bis sich der Pöbel den Paulus griff, vor die Stadt schleifte und steinigte. Paulus blieb wie tot liegen, doch als Barnabas mithilfe einiger Mitbrüder seinen Leichnam bergen wollte, richtete er sich mühsam und aus vielen Wunden blutend auf. Und da an sofortige Flucht nicht zu denken war, versteckten sie ihn in einem Haus, versorgten seine Verletzungen und richteten ihn so weit wieder her, dass Barnabas und er am anderen Morgen Lystra verlassen konnten.

In dem Provinzstädtchen Derbe kamen sie endlich zur Ruhe. Niemand hinderte sie daran, auch dort eine Gemeinde zu gründen, und einige Monate später machten sie sich auf den Rückweg. Sie statteten den Gemeinden in Lystra, Iconium und Antiochia kurze Besuche ab, bestimmten jeweils einen der Brüder zum Gemeindeältesten und trafen sich ein letztes Mal zum gemeinsamen Gebet. Schließlich erreichten sie ihren Ausgangspunkt, die Hafenstadt Perge, und jetzt sträubte sich Paulus nicht mehr, diesmal dehnten sie ihren Aufenthalt in Perge auf mehrere Wochen aus und predigten dort. Dann zogen sie nach Antalya weiter, wo sie ein Schiff bestiegen, das sie nach Antiochia am Orontes zurückbrachte.

Daheim erstatteten sie ihrer Gemeinde Bericht. Gott hat den Heiden die Tür zum Glauben geöffnet, so ließen sich ihre

Erfahrungen zusammenfassen, und in dieser Form sprach sich das Ergebnis ihrer Reise bis nach Jerusalem herum. Heiden und Juden gleichgestellt? Unbeschnittene und Beschnittene in ein und derselben Gemeinde vereint, nur durch den Glauben an Jesus miteinander verbunden? Es gab nicht wenige, die das als Skandal empfanden, und in Antiochia tauchten Christen aus Judäa auf, die mit der Behauptung für Aufregung sorgten, jeder Heide müsse erst Jude werden, bevor er Christ werden könne. Mit anderen Worten: Ohne Beschneidung gibt es keine Mitgliedschaft in einer Gemeinde von Christen. Damit stellten sie das Vorgehen von Paulus und Barnabas in Kleinasien infrage, damit durchkreuzten sie ihre Zukunftspläne, damit erklärten sie auch das Modell Antiochia zum Irrweg.

Der Streit erfasste die ganze Gemeinde. Paulus und Barnabas gerieten in die Defensive. Und da Jerusalem in Grundsatzfragen nach wie vor das letzte Wort hatte, beschlossen sie, diesen Fall den Aposteln vorzulegen. Paulus versprach sich davon umso mehr, als Petrus mittlerweile nach Jerusalem zurückgekehrt war, der Mann, der mit seinem Besuch bei dem Zenturio Cornelius den Anstoß zur Heidenmission gegeben hatte.

Die beiden konnten der Aufmerksamkeit der ganzen Gemeinde sicher sein, als sie in Jerusalem von ihren Erfahrungen in Kleinasien berichteten. Prompt wurden anschließend Stimmen laut, die eine Beschneidung aller Heidenchristen forderten. Es waren die Stimmen von Pharisäern, die der Gemeinde beigetreten waren, und sie forderten zum einen, die Beschneidung für jeden Christen zur Bedingung zu machen, zum anderen, auch von den Heiden die Beachtung der Reinheitsvorschriften zu verlangen – Unbeschnittene hätten in einer christlichen Gemeinde jedenfalls nichts zu suchen. Darüber kam es zu einer lautstarken Auseinandersetzung. Meinung prallte auf Meinung, doch erst, als einige Anstalten machten, handgreiflich zu werden, stand Petrus auf und brachte die erregte Menge mit einem Handzeichen zum Schweigen.

»Brüder, ihr habt sicher nicht vergessen, dass die Heiden die Botschaft von Jesus als Erstes aus meinem Mund gehört haben«, sagte er. »Gott hat es so gewollt, und Gott, der die Herzen der Menschen kennt, hat auch nicht gezögert, den Heiden seinen Heiligen Geist genauso zu schenken wie uns. Ganz offenbar ist es für ihn bedeutungslos, ob einer Heide oder Jude ist, für ihn zählt allein der Glaube. Warum also versuchen jetzt einige von euch, Gott ins Handwerk zu pfuschen und den Neuen Lasten aufzuerlegen, die weder unsere Vorfahren noch wir zu tragen vermochten? Glauben wir denn nicht alle, durch die Gnade unseres Herrn Jesus gerettet worden zu sein? Welchen Sinn hätte es da noch, die ehemalige Unterscheidung zwischen Heiden und Juden beizubehalten?«

Stille trat ein, und Paulus und Barnabas ergriffen die Gelegenheit, um den Versammelten anhand von Beispielen noch einmal klarzumachen, in welchem Maße ihre Arbeit von Gott gesegnet worden war. Danach ergriff Jakobus, der Bruder Jesu, das Wort. »Männer, Brüder, hört mich an«, sagte er. »Petrus hat zu Recht darauf hingewiesen, dass Gott Heiden wie Juden zu seinem Heil berufen hat. Das steht ja auch im Einklang mit dem, was er durch den Mund seines Propheten gesagt hat, nämlich: ›Ich werde das zerfallene Zelt Davids wieder aufrichten und das Niedergerissene wieder aufbauen, damit alle Menschen den Gott Israels suchen, auch die Heiden.‹ Deshalb meine ich, dass wir es den hinzugewonnenen Heiden nicht durch tausenderlei Regeln und Vorschriften schwer machen sollten; es reicht, wenn sich alle darauf verständigen könnten, kein Götzenopferfleisch zu essen und sich von Huren fernzuhalten.«

Auf diese beiden Punkte einigte man sich. Von Beschneidung war also nicht mehr die Rede; vielmehr ließ die gefundene Regelung Paulus und Barnabas freie Hand, und dass die Apostel ihnen zwei Männer aus Jerusalem mitgaben, war nicht als Beweis ihres Misstrauens zu verstehen – Judas Barsabbas und Silas, wie die beiden hießen, konnten in Antiochia mit der unangefochtenen Autorität der Apostel auftreten und so eher zur Beendigung des Streits beitragen als Paulus und Barnabas, die in dieser Angelegenheit nicht unparteiisch waren.

Sie kehrten also zu viert aus Jerusalem nach Antiochia zurück, und was man bis dahin auf eigene Faust als Experiment betrieben hatte, geschah nun mit dem Segen der Apostel. Einige Monate später kehrten Judas und Silas nach Jerusalem zurück. Paulus und Barnabas aber blieben in Antiochia und dehnten ihre Missionstätigkeit auf die angrenzenden Provinzen Syrien und Cilicien aus, sodass auch im Umland von Antiochia zahlreiche Gemeinden entstanden.

18. Die zweite Missionsreise

Etwa zwei Jahre nach diesen Ereignissen überlegten Paulus und Barnabas, erneut aufzubrechen und die jungen Gemeinden in Kleinasien aufzusuchen. Welche Entwicklung mochten sie genommen haben? Die Reiseplanungen waren schon abgeschlossen, als es zum Zerwürfnis zwischen beiden kam. Barnabas nämlich bestand darauf, Markus auch auf diese Reise als Begleiter mitzunehmen, was Paulus entschieden ablehnte – einen so unzuverlässigen Menschen wie Markus wolle er nicht dabeihaben. Da keine Einigung zu Stande kam, gingen sie getrennte Wege: Barnabas reiste mit Markus nach Zypern ab, Paulus ließ Silas aus Jerusalem kommen und brach mit ihm nach Kleinasien auf.

Diesmal nahmen sie nicht das Schiff. Diesmal begaben sie sich zu Fuß in den angrenzenden Teil Syriens, wandten sich dann nach Westen, durchzogen Cilicien in Kleinasien und statteten allen Gemeinden, die auf ihrem Weg lagen, einen Besuch ab. Danach stießen sie tiefer ins Landesinnere vor und gelangten schließlich nach Derbe und Lystra.

In Lystra machten sie die Bekanntschaft eines jungen Mannes namens Timotheus, Sohn einer christlichen Jüdin und eines griechischen Vaters. Dieser Timotheus war offenbar außergewöhnlich ernsthaft und besonnen für sein Alter, jedenfalls schwärmte die ganze Gemeinde in Lystra von ihm, auch die Christen aus Iconium wussten nur Gutes über ihn zu berichten, und Paulus setzte alles daran, ihn als Mitarbeiter und Reisegefährten zu gewinnen. Timotheus willigte ein. Bevor sie jedoch aufbrachen, überredete Paulus ihn, sich beschneiden zu lassen; das widersprach zwar seiner Überzeugung, schien ihm aber mit Rücksicht auf die Juden dieser Gegend geboten, denn es war weit über Lystra hinaus bekannt, dass der Vater des Timotheus ein heidnischer Grieche war. Zu dritt zogen sie dann weiter nach Iconium und Antiochia.

Überall, wo er hinkam, klärte Paulus die Gemeinden über die Regelung auf, die auf dem Apostelkongress in Jerusalem getroffen worden war: Kein Heide müsse sich beschneiden lassen; der Genuss von Götzenopferfleisch und der Umgang mit Huren jedoch vertrage sich mit dem Glauben an Jesus nicht. Als sie dann das kleinasiatische Antiochia hinter sich ließen und in westlicher Richtung weiterzogen, betraten sie Neuland. Dort, in Phrygien, Galatien und Mysien, existierten noch keine Gemeinden, und Silas wie Timotheus gingen davon aus, dass man nun im Landesinneren an die Arbeit gehen würde. Doch Paulus brachte an keinem Ort die nötige Ausdauer auf; er wirkte rastlos, wollte sich nirgends lange aufhalten und schlug, von einer unbestimmten Unruhe vorwärtsgetrieben, mal diese, mal jene Richtung ein. Schließlich erreichten sie die Hafenstadt Troas an der Westküste Kleinasiens, die regelmäßig von Schiffen aus Europa angefahren wurde.

In Troas hatte Paulus einen Traum. Im Schlaf sah er einen Mann in mazedonischer Tracht und hörte ihn die Worte sagen: »Komm nach Mazedonien und hilf uns!« Am nächsten Morgen buchten sie umgehend eine Schiffspassage nach Mazedonien, denn Paulus glaubte fest, einen Wink Gottes erhalten zu haben, und war nun wieder von der alten Tatkraft beseelt. So verließen sie nach wenigen Tagen Troas, nahmen Kurs auf Samothrake, ließen die Insel rechter Hand liegen und erreichten bei stürmischem Wind bereits am Abend des folgenden Tages die Bucht von Neapolis auf dem mazedonischen Festland. Anderntags machten sie sich auf den Weg ins nahe gelegene Philippi, eine römische Gründung. Dort quartierten sie sich in einer Herberge ein.

Wie sich herausstellte, gab es in Philippi keine Synagoge. Man sagte ihnen aber, dass sich die Juden zum Beten draußen vor der Stadt an einem Fluss treffen würden, und als sie am Sabbat hinausgingen, stießen sie am Ufer tatsächlich auf eine Hand voll jüdischer Frauen. Sie setzten sich zu ihnen, und nach einigen Begrüßungsworten begann Paulus, mit ihnen über Jesus zu sprechen. Da hing insbesondere *eine* Frau an seinen Lippen, nämlich Lydia, die Leiterin eines Handelshauses für Purpurstoffe. Sie hörte eine Weile aufmerksam zu und brachte Paulus dann mit ihrem Temperament beinahe in Verlegenheit, weil sie auf der Stelle getauft werden wollte und, nachdem das geschehen war, alle mit überschwänglicher Herzlichkeit einlud, in ihrem Haus zu wohnen. Paulus zögerte, doch Lydia duldete keine Widerrede, sie ließ auch höfliche Ausreden nicht gelten, und Paulus musste sich geschlagen geben. Also zogen sie bei ihr ein.

Eines Tages waren sie auf dem Weg zu der Gebetsstätte am Flussufer, als ihnen eine Hellseherin begegnete, die ihrem Herrn mit ihrer Wahrsagerei schon ein kleines Vermögen eingebracht hatte. Sie heftete sich an ihre Fersen und schrie unentwegt: »Diese Menschen sind Diener des höchsten Gottes! Sie verkünden den Weg des Heils!« Das wiederholte sich viele Tage lang, bis Paulus die Geduld verlor, sich nach ihr umwandte und ihrem Wahrsagegeist im Namen Jesu Christi gebot, aus ihr auszufahren. Daraufhin ließ sie auch wirklich von ihnen ab; als aber ihr Herr merkte, dass sie ihre hellseherische Fähigkeit eingebüßt hatte und seine Geldquelle damit versiegt war, schwor er Rache. Mithilfe seiner Freunde schleppte er Paulus und Silas zum Forum, zerrte sie vor den Stadtkommandanten und verklagte sie. »Diese Leute, Juden übrigens, wollen hier alles auf den Kopf stellen und Sitten einführen, die sich mit unserer römischen Lebensweise nicht im Geringsten vertragen«, sagte er. Da befahl der Stadtkommandant seinen Soldaten, die beiden auszupeitschen und ins Gefängnis zu werfen. So geschah es.

Um Mitternacht beteten Paulus und Silas so laut, dass es die anderen Gefangenen hörten. Plötzlich bebte die Erde, die Kerkermauern erzitterten, die Türen sprangen auf, und selbst die Fesseln lösten sich aus ihren Verankerungen. Von dem Beben geweckt, lief der Gefängniswärter herbei, und als er das Haupttor offen fand, schrie er auf und wollte sich ins Schwert stürzen. Da brüllte Paulus von innen: »Tu dir nichts an! Niemand ist geflohen.« Der Gefängniswärter ließ sich eine Lampe bringen, ging hinunter, leuchtete in alle Zellen und stellte fest, dass keiner fehlte. Da fiel er zitternd vor Paulus und Silas nieder. Die verbürgten sich für die Gefangenen, worauf der Wärter beide in seine Wohnung mitnahm und ihnen ihre Wunden auswusch. Dann weckte er seine Familie und fragte seine Gäste nach ihrem Glauben aus, und als der Morgen dämmerte, gab Paulus seinem Drängen nach und taufte alle.

Am Vormittag traf ein Gerichtsdiener bei dem Gefängniswärter ein und forderte ihn auf, die eingesperrten Juden laufen zu lassen; da saßen Paulus und Silas bereits wieder in ihrer Kerkerzelle. Hoch erfreut teilte der Wärter ihnen mit, dass sie frei seien, doch Paulus wollte davon nichts hören. »Erst lassen sie uns ohne Urteil auspeitschen«, sagte er, »obwohl wir römische Bürger sind, dann werfen sie uns ins Gefängnis, und jetzt wollen sie uns möglichst unauffällig loswerden? Da haben sie sich getäuscht. Ich erwarte, dass sich der Stadtkommandant hierherbemüht und uns persönlich erklärt, einen Fehler gemacht und einen Rechtsbruch begangen zu haben.« Der erschrak, als er erfuhr, dass er sich an römischen Bürgern vergriffen hatte, und kam tatsächlich, entschuldigte sich wortreich, legte ihnen aber gleichzeitig nahe, um ihrer eigenen Sicherheit willen Philippi zu verlassen. Das taten sie, nachdem sie sich von Lydia verabschiedet hatten und Paulus ihr die kleine Schar der hiesigen Christen anvertraut hatte.

Über Amphipolis und Apollonia kamen sie nach Thessaloniki. Sie fanden dort eine große jüdische Gemeinde und eine Synagoge vor, und drei Wochen lang hielt der Frieden zwischen ihnen: Paulus trat als Redner auf, bezog wie üblich die Worte des Propheten Jesaja vom leidenden Gottesknecht auf Jesus, sprach auch von seiner Auferstehung, doch ein Eklat blieb aus. Es kam zu erregten Debatten, aber viele ließen sich überzeugen; besonders bei den gottesfürchtigen Heiden und den Frauen der besseren Gesellschaft fand er Gehör. Dann jedoch machten die toratreuen Juden ihrer Empörung Luft, indem sie Schlägertrupps anheuerten und auf Paulus ansetzten. Die tauchten vor dem Haus des Jason auf, wo er Quartier genommen hatte, und verschafften sich mit Gewalt Eingang, und da sie Paulus nicht antrafen, schleppten sie stattdessen Jason und einige andere Christen vor den Stadtpräfekten und bezichtigten sie der Anstiftung zum Aufruhr. »Diese Leute sind dafür bekannt, alle Welt gegen den Kaiser aufzuwiegeln«, sagten sie, »indem sie behaupten, ein gewisser Jesus sei in Wirklichkeit König.« Der Stadtpräfekt nahm die Sache ernst, setzte Jason und die anderen aber gegen Kaution einstweilen wieder auf freien Fuß.

In derselben Nacht noch flohen Paulus, Silas und Timotheus nach Beröa, einer mazedonischen Stadt südwestlich von Thessaloniki. Auch dort gab es eine jüdische Gemeinde, die Paulus gleich am ersten Sabbat aufsuchte, und diesmal machte er eine neue Erfahrung: Es blieb ruhig, er erregte weder Aufsehen noch Ärger. In der Synagoge studierte man gemeinsam die Schriften, verglich die Aussagen der Propheten mit dem, was Paulus über Jesus berichtete, und fand dessen Auffassung im Großen und Ganzen bestätigt. Wieder waren es vor allem gottesfürchtige Heiden, Männer wie Frauen, die sich ihm in großer Zahl anschlossen. Trotzdem sah es danach aus, als ob in

Beröa Juden und Christen gut miteinander auskämen, bis Juden aus Thessaloniki eintrafen und auch dort den Pöbel gegen Paulus aufhetzten. Der befolgte daraufhin den Rat seiner Mitbrüder, sich schleunigst abzusetzen, zur Küste zu gehen und ein Schiff zu nehmen. Während Timotheus und Silas in Beröa zurückblieben, schlug sich Paulus also mit einigen Begleitern zur nächsten Hafenstadt durch, bestieg ein Schiff nach Süden und gelangte auf dem Seeweg bis nach Athen. Dort trennten sie sich, und seine Begleiter nahmen das nächste Schiff zurück nach Mazedonien. Paulus gab ihnen die Anweisung mit auf den Weg, die beiden Zurückgebliebenen sollten bei nächster Gelegenheit nachkommen.

Während er auf Silas und Timotheus wartete, erkundete Paulus die Stadt. Athen hatte seine glanzvolle Zeit längst hinter sich, zehrte aber noch von seinem ehemaligen Ruhm als Welthauptstadt der Kultur. Nach wie vor gaben die Philosophen und die Studenten der Akademie hier den Ton an, und auch prächtig war Athen immer noch zu nennen. Vor allem die zahlreichen Statuen und Götterbilder stachen Paulus ins Auge. Sie reizten ihn so sehr, dass er sich in Athen nicht damit begnügte, das Gespräch mit Juden und Gottesfürchtigen zu suchen, sondern täglich aufs Forum ging, sich in Gespräche einmischte oder gewöhnliche Passanten ansprach, um sie in Diskussionen zu verwickeln.

In den Athenern fand er ein dankbares Publikum. Auf dem Forum wimmelte es von großen und kleinen Philosophen, die für jede neue Idee zu haben waren, wenn auch nur, um sie zu belächeln. So erging es auch Paulus, als er sich eines Tages auf eine hitzige Debatte mit Philosophen der epikuräischen und der stoischen Richtung einließ. »Was meint dieser Körnerpicker eigentlich?«, hieß es da, und: »Er scheint uns mit seinem auferstandenen Jesus irgendeine fremde Gottheit verkünden zu wollen.« Immerhin fanden sie Paulus originell genug, um ihn nicht einfach stehen zu lassen. »Einiges Befremdliche bringst du uns da zu Ohren. Erkläre uns doch etwas genauer, was du damit meinst«, sagten sie, nicht ohne eine Spur von Herablassung, und nahmen ihn mit auf den Areopagfelsen, wo sich die eifrigsten Debattierzirkel trafen.

Und Paulus ergriff die unerwartete Gelegenheit zu einer Rede. »Männer, Athener«, sagte er, auf dem höchsten Punkt des Felsens stehend, »es springt ins Auge, wenn man durch eure Stadt geht, wie fromm ihr seid. Ein Tempel reiht sich an den anderen, und in einem stieß ich sogar auf einen Altar, der einem unbekannten Gott geweiht ist. So stand es da, als Inschrift zu lesen: EINEM UNBEKANNTEN GOTT. Und diesen Gott, den ihr verehrt, ohne ihn zu kennen, verkündige ich euch heute. Es ist der Gott, der Himmel und Erde erschuf und alles, was sich auf Erden bewegt, ins Leben rief. Doch dieser Gott braucht keine Tempel. Er braucht auch unsere Rituale und Opfergaben nicht. Er ist auf uns nicht angewiesen, weil er selbst das Leben ist und selbst alles Leben schenkt. Aus einem einzigen Menschen hat er alle Völker dieser Erde gemacht. Er hat ihnen bestimmte Länder zugewiesen und jedem sein eigenes Schicksal zugeteilt. Doch wie verschieden sie auch sein mögen, das eine ist ihnen allen gemeinsam: Jedes Volk streckt sich nach diesem Gott aus, mit tastenden Händen, in der Hoffnung, ihn zu ergreifen, ihn zu erkennen, und wirklich ist er ja keinem von uns fern.

Denn in ihm und durch ihn atmen und leben wir. Auch einige eurer eigenen Dichter haben das erkannt, als sie sagten: ›Wir sind von göttlichem Geschlecht.‹ Als solche aber dürfen wir Gott nicht mit irgendeinem Kunstwerk, sei es aus Gold, Silber oder Stein, verwechseln, auch nicht mit dem Produkt irgendeiner Philosophie, wie ihr Athener es in der Vergangenheit getan habt. Gott hat lange Zeit über euren Irrtum hinweggesehen, deshalb will auch ich kein Wort darüber verlieren; nun aber erwartet Gott, dass alle Menschen zur Einsicht kommen. Denn er hat einen Tag festgesetzt, an dem er die ganze Erde richten will, und zwar durch einen Mann, den er von den Toten auferstehen ließ.«

An dieser Stelle winkten seine Zuhörer kopfschüttelnd ab. Auferstehung von den Toten? Das kannte man, das gab es in anderen Religionen auch, damit brauchte man den Athenern nicht mehr zu kommen, und die einen brachen gelangweilt auf, die anderen machten sich über ihn lustig. Immerhin ließen sich doch einige wenige von Paulus überzeugen, darunter ein Mann aus dem Athener Richterkollegium namens Dionysos und eine Frau mit Namen Damaris.

Paulus versprach sich danach von seinem Aufenthalt in Athen nichts mehr, und obwohl Silas und Timotheus immer noch nicht eingetroffen waren, begab er sich nach Korinth. Dort atmete er auf. Die Stadt war ganz nach seinem Geschmack, denn ähnlich wie das heimische Antiochia stellte Korinth eine Leben sprühende Mischung aus Glanz und Elend, Kommerz und Vergnügen, aus Römern, Griechen und Juden, aus Händlern und Handwerkern, Matrosen und Prostituierten dar. Gleich in den ersten Tagen machte er die Bekanntschaft von Aquila und Priscilla, zweier Juden, die erst kürzlich durch einen Erlass des Kaisers Claudius aus Rom vertrieben worden waren und nun in Korinth eine Weberei für Segeltuch und Zeltplanen betrieben. Sie nahmen ihn bei sich auf, und da Paulus von Beruf ebenfalls Zeltmacher war, stellten sie ihn auch ein.

In Korinth erlebte Paulus zunächst dasselbe wie in den

meisten anderen Städten: Bei den gottesfürchtigen Heiden fand er Gehör, die meisten Juden jedoch traten in Opposition zu ihm; eine Ausnahme bildete der Synagogenvorsteher Crispus, der sich mit seiner Familie taufen ließ. Als Silas und Timotheus endlich eintrafen, gab Paulus die Mitarbeit bei Aquila und Priscilla auf und widmete sich nur noch der Verkündigung. Arbeit gab es auch so genug, für alle drei, denn die christliche Gemeinde von Korinth wuchs schnell. Mit dem rauen Klima solcher Hafenstädte vertraut, traf Paulus in seinen Predigten, aber auch im persönlichen Umgang den richtigen Ton und genoss es, eine Gemeinde zu betreuen, die die krassen gesellschaftlichen Gegensätze dieser Hafenstadt spiegelte: Reiche und Sklaven, städtische Beamte und Huren versammelten sich dort um *einen* Tisch und teilten Brot und Wein miteinander. Ein Jahr und sechs Monate bewegte er sich nicht mehr aus Korinth fort.

Dann wechselte der römische Prokurator für die Provinz Achaia. Da beschlossen die Juden von Korinth, die Unerfahrenheit des neuen Prokurators Gallio mit den Korinther Verhältnissen zu nutzen, um Paulus loszuwerden, und erstatteten Anzeige gegen ihn. Am Verhandlungstag versammelten sich die Kläger vor der steinernen Tribüne auf dem Forum, die von den römischen Statthaltern für ihre öffentlichen Auftritte genutzt wurde, und beschuldigten Paulus, ihren Glauben zu beleidigen und eine fremde Gottheit einführen zu wollen. Als Paulus zu seiner Verteidigungsrede ansetzte, winkte Gallio ab. Er hatte genug gehört, um zu wissen, dass er nicht zuständig war. »Wenn es um einen Verstoß gegen die Gesetze ginge, ihr Juden, würde ich mich der Sache selbstverständlich annehmen«, sagte er. »Doch offenbar geht es hier um eine Streitfrage, die eure Religion betrifft. Solche Fälle aber müsst ihr unter euch klären, darüber will und kann ich nicht befinden.« Damit befahl er ihnen, abzutreten, und selbst, als es gleich darauf noch vor der Tribüne zwischen Juden und Griechen zu einem Handgemenge kam, griff Gallio nicht ein. Für ihn war der Fall erledigt.

Einige Wochen später nahm Paulus Abschied von der Gemeinde in Korinth. In der kleinen Hafenstadt Kenchräa ließ er sich eines Gelübdes wegen die Haare scheren und nahm dann ein Schiff nach Ephesus an der Westküste Kleinasiens. Aquila und Priscilla begleiteten ihn. Die beiden hatten sich schon in Korinth mit ganzer Kraft der Gemeindearbeit gewidmet; nun sollten sie für ihn in Ephesus die Stellung halten, bis er wiederkäme. Denn das nahm er sich nach seiner ersten, kurzen Begegnung mit Ephesus vor: in diese Stadt, die ihn mit ihrer Pracht und ihrem Trubel in den Bann gezogen hatte, die ihn wie keine zweite an Antiochia erinnerte, bei nächster Gelegenheit zurückzukehren.

In Ephesus bestieg Paulus ein Schiff nach Caesarea, begab sich von dort nach Jerusalem, erstattete der Gemeinde Bericht und machte sich dann auf den Rückweg nach Antiochia.

19. Die dritte Missionsreise

Etwa drei Jahre danach brach Paulus erneut auf, diesmal ohne Reisegefährten. Timotheus war als sein Stellvertreter in Griechenland geblieben, andere seiner Mitarbeiter hatten sich mittlerweile auf verschiedene Städte Kleinasiens verteilt und erwarteten ihn dort, und da es nun vielerorts Gemeinden gab, wäre er nicht mehr den gleichen Gefahren und Entbehrungen ausgesetzt wie in der Anfangszeit.

Sein Weg führte ihn über Galatien und Phrygien in Kleinasien zunächst nach Ephesus. Er hatte sich nach dieser Stadt gesehnt, und sie enttäuschte ihn nicht. Mit einer halben Million Einwohner kaum kleiner als Antiochia, war auch Ephesus ein Schmelztiegel der Religionen und Kulturen, die reiche und glanzvolle Hauptstadt der Provinz Asien, berühmt für ihr kolossales Theater, noch berühmter für ihren Artemistempel, ein Bauwerk von so gigantischen Ausmaßen, dass es zu den Sieben Weltwundern gerechnet wurde. Paulus behagte diese Stadt. Kaum eingetroffen, machte er sich an die Arbeit.

Drei Monate lang debattierte er mit den Juden von Ephesus über das Reich Gottes, so wie Jesus es verstanden hatte, und als sich die Fronten verhärteten, zog er mit den neuen Anhängern aus der Synagoge in die Schule des Tyrannos um, wo sie sich täglich zum Studium der Schriften trafen. Gelegentlich unternahm er Reisen ins Umland, wo er ebenfalls Gemeinden gründete, kehrte jedoch stets nach Ephesus zurück, wo ihn Aquila, Priscilla und Timotheus während seiner Abwesenheit vertraten. Und mit der Zeit nahm die Verehrung für Paulus in Ephesus solche Ausmaße an, dass sich manche sogar Tücher und Binden besorgten, die mit seinem Leib in Berührung gekommen waren. Die legten sie ihren Kranken auf, und viele wurden auf diese Weise gesund.

Okkulte und magische Praktiken standen in Ephesus in voller Blüte. So sprach sich bald nach seiner Ankunft zum Beispiel folgende Geschichte herum: Eine ganze Reihe von jüdischen Geisterbeschwörern ging dazu über, die Dämonen von Besessenen im Namen Jesu Christi zu beschwören, indem sie sagten: »Ich beschwöre euch bei Jesus, den Paulus verkündet!« Dieser Formel bedienten sich eines Tages auch die Söhne eines jüdischen Priesters namens Skeuas; der Dämon aber erwiderte ihnen: »Jesus kenne ich zwar, auch von Paulus habe ich schon gehört, doch wer seid ihr?« – und im nächsten Augenblick fiel der Besessene über sie her und richtete sie so übel zu, dass sie nur mit Müh und Not nackt und verwundet entkamen. Dieser Vorfall erregte in Ephesus Aufsehen und bewegte viele Christen dazu, Paulus ihre eigenen Beschwörungspraktiken zu beichten. Einige, die berufsmäßig als Zauberer gearbeitet hatten, brachten sogar ihre Zauberbücher und verbrannten sie vor den Augen der versammelten Gemeinde; als man den Wert dieser Schriftrollen überschlug, kam man auf rund fünfzigtausend Silberstücke.

Paulus sah, wie schnell die Gemeinde in Ephesus wuchs, und fasste noch kühnere Vorhaben ins Auge. Als Nächstes wollte er erneut Mazedonien und Griechenland bereisen, dann nach Jerusalem zurückgehen und anschließend nach Rom fahren, in die Hauptstadt des Imperiums, die Hauptstadt der Welt, von wo sich die Weiterreise nach Spanien anbieten würde. Allerdings hatte er es nicht eilig, Ephesus zu verlassen. Einstweilen schickte er nur Timotheus und Erastus, einen Mitarbeiter der Finanzbehörde von Korinth, nach Mazedonien voraus, während er selbst Abstecher in die kleinasiatische Küstenregion unternahm.

Über zwei Jahre lebte und wirkte Paulus bereits in Ephesus, als sich in der Stadt etwas zusammenbraute. Ein gewisser Demetrius nämlich fand es an der Zeit, Paulus das Handwerk zu legen und den Widerstand gegen die Christen zu organisieren. Dieser Demetrius betrieb ein Handels- und Versandhaus für

Souvenirs in Form des berühmten Artemistempels von Ephesus und war der wichtigste Auftraggeber für die Silberschmiede der Stadt. Er rief nun alle Silberschmiede zusammen, hielt eine flammende Rede und sagte: »Ihr wisst, dass wir den Kopien des Artemistempels unseren Wohlstand verdanken. Jetzt habt ihr ja selbst mitbekommen, wie dieser Paulus uns die Käufer abspenstig macht, nicht nur in Ephesus, sondern in ganz Kleinasien, indem er behauptet, es gäbe gar keine Götter. Damit schmälert er nicht nur unser Geschäft, damit untergräbt er auch den Ruf der großen Göttin Artemis; am Ende wird niemand mehr etwas von ihr wissen wollen. Das wäre der Ruin unserer Stadt.«

Im Saal entstand ein Tumult. Mit dem Schrei: »Groß ist die Artemis der Epheser!« stürzten die Silberschmiede auf die Straße, rissen den Pöbel und Neugierige mit, bekamen auch zwei Begleiter des Paulus zu fassen und stürmten das Theater von Ephesus. Als Paulus davon erfuhr, wollte er sich unverzüglich dorthin begeben, wurde aber von allen Seiten gewarnt und verzichtete auf sein Vorhaben. Inzwischen tobte sich die Menge im Theater aus; die einen schrien dies, die anderen das, und kaum einer wusste, worum es überhaupt ging. Ein Jude namens Alexandros hatte das Pech, als Komplize des Paulus auf die Bühne gezerrt zu werden, konnte sich aber gegen das tausendfache »Groß ist die Artemis der Epheser!« nicht verständlich machen und wurde im letzten Moment von einem Stadtschreiber vor Schlimmerem bewahrt. Dieser Mann, ein hochrangiger städtischer Beamter, kämpfte sich zu ihm durch, befreite ihn aus den Händen der wütenden Silberschmiede und vermochte es endlich, die grölende Masse zum Schweigen zu bringen. »Männer«, rief er, »wer wüsste nicht, dass unsere Stadt den Tempel der großen Artemis und das vom Himmel gefallene Bild der Göttin beherbergt? Daran gibt es keinen Zweifel, das wird auch von keinem Vernünftigen in Abrede gestellt, also kommt zur Besinnung! Hört auf, Männer wie Tempelräuber zu behandeln, denen überhaupt kein Vorwurf zu machen ist! Wenn Demetrius und die Silberschmiede mit jemandem im Streit liegen – bitte, dafür gibt es die Gerichte; sollen sie Anklage erheben! Und wenn sie weitere Forderungen stellen, werden sich die zuständigen Gremien damit befassen. Aber mit einer Zusammenrottung wie der heutigen ruft ihr die Römer auf den Plan, und wir könnten ihnen nicht einmal einen vernünftigen Grund für diesen Aufruhr nennen.«

Damit löste er die Versammlung auf, und in der Stadt kehrte wieder Ruhe ein.

Paulus aber fand es nicht ratsam, länger zu bleiben. Er verabschiedete sich von den Christen in Ephesus und nahm das nächste Schiff nach Mazedonien. Dort suchte er alle Gemeinden auf, wandte sich dann nach Süden, kam nach Griechenland und verweilte dort drei Monate. Seine Absicht war, danach auf dem schnellsten Weg nach Caesarea oder Antiochia zurückzusegeln, doch in Korinth erfuhr er von einem jüdischen Mordkomplott gegen ihn. Daraufhin änderte er seinen Plan und begab sich auf dem Landweg zurück nach Mazedonien, sicherheitshalber von sieben Männern begleitet, nämlich Sopatros aus Beröa, Aristarchos und Secundus aus Thessaloniki, Gaius aus Derbe, Tychikos und Trophimos aus Ephesus sowie Timotheus aus Lystra. In Philippi angekommen, fuhren diese sieben mit dem Schiff nach Troas voraus, während die anderen bis zum Ende des Paschafestes in der Stadt blieben und fünf Tage später nachkamen.

In Troas kam es zu einem Zwischenfall. Am Sonntag vor seiner Abreise traf sich Paulus mit den Christen der Stadt im dritten Stock eines Hauses, um gemeinsam das Erinnerungsmahl zu feiern; Paulus aber redete Stunde um Stunde und fand kein Ende. Es war schon Mitternacht, und wegen der Lampen war die Luft stickig geworden, sodass etliche schläfrig wurden, da fiel ein junger Mann namens Eutychos, der auf dem Fensterbrett gesessen hatte, vom Schlaf übermannt hinunter auf die Straße. Als sie ihn aufheben wollten, fanden sie, dass er tot war. Paulus aber legte sich auf ihn, umarmte ihn und sagte: »Macht kein Geschrei. Er lebt.« Sie trugen ihn hinauf, versorgten ihn, und als sich die Aufregung gelegt hatte, feierten sie das Erinnerungsmahl. Es zog sich bis zum Tagesanbruch hin. Dann brachen sie auf.

Die Begleiter fuhren mit dem Schiff nach Assos voraus, während Paulus die Strecke zu Fuß zurücklegte. In Assos nahmen sie ihn an Bord und fuhren nach Mitylene auf Lesbos. Von dort ging es über die Inseln Chios und Samos nach Milet auf dem kleinasiatischen Festland. Seine Reisegefährten waren davon ausgegangen, dass Paulus in Ephesus Zwischenstation machen würde, doch als sie in den Hafen von Ephesus einliefen, entschied er sich dafür, auf dem Schiff zu bleiben; er wolle zu Pfingsten in Jerusalem sein, sagte er, und würde in Ephesus nur Zeit verlieren. Dann aber schickte er von Milet aus einige von ihnen nach Ephesus, um die Gemeindeältesten zu holen, und als sie eintrafen, hielt er eine bewegende Rede.

»Wir hatten aufregende Zeiten in Ephesus, ich sage euch damit nichts Neues«, begann er. »Und vom ersten Tag an habe ich alles mit euch gemeinsam durchgestanden, habe mich nicht beirren lassen, habe Juden wie Griechen zur Umkehr und zum Glauben an unseren Herrn Jesus aufgerufen. Jetzt aber treibt mich der Heilige Geist, nach Jerusalem zu gehen. Was mich dort erwartet, weiß ich nicht, doch ich befürchte das Schlimmste. Nicht, dass ich am Leben hänge; für mich zählt einzig, wie ich am Ende dastehe und ob ich mich bis zum Schluss als brauchbarer Diener meines Herrn erweise. Ich ahne aber, dass ihr mich nicht wiedersehen werdet. Deshalb versichere ich euch heute, dass ich euch nichts von dem, was mir selbst über Gottes Ratschlüsse bekannt ist, verschwiegen habe. Nun tut euer Bestes und weidet die Herde, die sich Gott durch das Blut seines eigenen Sohnes erwarb. Ich weiß, dass nach meiner Abreise Wölfe in diese Herde einbrechen werden – denkt deshalb an meine Worte und vergesst nicht, wie ich euch drei Jahre lang Tag und Nacht unter Tränen belehrt und unterwiesen habe. Und nun empfehle ich euch der Gnade Gottes.« Da standen einige auf und meinten, ihm etwas Gutes zu tun, indem sie ihm Geld anboten – vielleicht würde er es brauchen können, wenn sich die Dinge so zuspitzen sollten, wie er befürchtete. Paulus jedoch lehnte ab. »Ich brauche nichts, weder Geld noch Kleidung«, sagte er. »Ihr wisst, dass ich für meinen Lebensunterhalt und den meiner Begleiter stets selbst gesorgt habe, und zwar durch meiner Hände Arbeit. Folgt meinem Beispiel, nehmt euch der Schwachen an und handelt nach dem Wort unseres Herrn Jesus: Geben ist seliger als Nehmen.« Dann betete er ein letztes Mal mit ihnen.

Es war ein tränenreicher Abschied. Die Männer umarmten und küssten Paulus und konnten sich nicht darüber beruhigen, dass es für immer sein sollte. Schließlich aber brachen sie auf und begleiteten ihn bis zum Hafen, wo Paulus und die anderen das Schiff bestiegen.

Am ersten Tag erreichten sie Kos, am zweiten Rhodos. Von dort ging ihr Schiff auf östlichen Kurs und steuerte Patara an der Südküste Kleinasiens an. Im Hafen von Patara gingen sie von Bord und machten ein Schiff ausfindig, das Ladung für die phönizische Stadt Tyros aufnahm. Mit diesem Schiff fuhren sie an Zypern vorbei und erreichten sicher die phönizische Hauptstadt.

Dort gingen sie an Land und suchten als Erstes die Gemeinde auf. Sie fanden die Brüder und Schwestern in heller Aufregung vor; offenbar hatten sie Informationen erhalten, die die Befürchtungen des Paulus bestätigten, jedenfalls warnten sie ihn eindringlich davor, nach Jerusalem zu gehen. Paulus jedoch war nicht zu beirren. Er hielt an seinem Plan fest, und sieben Tage später brachen sie wieder auf, bestiegen ein Schiff nach Ptolemais und gelangten zu Fuß nach Caesarea.

In Caesarea lebte Philippus, der dem Siebenergremium der Hellenisten in Jerusalem angehört hatte und seinerzeit vor Paulus nach Samaria geflohen war. Er trug seinem ehemaligen Verfolger aber nichts nach, sondern lud ihn ein, in seinem Haus zu wohnen, und stellte ihm seine vier erwachsenen Töchter vor, die alle über die Gabe der Prophetie verfügten.

Nach den Strapazen und Aufregungen der langen Reise genossen sie ihren Aufenthalt in Caesarea in der Gesellschaft des Philippus. Eines Abends jedoch wurde die Heiterkeit dieser Tage gestört. Es traf nämlich ein Mann aus Judäa ein, Hagabos mit Namen; der stellte sich vor Paulus hin, nahm ihm den Gürtel ab, schlang ihn sich um die eigenen Fußknöchel und sagte: »So spricht der Heilige Geist: Den Mann, dem dieser Gürtel gehört, werden die Juden in Jerusalem fesseln und den Heiden übergeben.« Als sie das hörten, flehten alle Paulus erneut und inständiger denn je an, Jerusalem zu meiden, er aber sagte: »Warum brecht ihr mir mit euren Tränen das Herz? Ich bin ja bereit – nicht nur, mich fesseln zu lassen, sondern auch für den Namen des Herrn Jesus zu sterben.«

Als sie merkten, dass er nicht umzustimmen war, beruhigten sie sich: »Des Herrn Wille geschehe.« So zogen Paulus und die anderen hinauf nach Jerusalem, von einigen Brüdern aus Caesarea begleitet, und fast vergaßen sie ihre Befürchtungen, so herzlich war der Empfang, den ihnen die Gemeinde dort bereitete.

20. Paulus in römischer Gefangenschaft

Am zweiten Tag in Jerusalem begab sich Paulus mit seinen Reisegefährten zu Jakobus, dem Bruder Jesu, und allen Ältesten der Gemeinde. Petrus hatte Jerusalem schon vor Jahren verlassen, unternahm mittlerweile eigene Missionsreisen in Begleitung seiner Frau und war folglich nicht anwesend. Paulus legte nun einen detaillierten Rechenschaftsbericht über seine Aktivitäten in Kleinasien und Europa ab, verschwieg nichts Wesentliches und fand damit zunächst auch Gnade vor den Ohren seiner Zuhörer. Dann aber ergriff Jakobus das Wort.

»Bruder«, sagte er, »hier in Jerusalem und in Judäa gibt es Zehntausende von Juden, die gläubig geworden sind, und alle halten unbeirrt am Gesetz des Mose fest. Denen ist zu Ohren gekommen, dass du den Juden im Ausland einredest, das Gesetz nicht mehr zu beachten und ihre Kinder nicht mehr beschneiden zu lassen. So aber hatten wir nicht gewettet. Die Erleichterungen, auf die wir uns geeinigt hatten, galten ausschließlich für Heiden. Was sollen wir jetzt tun? Ohne Zweifel werden sie von deiner Ankunft erfahren und Alarm schlagen. Deshalb schlage ich vor: Wir haben hier vier Männer, die ein Gelübde abgelegt haben. Schließe dich ihnen an, erlaube ihnen auch, sich auf deine Kosten das Haar scheren zu lassen, und zeige dich mit ihnen sieben Tage lang im Tempel. Vielleicht lassen sie sich so überzeugen, dass an den Vorwürfen gegen dich nichts dran ist.«

Paulus ließ sich auf diesen Vorschlag ein und suchte täglich den Tempel auf. Da geschah es am siebten und letzten Tag, dass ihn Juden aus Kleinasien im Gewühl der Tempelbesucher ausmachten, sich auf ihn stürzten und ein großes Geschrei erhoben – dies sei der Mensch, der alle Welt gegen ihr Volk und seine Gesetze aufhetze. Sie riefen andere zu Hilfe, zerrten Paulus aus dem Tempel hinaus auf die Straße und hätten ihn zu Tode geprügelt, wäre nicht im letzten Moment der Oberbefehlshaber der römischen Truppen in Jerusalem, Claudius Lysias, mit einer Abordnung von Soldaten eingeschritten.

Beim Anblick der Römer ließ die Menge von ihm ab. Claudius Lysias ordnete an, Paulus zu fesseln, und erkundigte sich bei den Umstehenden nach dem Grund für ihre Empörung; da aber einer den anderen zu überschreien versuchte, ließ er Paulus abführen und in die Festung Antonia am Rand des Tempelbezirks bringen. Unterwegs mussten die Soldaten die Angriffe der Menge abwehren, denn alle folgten ihnen, schlugen nach dem Gefangenen und schrien: »Hinweg mit ihm!«

Am Eingang zur Festung angekommen, bat Paulus den Oberbefehlshaber, zum Volk sprechen zu dürfen.

»Du sprichst Griechisch?«, entgegnete der. »Du bist also nicht der Ägypter, der hier vor Kurzem einen Aufstand ausgelöst hat und mit viertausend Dolchmännern in die Wüste entkommen ist?«

»Ich bin ein Jude«, antwortete Paulus, »ich komme aus Tarsus in Cilicien, einer nicht ganz unbedeutenden Stadt. Aber bitte, lass mich einige Worte zum Volk sagen.«

Er erhielt die Genehmigung, erstieg ein paar Treppenstufen und wartete, bis Ruhe eingekehrt war. Dann sagte er auf Hebräisch: »Hört mich an! Ich bin ein Jude. Ich wurde in Tarsus geboren, meine Ausbildung aber habe ich hier in Jerusalem erhalten, zu Füßen Gamaliels. Damals bin ich genauso eifrig für das Gesetz unserer Väter eingetreten wie ihr heute. Ich stand im Dienst des Hohen Rates und habe die Christen bis hinauf nach Damaskus verfolgt. Und dort, vor Damaskus, traf mich vom Himmel her ein gleißendes Licht, ich fiel zu Boden, und eine Stimme sprach zu mir: ›Saul, Saul, was verfolgst du mich?‹ Und als ich fragte, wer mit mir spreche, bekam ich zur Antwort: ›Ich bin Jesus, den du verfolgst!‹ Weil ich erblindet war, führten mich meine Männer an der Hand in die Stadt; dort suchte mich ein gewisser Hananias auf, ein frommer Mann. Der nannte mich Bruder und sagte zu mir: ›Der Gott unserer Väter hat dich zum Zeugen bestimmt für das, was dir in diesen Tagen widerfahren ist. Jetzt zögere nicht und lass dich taufen!‹ Danach kehrte ich nach Jerusalem zurück, und als ich im Tempel betete, geriet ich in Verzückung; ich sah ihn, dem ich vor Damaskus begegnet war, und hörte ihn sagen: ›Verlasse Jerusalem, weil man dir hier nicht glauben wird. Ich will dich zu den Heiden schicken.‹«

So weit war Paulus gekommen, als die Menge ihn niederbrüllte, Staub in die Luft warf und rief: »Hinweg mit ihm von der Erde, denn er verdient nicht, am Leben zu bleiben!« Da ließ der Oberbefehlshaber Paulus hineinführen und ordnete an, ihn unter Peitschenhieben zu verhören. Die Soldaten waren bereits dabei, ihn aufs Lager zu schnallen, als Paulus den dabeistehenden Zenturio fragte: »Dürft ihr einen Römer überhaupt geißeln? Dazu ohne rechtskräftiges Urteil?« Der Zenturio meldete daraufhin umgehend dem Oberbefehlshaber, dass es sich bei dem Gefangenen um einen römischen Bürger zu handeln scheine. Der erschrak und eilte herbei.

»Stimmt es, dass du ein Römer bist?«, wollte er wissen.

Paulus bejahte.

Da wurde Claudius Lysias vertraulich. »Ich habe es mir einiges kosten lassen, das römische Bürgerrecht zu erwerben«, sagte er.

»Und ich bin bereits als römischer Bürger geboren«, entgegnete Paulus. Nun war dem Oberbefehlshaber erst recht unwohl bei der Sache, er ließ ihn darum unverzüglich losbinden und in eine Zelle bringen.

Anderntags wies Claudius Lysias den Hohenpriester an, den Hohen Rat einzuberufen, und begab sich mit Paulus dorthin; diese Leute würden ihm wohl genauere Auskunft über den Mann erteilen können.

Es kam bereits Unruhe auf, als ihr ehemaliger Spürhund den Saal betrat. Als Paulus dann aber, bevor die Sitzung überhaupt eröffnet war, noch die Kühnheit besaß, ihnen als Erstes mitzuteilen, dass er nichts bereue, dass er vielmehr ein durch und durch reines Gewissen habe, befahl der Hohepriester Hananias, ihn auf den Mund zu schlagen.

»Gott wird *dich* schlagen, du überpinselte Wand!«, gab Paulus erregt zurück. »Du willst Recht sprechen und befiehlst, mich gegen Recht und Gesetz zu schlagen?«

»Was erlaubst du dir? Wie redest du mit dem Hohenpriester Gottes?«, fuhren ihn einige Ratsherren an.

Da tat Paulus erstaunt. »Der Hohepriester ist er? In diesem Fall will ich nichts gesagt haben; steht doch geschrieben: Gegen einen Vorsteher deines Volkes sollst du nicht schlecht reden.« Und in der Absicht, einen Keil zwischen Pharisäer und Sadduzäer zu treiben, fuhr er sogleich fort: »Männer, Brüder, ich bin Pharisäer und Sohn von Pharisäern, man will mir hier den Prozess machen, weil ich an die Auferstehung der Toten glaube.«

Damit brachte er die Pharisäer auf seine Seite. Denn im Gegensatz zu den Sadduzäern glaubten die Pharisäer an die Auferstehung der Toten, und prompt gerieten beide Fraktionen aneinander. Tumultartige Szenen spielten sich ab, und die Pharisäer gingen so weit, Paulus jetzt sogar zu verteidigen – er sei offenkundig unschuldig, wahrscheinlich spreche der Geist Gottes durch ihn. Die Wogen schlugen so hoch, dass der Römer um das Leben seines Gefangenen fürchtete und Soldaten herbeibeorderte; die kamen, befreiten Paulus aus diesem Hexenkessel und brachten ihn in die Festung Antonia zurück.

Am folgenden Tag rotteten sich mehr als vierzig Männer aus Jerusalem zusammen und schworen, Paulus zu ermorden. Sie legten das Gelübde ab, weder Nahrung noch Getränk zu sich zu nehmen, bis sie ihn umgebracht hätten, gingen dann zum Hohenpriester und offenbarten ihm ihren Plan: »Unter dem Vorwand, ihn verhören zu wollen, soll der Hohe Rat vom römischen Oberbefehlshaber verlangen, Paulus auszuliefern. Auf dem Weg zum Sitzungssaal werden wir ihn dann aus dem Hinterhalt überfallen und töten.« Der Neffe des Paulus aber, der Sohn seiner Schwester, bekam von der Verschwörung Wind, meldete sich auf der Wache der Festung Antonia, wurde durchgelassen und redete mit Paulus. Der rief einen Zenturio herbei und bat ihn, den jungen Mann zum Oberbefehlshaber zu führen. Und Claudius Lysias nahm sich Zeit für ihn. Er ergriff die Hand des jungen Mannes, ging mit ihm etwas abseits und ermunterte ihn, offen zu sprechen. Auf diese Weise erfuhr er vom Plan der Verschwörer in allen Einzelheiten. Zum Schluss gebot er dem Neffen des Paulus, in der Stadt kein Wort über die geplante Verschwörung und das Gespräch mit ihm zu verlieren.

Claudius Lysias handelte sofort. Er ließ zwei Zenturios kommen und erteilte ihnen den Befehl, eine Mannschaft von zweihundert Fußsoldaten, siebzig Reitern und zweihundert Schleuderern aufzustellen, die gegen neun Uhr abends aufbrechen solle. Es gehe darum, Paulus sicher zum Prokurator Felix in Caesarea zu überführen; für den Gefangenen solle ein Maultier bereitgestellt werden. Dann setzte er sich hin und schrieb einen Brief: »Claudius Lysias grüßt den geschätzten Prokurator Felix. Ich habe diesen Mann aus einer wütenden Menge gerettet und erfahren, dass er Römer ist. Daraufhin habe ich den Hohen Rat eingeschaltet, um Genaueres über ihn zu erfahren, und dabei den Eindruck gewonnen, dass nichts

Ernsthaftes gegen ihn vorliegt; der ganze Ärger scheint sich um Streitfragen zu drehen, die mit ihrem Gesetz zusammenhängen. Jetzt wurde hier ein Anschlag auf ihn geplant, deshalb übersende ich dir den Mann, und auch seine Ankläger habe ich an dich verwiesen.«

Nach Einbruch der Nacht brach der Trupp auf, Paulus auf einem Maultier inmitten der Reiter, und traf bei Morgengrauen in Antipatris ein, wo die Fußsoldaten und Schleuderer umkehrten. In Bedeckung der Reiterei setzte Paulus die Reise nach Caesarea fort. Dort angekommen, lieferte ihn ein Zenturio zusammen mit dem Brief des Oberbefehlshabers im Klippenpalast des Prokurators ab. Felix nahm den Brief zur Kenntnis, unterhielt sich kurz mit Paulus, befragte ihn nach seiner Herkunft und befahl dann, den Gefangenen im Palast unterzubringen, unter Aufsicht einer Wache – er werde sich mit dem Fall beschäftigen, sobald die Abordnung des Hohen Rates eingetroffen sei. Es war nicht der schlechteste Aufenthaltsort für einen Gefangenen. Der Klippenpalast war ursprünglich für Herodes erbaut worden und erstreckte sich auf einer Landzunge ins Meer hinaus, bot einen herrlichen Blick auf die Pferderennbahn und die gesamte Stadtkulisse und war zweifellos der kühlste und angenehmste Ort, den Caesarea zu bieten hatte.

Fünf Tage später traf die Abordnung des Hohen Rates in Caesarea ein. Felix ließ Paulus kommen, nahm Platz und eröffnete die Sitzung. Die Ratsherren hatten eigens einen professionellen Redner namens Tertullus mitgebracht, der nun als Erster das Wort ergriff und sich in wohl überlegten Sätzen an den Römer wandte.

»Dankbar, bester Felix, erkennt dieses Volk jederzeit und allerorten an, dass du Frieden über dieses Land gebracht und die hiesigen Verhältnisse in jeder Hinsicht verbessert hast. Ferne liegt es mir, dich zu ermüden, doch habe die Güte, mich kurz anzuhören. Denn dieser Mann«, und er zeigte auf Paulus, »ist eine Pest. Wie eine Epidemie breiten sich überall, wo er auftaucht, Aufstände unter den Juden aus. Er ist nämlich der Anführer der Nazarenersekte, und als solcher stiftet er nicht nur unter den Juden des Imperiums Unruhe, er erdreistet sich sogar, den Tempel in Jerusalem zu entweihen. Befrage ihn selbst, und er wird nicht anders können, als unsere Vorwürfe zu bestätigen.«

Felix hatte mit unbewegter Miene zugehört und forderte nun Paulus durch ein Nicken auf, seine Entgegnung vorzutragen. Der trat vor, wandte sich an Felix und sagte: »Ich kenne dich seit Jahren als Richter über dieses Volk, deshalb verteidige ich mich guten Mutes. Es ist keine zwölf Tage her, dass ich nach Jerusalem kam, um im Tempel zu beten. Und weder dort noch in den Synagogen noch sonst wo in der Stadt habe ich etwas gesagt oder getan, das irgendjemand als Provokation empfunden hätte. Für ihre Vorwürfe gibt es also nicht den geringsten Anhaltspunkt. Um dir aber kurz die Sachlage zu erklären: Als Christ diene ich demselben Gott wie meine Ankläger. Meine Überzeugungen stehen auch völlig im Einklang mit unserem Gesetz und den Schriften unserer Propheten. Und wie meine Ankläger glaube auch ich, dass Gott dereinst Gerechte und Ungerechte von den Toten auferwecken wird.

Nun kam ich nach etlichen Jahren wieder einmal nach Jerusalem, um meinem Volk eine Spende zu überbringen und im Tempel zu opfern. Da brach kein Tumult aus, da liefen auch keine Volksmassen zusammen, da war es völlig friedlich, als mich plötzlich einige Juden aus Kleinasien wiedererkannten. Nebenbei, wo sind diese Leute überhaupt? Wäre es nicht an ihnen, Anklage zu erheben? Nun gut, halten wir uns eben an die Vertreter des Hohen Rates. Sollen sie erklären, was daran verwerflich ist, wenn ich mich zu meinem Glauben an die Auferstehung der Toten bekenne. Nur dies und nichts anderes nämlich haben sie von mir in Jerusalem zu hören bekommen.«

Felix stellte fest, dass er zu wenig von der Religion der Juden verstand, um sich ein Urteil bilden zu können, und vertagte den Prozess. »Sobald Lysias nach Caesarea kommt, werde ich eine Entscheidung treffen«, sagte er und befahl, Paulus einstweilen unter Hausarrest zu stellen, ansonsten aber freie Hand zu lassen. Besuch dürfe er jederzeit empfangen.

Einige Tage später rief Felix Paulus in seine Privatgemächer und stellte ihm seine Frau Drusilla vor, eine Jüdin. »Was hat es nun mit diesem Christentum auf sich?«, wollte er wissen. Paulus stand ihm Rede und Antwort, Felix hörte aufmerksam zu, als aber Themen wie Enthaltsamkeit, Gerechtigkeit und das bevorstehende Gottesgericht zur Sprache kamen, brach Felix das Gespräch ab. »Wir werden unsere Unterhaltung zu gegebener Zeit fortsetzen«, sagte er und wandte sich anderen Dingen zu. Tatsächlich ließ er seinen Gefangenen noch einige Male kommen, doch nicht aus theologischer Neugier allein; vielmehr spekulierte er auch darauf, dass Paulus sich freikaufen würde. Das allerdings tat er nicht.

Bald darauf endete die Amtszeit des Felix als Prokurator von Judäa. Er reiste ab und hinterließ Paulus seinem Nachfolger Porcius Festus.

21. Die Überfahrt nach Rom

Drei Tage nach seiner Ankunft in Caesarea machte Porcius Festus seinen Antrittsbesuch in Jerusalem. Die Mitglieder des Hohen Rates nutzten die Gelegenheit, eine Gunst von ihm zu erbitten: Er möge Paulus nach Jerusalem überstellen und ihrer Obhut übergeben. In Wirklichkeit planten sie, nachdem der erste Anschlag auf sein Leben gescheitet war, einen zweiten zu verüben und ihn schon auf dem Weg nach Jerusalem zu töten. Festus aber, der von der Existenz dieses Gefangenen wusste, ließ sich nicht darauf ein. »Begleitet mich nach Caesarea«, sagte er, »und tragt eure Anschuldigungen dort vor.« Und so verblieben sie.

Festus hielt sich nicht länger als zehn Tage in Jerusalem auf und beraumte gleich für den nächsten Tag nach seiner Rückkehr eine Gerichtsverhandlung an. Wieder standen sich Paulus und eine Abordnung des Hohen Rates gegenüber, wieder lieferten sich Kläger und Angeklagter heftige Wortgefechte, und wie beim letzten Mal vermochte der Römer ihren theologischen Spitzfindigkeiten nicht zu folgen. Da es dem Festus aber klug erschien, sich mit der Führungsschicht der Juden von Anfang an gut zu stellen, fragte er Paulus: »Was meinst du, soll ich dich nicht nach Jerusalem zurückschicken? Der Prozess könnte dort genauso gut wie hier stattfinden.« Dies war nun allerdings das Letzte, was Paulus wünschte, und um eine Auslieferung an seine unversöhnlichen Feinde zu verhindern, griff er zum äußersten Mittel. »Mein Fall kann nur vor einem Gericht des Kaisers verhandelt werden!«, sagte er. »An Juden habe ich kein Verbrechen verübt. Sollte ich mich tatsächlich eines schweren Vergehens schuldig gemacht haben, bin ich bereit, zu sterben. Sollte ich aber unschuldig sein, gibt es keinen Grund, mich an den Hohen Rat auszuliefern. Und deshalb appelliere ich an den Kaiser Nero in Rom!«

Festus beratschlagte daraufhin mit den Vertretern des Hohen Rates. Dann rief er Paulus herein und teilte ihm mit: »Du hast dich auf den Kaiser in Rom berufen. Du wirst nach Rom gehen.«

In diesen Tagen kam König Agrippa mit seiner Frau Berenike nach Caesarea, um Festus seine Aufwartung zu machen. Die beiden begegneten sich bei verschiedenen Anlässen, und irgendwann kam Festus auf den Fall Paulus zu sprechen. »Felix hat mir einen Gefangenen hinterlassen«, sagte er. »In Jerusalem haben sie Anklage gegen ihn erhoben und verlangen seine Verurteilung. Ich habe sie über die römische Prozessordnung belehrt. Als sie dann hier auftauchten und ihre Beschuldigungen vorbrachten, kam heraus, dass die ganze Aufregung irgendetwas mit ihrer Religion und mit einem gewissen Jesus zu tun hat. Dieser Jesus ist dem Vernehmen nach schon seit Jahren tot, aber Paulus behauptet, er lebe. Jetzt verstehe ich von diesen Dingen nichts und habe Paulus geraten, den Fall in Jerusalem verhandeln zu lassen. Davon wollte er aber nichts wissen. Stattdessen hat er sich auf den Kaiser berufen.«

Da fiel Agrippa ihm ins Wort. »Ich habe schon lange den Wunsch, mir diesen Paulus einmal anzuhören«, sagte er.

»Das lässt sich einrichten«, erwiderte Festus. »Morgen schon sollst du Gelegenheit bekommen, mit ihm zu sprechen.«

Am folgenden Tag veranstaltete Festus ein pompöses Fest für die höchsten Würdenträger von Stadt und Staat. Die Zeiten waren unruhig, immer neue Entführungen und Attentate hielten Judäa in Atem; umso mehr Wert legte die jüdische Oberschicht darauf, ihre Beziehungen zur Besatzungsmacht zu pflegen, und der Klippenpalast füllte sich mit vornehmen Gästen. Als alle im Audienzsaal versammelt waren, befahl Festus, Paulus hereinzuführen.

»Da kommt er«, wandte sich Festus an seine Gäste, insbesondere an König Agrippa. »Der Mann, dessentwegen mich eure Leute bestürmen und bedrängen, von dem sie sogar behaupten, er habe den Tod verdient. Ich meinerseits halte den Mann für unschuldig, aber – er hat an Seine Majestät, den Kaiser, appelliert, da bleibt mir nichts anderes übrig, als ihn nach Rom zu schicken. Jetzt stehe ich vor der Frage, was ich dem Kaiser schreiben soll. Ich kann unmöglich einen Gefangenen ohne plausible Anklage nach Rom überstellen. Ihr würdet mir also einen Gefallen tun, wenn ihr euch den Mann einmal vornehmen würdet; vielleicht kommt irgendetwas Verwertbares dabei heraus.« Da erteilte Agrippa Paulus das Wort, und der hob die Hand und trat vor.

»Ich schätze mich glücklich«, sagte er, »dir meine Sache heute darlegen zu dürfen, König Agrippa, denn du bist ein Kenner unserer Sitten und in allen Streitfragen bewandert. Deshalb bitte ich dich, mich großmütig anzuhören.

Ich bin unter den Juden kein Unbekannter. Jedermann weiß, dass ich früher der strengsten Richtung der Pharisäer angehört habe. Und ausgerechnet ich soll jetzt wegen der Hoffnung meines Volkes verurteilt werden? Nun gut, damals war ich überzeugt, das Richtige zu tun, als ich die Jesusanhänger verfolgt, als ich sie ins Gefängnis geworfen, als ich dafür gestimmt habe, sie hinzurichten. Doch dann passierte Folgendes: Auf dem Weg nach Damaskus traf mich plötzlich ein Licht, heller als die Sonne, und eine Stimme sprach auf Hebräisch zu mir: ›Saul, Saul, was verfolgst du mich? Glaubst du, es mit mir aufnehmen zu können?‹ Und als ich fragte, wer mit mir rede, sagte die Stimme: ›Ich bin Jesus, den du verfolgst. Ich werde dich zu den Heiden schicken, um ihnen die Augen zu öffnen, damit sie aus der Finsternis zum Licht gelangen.‹ Hätte ich dieser himmlischen Erscheinung ungehorsam sein sollen? Undenkbar. Also gehorchte ich ihr und verkündete die Vergebung der Sünden unter Juden und Heiden. Dabei habe ich nie selbst erfundene Ansichten von mir gegeben. Stets habe ich mich an das gehalten, was schon die Propheten gesagt und vorhergesagt haben, stets habe ich nichts anderes verkündet, als was schon Mose über das Leiden des Messias und seine Auferstehung von den Toten gesagt hat. Und bis auf den heutigen Tag hat Gott meine Arbeit gesegnet.«

Da rief Festus dazwischen: »Du bist verrückt, Paulus! Das viele Bücherlesen hat dich um den Verstand gebracht!«

»Keineswegs, bester Festus«, entgegnete Paulus, »ich bin bei klarem Verstand. Ich rede vollkommen vernünftig. Der König wird dies alles bestätigen; jedenfalls ist es undenkbar, dass ihm irgendetwas davon entgangen sein könnte, denn die Vorfälle, auf die ich mich beziehe, haben sich nicht im hintersten Winkel unseres Landes abgespielt.« Und an Agrippa gewandt: »Glaubst du an die Propheten? Was für eine Frage! Natürlich tust du das.«

»Es fehlt nicht viel«, entgegnete Agrippa, »und du überredest auch mich noch, Christ zu werden.«

»Ich bete«, sagte Paulus, »dass nicht nur du, sondern alle, die mich heute hören, früher oder später das erleben, was ich erlebt habe – wobei ich nicht von meiner Gefangenschaft rede.«

Daraufhin zogen sich Festus, Agrippa, Berenike und die anderen zurück. »Dieser Mann hat nichts verbrochen«, sprachen sie untereinander, und Agrippa bemerkte Festus gegenüber: »Wenn er sich nicht auf den Kaiser berufen hätte, stände seiner Freilassung nichts im Wege.«

Nach zwei oder drei Monaten, die Paulus unter recht angenehmen Bedingungen als Gefangener in Caesarea verbracht hatte, übergab Festus ihn und einige andere Gefangene dem Zenturio Julius von der kaiserlichen Kohorte, und, von Soldaten begleitet, begaben sie sich in den Hafen von Caesarea. Aristarch aus Thessaloniki, ein guter Freund, war bei ihnen. Im Hafen bestiegen sie ein adramyttisches Schiff, das die Küstenstädte Kleinasiens anfahren sollte, und stachen in See.

Anderntags legten sie im phönizischen Sidon an, und Julius, der Paulus freundlich gesonnen war, erlaubte ihm, Freunde zu besuchen und Verpflegung zu besorgen. Dann segelten sie bei Gegenwind südlich an Zypern vorbei, nahmen Kurs auf die kleinasiatische Küste und liefen den Hafen von Myra an der Südwestküste Kleinasiens an. Dort verließen sie das Schiff und warteten an Land, bis Julius ein Schiff aus Alexandria gefunden hatte, das nach Italien fuhr. Sie gingen an Bord, und in den folgenden Tagen kamen sie widriger Winde wegen nur langsam voran, sodass sich der Kapitän dafür entschied, auf Kreta einen Ort namens Kaloi Limenes (Schöne Häfen) in der Nähe der Stadt Lasäa anzulaufen. Dort warteten sie so lange auf besseres Wetter, dass die Weiterfahrt wegen der drohenden Herbststürme schon nicht mehr ratsam erschien. Da wandte sich Paulus an den Zenturio und sagte: »Sollten wir jetzt noch einmal in See stechen, riskieren wir nicht nur, die Ladung zu verlieren, sondern auch unser Leben.« Julius aber machte sich weniger aus der Meinung des Paulus als aus der des Kapitäns und des Steuermanns, und die äußerten die Absicht, nach Phönix am westlichen Ende von Kreta weiterzusegeln, weil der Hafen von Kaloi Limenes sich nicht zum Überwintern eigne.

Eines Morgens kam leichter Südwind auf. Der Kapitän ließ deshalb sogleich die Segel setzen und die Anker lichten, und in mäßiger Fahrt segelten sie an der Küste Kretas entlang, als die Fallwinde von den Bergen auffrischten und bald Orkanstärke annahmen; da riss es sie hinaus auf die hohe See, und binnen kurzer Zeit hatten sie die Kontrolle über das Schiff verloren, sodass sie sich treiben lassen mussten. Nur unter größten Mühen gelang es, das Rettungsboot an Bord zu holen. Dann sicherten die Matrosen das Schiff mit Seilen, zurrten die Steuerruder fest und ließen die Treibanker ins Wasser. Als der Sturm am anderen Morgen nicht nachließ, warfen sie einen Teil der Ladung über Bord, und als die See am dritten Tag noch genauso tobte, wurde weiterer Ballast ins Meer geworfen. Weder tagsüber noch des Nachts riss die Wolkendecke auf, und allmählich schwand bei allen die Hoffnung auf Rettung. Kaum einer wollte noch Nahrung zu sich nehmen.

Da wandte sich Paulus an Passagiere und Mannschaft und sagte: »Ihr hättet besser auf mich gehört. Allerdings gibt es auch jetzt keinen Grund zu verzweifeln, denn ihr werdet zwar das Schiff verlieren, aber mit eurem Leben davonkommen. Das weiß ich von einem Engel des Gottes, dem ich diene. Seid also guten Mutes. Es wird kommen, wie ich gesagt habe.«

Der Sturm flaute nicht ab, aber in einer der nächsten Nächte vermuteten die Seeleute plötzlich Land in der Nähe. Sie warfen das Lot aus und fanden ihre Vermutung bestätigt. Aus Angst, auf Klippen zu laufen, warfen sie vier Anker am Heck und beteten, dass es Tag würde. Noch in der Dunkelheit aber machten sich einige Matrosen daran, das Rettungsboot zu Wasser zu lassen, unter dem Vorwand, am Bug weitere Anker ausbringen zu wollen. Als Paulus ihre wahre Absicht erkannte, warnte er den Zenturio: »Wenn diese Leute nicht an Bord bleiben, wird keiner von uns überleben.« Da kappten die Soldaten die Taue des Rettungsbootes mit dem Schwert und überließen es den Wellen.

Noch vor dem Morgengrauen forderte Paulus alle auf, zu essen, nahm selbst ein Brot, dankte Gott, brach es in Stücke und aß demonstrativ vor aller Augen. Daraufhin aßen auch alle anderen, und gestärkt gingen sie daran, den Rest der Weizenladung ins Meer zu werfen. Als der Tag anbrach, zeichnete sich tatsächlich eine Küste vor ihnen ab. Niemand wusste, ob es sich um eine Insel oder Festland handelte, aber die Matrosen entdeckten eine Bucht mit flachem Sandstrand, und man beschloss, das Schiff dort auflaufen zu lassen. Die Ankertaue wurden gekappt, die Steuerruder losgebunden, das Vorsegel gesetzt, und so hielten sie auf den Strand zu, als mit einem Mal ein gewaltiger Ruck das ganze Schiff zum Erzittern brachte. Der Bug hatte sich in eine vorgelagerte Sandbank gebohrt, und nun drohte das Heck unter der Wucht der Wellen zu bersten. Da wollten die Soldaten die Gefangenen töten, um zu verhindern, dass sie sich retten und entkommen würden; ihr Zenturio aber ging dazwischen und befahl: Jeder, der schwimmen könne, solle versuchen, das Ufer zu erreichen, die Übrigen sollten Bretter oder andere Schiffstrümmer nehmen. Da stürzte sich einer nach dem anderen in die Wellen, und tatsächlich kamen alle mit dem Leben davon.

Wie sie von den Einwohnern erfuhren, die ihnen entgegengelaufen kamen, waren sie auf Malta gestrandet. Und diese Leute erwiesen sich als unerwartet menschenfreundlich, denn als nun ein eisiger Regen einsetzte, entzündeten sie an einer geschützten Stelle einen Holzstoß und forderten die Gestrandeten auf, sich zu wärmen. Da geschah es, als Paulus Reisig zusammenraffte und ins Feuer warf, dass eine Schlange aus dem Holzstoß fuhr und sich in seiner Hand festbiss. Die Inselbewohner glaubten nun, Paulus müsse einen Mord auf dem Gewissen haben; den Schiffbruch hat er überlebt, sagten sie, aber die Rachegöttin Dike verfolgt ihn weiter. Paulus aber schüttelte die Schlange ab, warf sie ins Feuer und schenkte dem Vorfall keine Beachtung. Eine Weile lang warteten sie darauf, dass er tot umfallen würde, doch als er kein Anzeichen einer Vergiftung zeigte, änderten sie ihre Meinung und hielten ihn für einen Gott.

Das Land ringsum gehörte dem vornehmsten Mann der ganzen Insel, Publius; der nahm sie in sein Landgut auf und bewirtete sie drei Tage lang. Nun hatte sich bis zu Publius herumgesprochen, dass Paulus mit höheren Mächten im Bunde sei, deshalb bat er ihn, nach seinem Vater zu schauen, der mit Fieber und Durchfall daniederlag. Paulus ließ sich nicht lange bitten, ging hin, legte dem alten Mann die Hände auf und betete für ihn. Der Kranke erholte sich rasch, und genauso rasch sprach sich diese Heilung herum, sodass nun immer neue Kranke herbeiströmten. Paulus heilte sie alle, mit dem Erfolg, dass sie auf der ganzen Insel bald den besten Ruf genossen und drei Monate lang von den Einheimischen Quartier und Verpflegung erhielten.

Dann fanden sie ein Schiff, das auf Malta überwintert hatte, ein Schiff aus Alexandria mit dem Zeichen der Dioskuren. Das brachte sie nach Syrakus auf Sizilien, wo sie drei Tage im Hafen lagen, und segelte dann bei Südwind zügig die italienische Küste hoch, sodass sie ihren Bestimmungsort Puteoli nach weiteren zwei Tagen erreichten. Es lebten dort einige Christen, die sie bestürmten, für einige Zeit ihre Gäste zu sein, und da der Zenturio Julius keine Einwände hatte, nahmen sie ihre Einladung an. Sieben Tage blieben sie bei ihnen, dann brach der Trupp auf, und sie setzten ihren Weg nach Rom auf der Via Appia fort.

Bei Tres Tabernae kamen ihnen Brüder aus Rom entgegen, die Paulus so herzlich in die Arme schlossen, dass er neuen Mut schöpfte und Gott dankte. In ihrer Gesellschaft legten sie das letzte Stück des Weges zurück, und als Rom schließlich erreicht war, durfte Paulus sich eine Privatwohnung nehmen und dort den Beginn seiner Verhandlung abwarten. Die einzige Einschränkung seiner Freiheit bestand in einem Soldaten, der ihn weder Tag noch Nacht unbeaufsichtigt ließ. Paulus indes war zuversichtlich, dass dieser Zustand nicht lange anhalten, dass er in Rom einen fairen Prozess bekommen und bald wieder in die Freiheit entlassen würde.

Drei Tage nach seiner Ankunft lud Paulus die Vorsteher der jüdischen Gemeinden Roms zu sich, und als sie vollzählig versammelt waren, erklärte er ihnen die Lage: »Männer, Brüder, ohne dass ich mir etwas gegen unser Volk oder die Sitten unserer Väter hätte zuschulden kommen lassen, wurde ich in Jerusalem ergriffen und den Römern übergeben«, sagte er. »Die wollten mich freilassen, weil ich offenkundig kein todeswürdiges Verbrechen begangen habe, doch die Juden legten Widerspruch ein, und so war ich gezwungen, an den Kaiser zu appellieren. Um Missverständnisse zu vermeiden, füge ich hinzu, dass ich nicht die Absicht habe, Gegenklage zu erheben. Das ist der Stand der Dinge, deshalb bin ich hier, und darüber wollte ich euch in Kenntnis setzen. Tatsache ist, dass ich der Hoffnung Israels wegen meiner Freiheit beraubt bin.«

»Dies alles ist uns neu«, antworteten sie. »Weder hat man uns schriftlich informiert, noch ist jemand aus Jerusalem persönlich hier erschienen, um dich zu verleumden. Nun aber, da du schon hier bist, würden wir gern aus deinem eigenen Mund Genaueres über die Christen erfahren, denn von dieser Sekte wissen wir nur eins: dass sie überall auf Widerspruch stößt und allerorten heftige Debatten auslöst.«

Daraufhin verabredete sich Paulus mit ihnen für einen anderen Tag und bat sie, in größerer Zahl zu erscheinen. Das taten sie, und er sprach mit ihnen von morgens bis abends über das Reich Gottes, ging mit ihnen die entscheidenden Stellen im Gesetz und in den Propheten durch und versuchte sie davon zu überzeugen, dass Jesus der Messias sei. Am Ende dieses Tages hatte er einige für seine Auslegung der Schriften gewonnen, andere jedoch blieben skeptisch. Deshalb erinnerte Paulus sie beim Abschied an ein weiteres Prophetenwort und sagte: »Wie hat der Heilige Geist durch Jesaja schon zu euren Vorfahren geredet? – ›Geh zu diesem Volk und sprich: Mit euren Ohren werdet ihr hören, aber nichts verstehen, und mit euren Augen werdet ihr schauen, aber nichts sehen, denn das Herz dieses Volkes ist verstockt. Es stellt sich taub und verschließt die Augen, weil es nicht zur Besinnung kommen will. So aber entzieht es sich meinem Heil.‹ – Jetzt aber«, setzte Paulus hinzu, »ist das Heil Gottes den Heiden angeboten worden, und die werden ihre Augen und Ohren nicht davor verschließen.«

Als sich die Versammlung auflöste, herrschte also Uneinigkeit unter den Mitgliedern der jüdischen Gemeinden Roms. Paulus aber blieb zwei Jahre in Rom. Zwar stand er während dieser Zeit unter Bewachung, genoss in seiner Mietwohnung im Übrigen jedoch weit gehende Freiheit, empfing alle, die ihn sprechen wollten, und verkündete freimütig und unbehelligt die Botschaft vom Reich Gottes und dem Herrn Jesus Christus.

Zur Entstehungsgeschichte

Was wir Ihnen hier vorlegen, ist ein Experiment. Ein Versuch. Ein dreifacher Versuch sogar. Erstens nämlich der Versuch, eine allgemein verständliche Sprache und Darstellungsform für die historischen Bücher des Neuen Testaments zu finden. Zweitens der Versuch, die vier Evangelien des Matthäus, Markus, Lukas und Johannes in einem einzigen Evangelium aufgehen zu lassen. Und drittens der Versuch, dieses Evangelium mit der Apostelgeschichte zu einer durchlaufenden großen Erzählung vom Ursprung des Christentums zu verbinden.

Was hat uns zu diesem Experiment bewogen?

Die Texte des Neuen Testaments sind vielen fremd geworden. Es sind alte Texte, kaum noch verständlich, den wenigsten noch vertraut. Man könnte sie, wie andere alte Texte auch, den Fachleuten überlassen, wären sie nicht der dramatische Urstoff des Abendlands. Viele Jahrhunderte lang haben Künstler, Gelehrte und einfache Menschen aus dieser Inspirationsquelle geschöpft. Unsere Kultur ist auf diesen Geschichten errichtet worden. Nach wie vor verstehen wir unsere Vergangenheit, unsere Gegenwart, verstehen wir auch uns selbst besser, wenn wir wissen, welche geistigen Kräfte bei der Entstehung des Christentums am Werk waren. Und schließlich hat sich bis heute die Überzeugung gehalten, es bei diesen Schriften mit Gottes Wort zu tun zu haben. Gründe genug für uns, den Versuch zu wagen, Evangelien und Apostelgeschichte in neuer Unmittelbarkeit und Frische zu präsentieren. (Wobei uns, dies sei vorweggeschickt, das Münchner Neue Testament als Grundlage gedient hat, die Übersetzung also, die dem griechischen Original am nächsten kommt.)

Unsere Absicht war es, dem heutigen Leser die Scheu vor den alten Texten zu nehmen. Wir wollten die Befürchtung zerstreuen, dass diese Texte sich nur dem Gläubigen erschließen, der Unvoreingenommene sich an ihnen jedoch vergeblich abmüht. Wir wollten, kurz gesagt, das Kernstück des Neuen Testaments wieder allen zugänglich machen – denen, die sich ihm aus bloßer Neugier, und denen, die sich ihm mit den höchsten Erwartungen nähern.

Ein fünftes Evangelium also, und eine zweite Apostelgeschichte. Nach Inhalt und Aufbau stimmen beide weitgehend mit den Originaltexten überein. Unsere Fassung stellt also ein Äquivalent für die biblischen Evangelien und die biblische Apostelgeschichte dar, und wer sich fragt, was eigentlich drinsteht in den historischen Büchern des Neuen Testaments, kann sich an unsere Darstellung halten. Trotzdem stellt sich die Frage: Wie verhält sich unsere Fassung zu den Originaltexten? Welche Eingriffe haben wir uns erlaubt, welche Abstriche oder Ergänzungen vorgenommen? Und wie sind wir bei der Zusammenfassung von vier Evangelien zu einem einzigen vorgegangen?

Zunächst einmal: Wir haben größeres Gewicht auf die Erzählung gelegt. Wir haben uns die Freiheit genommen, ausführlicher und anschaulicher zu erzählen – nicht, um künstlich zu dramatisieren, wo die Autoren der Originaltexte nur knapp und nüchtern berichten, sondern weil es der Verständlichkeit zugute kommt, der äußeren Plausibilität der Handlung wie der inneren Plausibilität der Personen. Es stimmt, die Evangelisten machen von erzählerischen Elementen nur sparsamen Gebrauch. Man kann sagen: Die Evangelien sind als durchgehende Erzählung angelegt, aber nicht ausgeführt. Nichtsdestoweniger bergen sie ein ungenutztes, oft auch einfach übersehenes erzählerisches Potenzial.

Grundsätzlich haben wir uns von der Überzeugung leiten lassen: Die Evangelisten hätten nicht die Form der Erzählung gewählt, wenn es nicht etwas zu erzählen gegeben hätte. Wenn nicht erlebte Wirklichkeit in die Evangelien (und die Apostelgeschichte) eingeflossen wäre. Wenn es, mit anderen Worten, in diesen Texten neben der theologischen Ebene nicht auch eine Ereignisebene gäbe. Wahr ist, dass beide Ebenen oft nicht säuberlich zu trennen sind. Unzutreffend aber ist, dass die Ereignisebene ganz verschüttet, ganz von Theologie überlagert wäre. Überall schimmert Lebenswirklichkeit durch, nicht nur die einer Epoche, sondern auch die bestimmter Menschen, nämlich des Jesus von Nazareth und seiner – männlichen wie weiblichen – Weggefährten. Unsere Fassung nimmt die biblischen Vorlagen deshalb als erzählende Literatur ernst. Sie schöpft aus, was an erzählerischem Potenzial in diesen Texten steckt, ohne Abstriche an ihrem theologischen Potenzial vorzunehmen.

Um den Erzählfluss zu gewährleisten, haben wir Lücken im Handlungsablauf behutsam geschlossen. Die Evangelisten begnügen sich gelegentlich damit, Reden oder Ereignisse lose aneinanderzureihen; in solchen Fällen war es nötig, Unverbundenes zu verbinden und Handlungssprünge zu überbrücken. Die Reden und Aussprüche Jesu allerdings wurden so wortgetreu wie möglich übernommen. Wo wir uns Einschübe erlauben, dienen diese der Verständlichkeit, der Erläuterung eines nicht ohne weiteres verständlichen Gedankengangs. Wir sind mit solchen Einschüben aber sehr sparsam umgegangen. Hingegen haben wir vor allem an den langen Reden der Apostelgeschichte Kürzungen vorgenommen, in diesem Fall aus dramaturgischen Gründen: Der Wortreichtum antiker Rhetorik ist heute nicht mehr jedermanns Sache, er trägt auch nicht unbedingt zur Verständlichkeit einer Argumentation bei – wir haben uns daher oft zu einer gerafften Wiedergabe entschlossen.

Abweichungen vom Original stellen jene Passagen dar, in denen wir zusätzliche historische oder theologische Informationen einfließen lassen – Informationen, die der antike Leser nicht benötigte, weil er mit den Verhältnissen vertraut war, weil ihm die Welt, in der die Evangelien spielen, vor Augen stand. Solche erläuternden Passagen erschienen uns unerlässlich, weil sie dem heutigen Leser die Augen für historische Zusammenhänge, gesellschaftliche Konstellationen und religiöse Positionen öffnen, die sich aus den Originaltexten nicht ohne Hintergrundwissen erschließen. In keinem Fall aber war es unsere Absicht, klüger sein zu wollen als die Evangelisten. Das heißt: Wir bewegen uns in ihrem Horizont, wir nehmen keine modernen Korrekturen an ihrem Weltbild, ihrer Denk- und Sichtweise vor, wir rationalisieren nicht, wir verfolgen kein »Entmythologisierungsprogramm«. Dämonen bleiben Dämonen, Wunder bleiben Wunder.

Das Leitmotiv unserer Arbeit war, Eigenmächtigkeiten auf ein Minimum zu beschränken. Eingriffe in den Inhalt haben wir uns grundsätzlich versagt. Die theologischen Intentionen der Evangelisten sollen auch in unserer Fassung unverfälscht zum Ausdruck kommen. Genauso haben wir uns bemüht, die Atmosphäre, die Stimmung dieser Geschichten wiederzugeben, den lakonischen Duktus der Erzählungen, die unaufgeregte, beinahe modern anmutende Nüchternheit der Originaltexte beizubehalten. Und Fragen, die die Evangelisten offen lassen, maßen auch wir uns nicht an zu beantworten – wo sie zum Beispiel schlicht von Jesu »Brüdern und Schwestern« sprechen, wollen wir nicht entscheiden, in welchem Sinne das gemeint ist. Dies sei vorausgeschickt, bevor wir uns einer nun allerdings unerhörten Eigenmächtigkeit zuwenden: der Zusammenfassung aller vier Evangelien zu einem einzigen.

Es ist, zugegebenermaßen, ein kühnes Unterfangen. Und

das Ergebnis wird nie vollständig befriedigen können – dazu sind die Differenzen, die sich insbesondere zwischen den Synoptikern Matthäus, Markus und Lukas auf der einen Seite und Johannes auf der anderen Seite auftun, zu groß. Wenn wir uns trotzdem dazu entschlossen haben, dann im Hinblick auf alle, die einen ersten Eindruck von den biblischen Texten gewinnen wollen, also die interessierten theologischen Laien, die neugierigen religiösen Outsider. Ihnen erleichtert es den Einstieg wesentlich, wenn sie sich nicht durch vier verschiedene und durchaus unterschiedliche Texte arbeiten müssen, sondern sich an einen einzigen Text halten können, der die Stärken aller vier Evangelien in sich vereint. Doch auch jene, die mit den Originaltexten vertraut sind, werden von dieser Gesamtdarstellung profitieren. Es hat sich nämlich zu unserer eigenen Überraschung gezeigt, dass durch die Gesamtschau ein klareres Bild entsteht. Mit einem Mal lässt sich die Logik, die dem Ablauf der Ereignisse innewohnt, leichter begreifen, lässt sich die Handlungsweise der Hauptfiguren leichter nachvollziehen, gewinnt die Geschichte auch psychologisch an Plausibilität. Letztlich tritt uns die Gestalt Jesu in dieser Fassung unerwartet lebendig vor Augen, und es entsteht tatsächlich so etwas wie eine Biografie dieses Jesus von Nazareth – ohne dass sein Geheimnis wegerklärt, seine Rätselhaftigkeit ausgeblendet werden müsste.

Die Schwierigkeiten, vor denen man steht, sind immerhin beträchtlich. Welchem Evangelisten soll man von Fall zu Fall folgen? Für welche Version, welche Darstellung, welche Wortwahl entscheidet man sich? Von welchen Kriterien lässt man sich bei der Auswahl leiten? Und – sind die Synoptiker und Johannes überhaupt sinnvoll zu kombinieren?

Wenig Kopfzerbrechen bereiteten natürlich jene Abschnitte, in denen ein bestimmter Evangelist quasi eine Monopolstellung behauptet – so etwa Lukas im Fall der Geburt Jesu samt ihrer Vorgeschichte, so etwa Matthäus im Fall der Bergpredigt. Standen mehrere Versionen einer Episode, eines Gleichnisses, eines Jesusworts zur Wahl, haben wir uns gefragt: Welcher Autor komponiert eine Episode am konsequentesten durch? Bei wem lassen sich am ehesten Spuren erlebter Wirklichkeit ausmachen? Wer hat die historische Wahrscheinlichkeit auf seiner Seite? Wer beweist den größeren Scharfblick – für Menschen und Situationen? Und schließlich: Wer liefert die anschaulichste Version? Wer findet die überzeugendste sprachliche Form für ein Gleichnis, ein Streitgespräch, eine Serie von Aussprüchen?

Alle diese Kriterien betreffen die Ereignisebene – wir wollten, wie gesagt, eine Fassung erstellen, die sich als durchgehende, in sich stimmige Erzählung lesen lässt. Theologische Diskrepanzen, wie sie sich zwischen den Synoptikern und Johannes ergeben, haben wir eher in Kauf genommen als sachliche Widersprüche. Denn die theologischen Differenzen muss jeder, der die Botschaft der Evangelien ernst nimmt, ohnehin aushalten, ob sich der Stoff nun auf vier Evangelien verteilt oder in einem zusammengefasst wird – logische Brüche im Handlungsablauf aber beschädigen die Glaubwürdigkeit der ganzen Erzählung. Theologen mögen sich an dieser Vermischung unterschiedlicher theologischer Positionen dennoch stoßen, der »normale« Leser vermutlich nicht.

Auswahl und Zusammenstellung richten sich darüber hinaus nach einem weiteren Kriterium: der Bedeutung, die einer Geschichte als Motiv der Kunst zukommt. Zahlreiche Begebenheiten aus Evangelien und Apostelgeschichte gehörten über Jahrhunderte zum Bildprogramm europäischer Maler, dienten europäischen Komponisten als Inspirationsquelle, wurden von europäischen Schriftstellern aufgegriffen und verarbeitet. Diese Geschichten führen gewissermaßen ein künstlerisches Eigenleben, man begegnet ihnen in Museen, in Konzertsälen und literarischen Werken, sie sollten deshalb auch dann ihren Ort in unserem Evangelium finden, wenn sie nicht mit der Darstellung desjenigen Evangelisten vereinbar waren, für den wir uns entschieden hatten. Das beste Beispiel dafür sind die Heiligen Drei Könige, die Sterndeuter oder Weisen aus dem Morgenland.

Diese Sterndeuter gehören dem »Personal« der weniger bekannten Weihnachtsgeschichte des Matthäus an. Kein anderer Evangelist hat ihren Auftritt vermerkt, auch Lukas nicht, dessen Weihnachtsgeschichte wir folgen. So wie Matthäus diese Episode beschreibt, lässt sie sich auch nicht in den lukanischen Bericht integrieren, denn bei Lukas kommt Jesus in einem Stall zur Welt, bei Matthäus sehr viel undramatischer im Wohnhaus seiner Eltern in Bethlehem. Jesu Geburt also in diesem Fall ohne die Heiligen Drei Könige? Undenkbar. Wir wollten auf ein derartig berühmtes Motiv der europäischen Malerei, auf ein derartig tief in der Tradition verwurzeltes Element der Weihnachtsgeschichte nicht verzichten und haben einen Weg gefunden, sie trotzdem in unsere Fassung aufzunehmen.

Vor die größten Probleme stellte uns aber die Unverträglichkeit des Johannesevangeliums mit den Evangelien der Synoptiker auf der Ereignisebene. Würde sich das eine mit dem anderen auch nur an wenigen Stellen verknüpfen lassen, ohne dem einen oder den anderen Gewalt anzutun? Denn schon im Aufbau weichen sie stark voneinander ab. Schon der Zeitrahmen ist jeweils ein anderer, schon die Wanderbewegungen Jesu sind jeweils andere.

Bei Johannes erstreckt sich das Wirken Jesu über einen Zeitraum von ungefähr drei Jahren (was uns realistisch erscheint), und dieser Zeitraum ist mit mehrfachen Wanderungen zwischen Galiläa und Jerusalem gefüllt (was uns ebenfalls realistisch erscheint). Die Synoptiker dagegen fassen Jesu Wirken im zeitlichen Rahmen eines knappen Jahres zusammen, und die Stoßrichtung seiner Wanderbewegungen ist eindeutig: Sie zielt von Galiläa auf Jerusalem. Ganz offenbar machen die Synoptiker etwas, was Johannes nicht tut: Sie unterwerfen den Aufbau ihrer Evangelien einer theologischen Dramaturgie. Trotzdem haben wir in diesem Fall das Kriterium der historischen Wahrscheinlichkeit unberücksichtigt gelassen und sind dem Aufbau der synoptischen Evangelien gefolgt. Warum?

Zum einen deshalb, weil die theologische Dramaturgie der Synoptiker nicht zwangsläufig gegen die historische Wahrscheinlichkeit der von ihnen beschriebenen Wanderbewegungen Jesu innerhalb von Galiläa spricht. Zwar unterschlagen sie viele Aktivitäten Jesu außerhalb Galiläas, könnten seine Aktivitäten innerhalb Galiläas aber dennoch einigermaßen korrekt wiedergegeben haben. Zum anderen deshalb, weil der Aufbau der Synoptiker den Vorzug der Klarheit hat. Sie ersparen uns das Hin und Her bei Johannes, sie konzentrieren sich auf den überschaubaren Bereich des Sees Gennesaret und umliegender Gefilde, und sie nehmen den Leser gewissermaßen bei der Hand, wenn sie ihn mit Jesus zum ersten und einzigen Mal nach Jerusalem führen. Außerdem: Der Jesus der Synoptiker ist der ungleich bekanntere. So stellen wir ihn uns vor – vor der Kulisse des Sees Gennesaret, in der Gesellschaft der Fischer, mit ihnen auf den See hinausfahrend, in den Dörfern und Städten Galiläas heilend und predigend. Der Jesus des Johannes hingegen, der Jesus der häufigen Jerusalemaufenthalte, der langen Reden und Streitgespräche, dieser Jesus hat es nie zu vergleichbarer Bekanntheit gebracht. Ein Evangelium, das in Aufbau und Anlage Johannes gefolgt wäre, hätte nur befremdet und verwirrt.

Wir haben uns deshalb im Wesentlichen an die Komposition der Synoptiker gehalten. Dennoch hat Johannes mehrfach Eingang in unsere Fassung gefunden, aus dem einfachen Grund, weil es bei aller Unterschiedlichkeit durchaus Berührungspunkte gibt. Vor allem am Anfang und am Ende der Geschichte laufen die Chronologie des Johannes und die der Synoptiker parallel, nämlich in der Episode mit Johannes dem Täufer, deren Schauplatz der Jordan ist, und in der Ereignisfolge, die nach Jesu Eintreffen in Jerusalem auf seinen Tod und seine Auferstehung zuläuft. Aber auch zwischendurch lassen sich Gemeinsamkeiten finden, etwa bei der Tempelreinigung und der Speisung der Fünftausend, die zum Repertoire aller vier Evangelisten gehören. Und immer, wenn sich solche Übereinstimmungen ergeben, haben wir der Version des Johannes den Vorzug gegeben, denn Johannes erweist sich in vielen Fällen als der genauere Beobachter, der zuverlässigere Chronist. Beinahe wie ein Protokollschreiber hält er Namen, Zahlen und Zeiten fest und liefert auch solche Informationen, die theologisch nicht von Belang, aber für das Verständnis der Geschichte und ihrer Hintergründe aufschlussreich sind. Das erstaunlichste Beispiel für die Genauigkeit des Johannes ist die so genannte Entlarvung des Verräters während des letzten Abendmahls. Wir wollen darauf näher eingehen.

Alle drei Synoptiker erzählen diese Geschichte mit merkwürdiger Unentschlossenheit. Sie erwähnen eine Schüssel, sie erwähnen die Hand Jesu, und irgendwie spielt bei der Kennzeichnung des Verräters beides eine Rolle, doch man versteht nicht recht, welche, und auch der Ausgang dieser Episode bleibt ungewiss – wie reagieren die Jünger? Warum hält niemand den Verräter Judas auf? Bei den Synoptikern verläuft die Entlarvungsgeschichte sozusagen im Sande. Nicht so bei Johannes. Hier füttert Jesus den Judas buchstäblich mit einem Stück Brot, das er zuvor in die Schüssel mit dem Sud getunkt hat – er reicht es ihm also nicht, er führt es an seinen Mund. Diese Geste ist bis auf den heutigen Tag im ganzen semitischen Raum verbreitet, auch Jesu Jüngern war sie selbstverständlich vertraut, weshalb Johannes seiner Beschreibung keinerlei Erklärung folgen lässt – er durfte davon ausgehen, dass jeder sie versteht. Und wie wurde sie verstanden, wie ist sie heute noch gemeint? Als Liebesbeweis. Als Auszeichnung eines sehr guten Freundes, einer engen Freundin, auch eines hohen Ehrengastes. In jedem Fall ist sie Ausdruck herzlichen Einverständnisses oder größter Wertschätzung.

Und jetzt wird verständlich, dass die Jünger, wie Johannes weiter schreibt, nichts unternehmen, um Judas aufzuhalten – gleichsam erstarrt rätseln sie, wie Verrat und Liebesbeweis zusammenpassen, während Judas unbehelligt den Raum verlässt. Unseres Wissens ist diese entscheidende Geste noch nie in ihrem wahren Sinn verstanden worden. Handelt es sich also bei dem, was Judas vorhat, überhaupt um Verrat? Jedenfalls eröffnet das richtige Verständnis dieser Geste neue Deutungsmöglichkeiten für die geheimnisvolle Gestalt des Judas, weshalb wir sie in unserer Fassung besonders hervorgehoben haben.

Lassen Sie uns noch einen zweiten Fall anführen, in dem wir uns eine gravierende Abweichung von fest verwurzelten Vorstellungen geleistet haben: Jesu Geburt in Bethlehem. Generationen von Malern haben sie in einen einsamen Stall verlegt, zahllose Krippenmodelle rufen uns zur Weihnachtszeit dieses Szenarium am Ortsrand von Bethlehem ins Gedächtnis. Dort aber gehört die Geburt nicht hin. Im Text des Lukas ist von einem Stall nämlich gar nicht die Rede, wohl aber von zahlreichen Anwesenden, an die sich die Hirten umgehend wenden, nachdem sie die Vorhersage des Engels bestätigt gefunden haben. Dieser Umstand spricht genauso dafür, dass Lukas bei seiner Erzählung an den Stallanbau der Karawanserei von Bethlehem gedacht haben muss, wie die Tatsache, dass Maria alles mitbekommt, was die Hirten über ihren Sohn verbreiten. Wir haben uns in diesem wie auch anderen Fällen dazu entschlossen, dem Wortlaut des Textes den Vorzug vor populären Missverständnissen zu geben.

Zum Schluss sei darauf hingewiesen, dass wir uns nicht immer streng an den Ablauf der Ereignisse, wie die Synoptiker sie schildern, gehalten haben. Bisweilen haben wir Episoden oder Aussprüche vorgezogen oder weiter nach hinten verlegt, weil die Logik der Erzählung solche Verschiebungen erforderlich machte. So platziert Lukas beispielsweise die zwei Schwerter (oder Dolche), die überraschend im Jüngerkreis auftauchen, ans Ende der Abendmahlsszene, also kurz vor die Verhaftung in Getsemani. Offensichtlich ist Lukas hier ein dramaturgischer Fehler unterlaufen – einen Sinn ergibt die Frage der Bewaffnung jedenfalls nur vor dem Aufbruch nach Jerusalem, denn unterwegs hätte man durchaus in die Verlegenheit kommen können, sich verteidigen zu müssen. Wir haben uns die Freiheit genommen, solche logischen Fehler zu korrigieren.

Damit genug der Erläuterungen. Wir hoffen, dass das Experiment einer erzählerischen Aufbereitung von Evangelien und Apostelgeschichte uns den Menschen Jesus von Nazareth wiedergeben kann, der sich unter den Händen der Theologen oft genug in einen blassen Schemen aufgelöst hat. Wir hoffen auch, dass unsere Fassung ein unbefangenes Lesen ermöglicht – nicht häppchenweise, was immer zur sofortigen theologischen Ausdeutung verleitet, sondern am Stück, in einem Zug, was die Augen für Zusammenhänge und Entwicklungen öffnet und Personen immer deutlicher, immer plastischer hervortreten lässt. Denn die Geschichte Jesu lebt nicht so sehr von Ausdeutungen als vielmehr vom Erzählen. Von Anfang an war es so, und wird auch künftig so sein.

Bildnachweis

Titelfoto
Christusdarstellung auf einem Fresko in der ehemaligen Sophienkirche in Iznik/Türkei (vermutlich 7. Jahrhundert).

Inhalt
Die judäische Wüste zwischen Jerusalem und Jericho. Zu allen Zeiten galt die Wüste als Ort der Gottesnähe, der Besinnung und des Neuanfangs.

Eine Vorgeschichte
Herodes der Große ließ das Herodeion als gut gesicherte Palastanlage auf dem Gipfel einer kegelförmigen Aufschüttung anlegen. Als er wenige Jahre nach der Geburt Jesu starb, fand er hier auch seine letzte Ruhestätte.

1. Am Jordan
In Madaba (Jordanien) hat sich eine antike Landkarte Israels aus Tausenden von Mosaiksteinen erhalten. Am oberen Bildrand ist die Stelle am Jordanufer, an der Johannes taufte, mit AINON gekennzeichnet.

2. Ich will, werde gesund
Hier, am Nordufer des Sees Gennesaret, beginnt die Geschichte des Christentums. Auf dem Bild blickt man vom Berg der Seligpreisungen auf den abendlichen See.

3. Junger Wein in neue Schläuche
Jenseits des Jordaneinflusses in den See Gennesaret lag der Fischerort Betsaida, zu deutsch »Fischhausen«. Vier von Jesu

Schülern stammten hierher. Im Bild sind die Reste des Hauses eines Weinhändlers zu sehen, besonders gut erkennbar der Zugang zum Weinkeller, in dem sich die Scherben von Weinkrügen fanden.

4. Die Bergpredigt

In der antiken Welt war Gewalt allgegenwärtig, in Form von Kriegen, Gladiatorenspielen, Sklavenjagden und Schauhinrichtungen. Jesu Aufforderung, seine Feinde zu lieben, muss vor diesem Hintergrund umso revolutionärer gewirkt haben. Hier eine Kampfszene auf einem Sarkophag, ein beliebtes Motiv.

5. Wer nicht gegen uns ist, der ist für uns

Als wären wir soeben Zeugen der Stillung des Sturms geworden ... Abendliche Stürme sind bis heute nichts Ungewöhnliches auf dem See Gennesaret.

6. Die Gleichnisse

In Machairos, einer Grenzfestung des Königs Herodes unweit des Toten Meers, hielt dessen Nachfolger Antipas Johannes den Täufer gefangen, bevor er ihn, ebenfalls dort, enthaupten ließ.

7. Am Wendepunkt

Spannungen zwischen Juden und Römern prägten die Zeit Jesu. Die Felsenfestung Massada am Toten Meer wurde zum Symbol des jüdischen Widerstands gegen die verhasste Besatzungsmacht. Auch Jesus wusste, dass er durch die Hände der Römer sterben würde.

8. Wer sein Leben retten will, der wird es verlieren
Die Stadt Gamla im Hügelland östlich des Sees Gennesaret war ein berüchtigtes Widerstandsnest, Heimatort vieler Untergrundkämpfer gegen die römische Besatzungsmacht. Unten links erkennt man die Grundmauern der Synagoge von Gamla. An Orten wie diesem trat Jesus am Sabbat als Gastredner auf.

9. Barmherziger Samariter und verlorener Sohn
Wohl aus Sicherheitsgründen wählte Jesus auf seinem Weg nach Jerusalem die Route durch das Hügelland jenseits des Jordans. Heute gehört die grüne Jordansenke im Vordergrund zu Israel, die kahle Hügellandschaft dahinter zu Jordanien.

10. Unterwegs nach Jerusalem
Der Weg, den Jesus von Jericho nach Jerusalem nahm, verlief möglicherweise am Hang des tief eingeschnittenen Wadi Kelt. Dieser Streckenabschnitt war wegen der Wegelagerer gefürchtet, er ist auch Schauplatz des Gleichnisses vom barmherzigen Samariter.

11. Wer von euch ohne Sünde ist, werfe den ersten Stein
Der Tempel von Jerusalem war das größte Heiligtum seiner Zeit, Anziehungspunkt nicht nur für alle Juden in und außerhalb Judäas, sondern auch für Tempeltouristen aus der gesamten Mittelmeerwelt. Der Eingang fürs einfache Volk liegt an der Stirnseite rechts, darüber die Halle des Salomon.

12. Das Letzte Abendmahl
Diese antike Treppe führte vom Haus des Hohepriesters Kajaphas hinauf zum Gästehaus der Essener auf dem Zionsberg, das als Schauplatz des letzten Abendmahls in Betracht kommt.

Wenn es in Jerusalem einen Ort gibt, der mit Bestimmtheit mit Jesus in Verbindung gebracht werden kann, dann diese Treppe.

13. Kreuzigung und Auferstehung
Die einzige Spur, die Pontius Pilatus in Palästina hinterlassen hat, ist dieser Gedenkstein mit seinem – leicht verstümmelten – Namenszug. Ursprünglich saß er in der Mauer des Theaters von Caesarea.

14. Man soll Gott mehr gehorchen als den Menschen
Das Allerheiligste im Zentrum des Tempelbezirks von Jerusalem. So wie in diesem Modell könnten Tempel und Stadt zur Zeit Jesu ausgesehen haben. Gut erkennbar sind die Säulenhallen, die die verschiedenen Tempelhöfe einrahmten.

15. Saulus von Tarsus
Dieses Paulus-Porträt stammt aus der Kimissistis-Theokou-Kirche in Mesanagros auf Rhodos, wo der Apostel auf seiner dritten Missionsreise Station machte.

16. Aufbruchstimmung in Antiochia
Das antike Antiochia ist die Geburtsstätte des modernen, weltoffenen Christentums. Die Stadt wurde durch mehrere Erdbeben vollständig zerstört und liegt heute metertief unter der türkischen Stadt Antakya begraben. Letzte Zeugen der einstigen Pracht sind Bodenmosaiken aus den Villen der Reichen am Stadtrand.

17. Die erste Missionsreise
Von Zypern kommend gingen Paulus, Barnabas und Markus in der kleinasiatischen Hafenstadt Perge an Land (unweit des

heutigen Antalya). Links sieht man die Ruine des Stadttors aus dem 3. Jahrhundert v. Chr., hinten rechts die Säulen des Marktplatzes.

18. Die zweite Missionsreise

Im Jahr 50 betrat der Apostel Paulus hier, in der mazedonischen Hafenstadt Neapolis (heute Kavala), erstmals europäischen Boden.

19. Die dritte Missionsreise

Der Schauplatz des Tumults, den der Aufstand der Silberschmiede in Ephesus auslöste, ist noch erhalten: das Theater von Ephesus, eines der größten der antiken Welt. 25000 Zuschauer fanden hier Platz.

20. Paulus in römischer Gefangenschaft

Die Hafenstadt Caesarea dürfte der angenehmste Ort der ganzen römischen Provinz Palästina gewesen sein – nicht nur für den römischen Prokurator, auch für einen Gefangenen wie Paulus. Der Klippenpalast ist zwar im Meer versunken, doch in der Stadt haben sich noch Reste der herrschaftlichen Wohnungen römischer Beamter erhalten.

21. Die Überfahrt nach Rom

Zur Entstehungszeit des Neuen Testaments wurden viele Orte an den Küsten des Mittelmeers auf festen Routen und nach Fahrplan angefahren. Reine Passagierschiffe allerdings gab es nicht, auch Paulus musste auf seinen Reisen Frachtschiffe nehmen, die zusätzlich Passagiere beförderten.

Bibliografische Information der Deutschen Nationalbibliothek

Die Deutsche Nationalbibliothek verzeichnet diese Publikation in der Deutschen Nationalbibliografie; detaillierte bibliografische Daten sind im Internet über https://portal.dnb.de abrufbar.

FSC
www.fsc.org
MIX
Papier aus verantwortungsvollen Quellen
FSC® C005833

Verlagsgruppe Random House FSC-DEU-0100
Das für dieses Buch verwendete FSC®-zertifizierte Papier *Munken Premium Cream* liefert Arctic Paper Munkedals AB, Schweden.

1. Auflage
Copyright © 2012 by Gütersloher Verlagshaus, Gütersloh,
in der Verlagsgruppe Random House GmbH, München

Dieses Werk einschließlich aller seiner Teile ist urheberrechtlich geschützt. Jede Verwertung außerhalb der engen Grenzen des Urheberrechtsgesetzes ist ohne Zustimmung des Verlages unzulässig und strafbar. Das gilt insbesondere für Vervielfältigungen, Übersetzungen, Mikroverfilmungen und die Einspeicherung und Verarbeitung in elektronischen Systemen.

Fotonachweis: Leo G. Linder (alle), Seiten 68/69: Jane Taylor, Amman.
Druck und Einband: Těšínská tiskárna, a.s., Český Těšín
Printed in Czech Republic
ISBN 978-3-579-06578-6

www.gtvh.de